古典文獻研究輯刊

三九編

潘美月・杜潔祥 主編

第 **38** 冊

梅村詩清人注之二
——吳詩集覽（第七冊）

陳 開 林 整理

國家圖書館出版品預行編目資料

梅村詩清人注之二——吳詩集覽（第七冊）／陳開林 整理 --
初版 -- 新北市：花木蘭文化事業有限公司，2024〔民 113〕
目 2+262 面；19×26 公分
（古典文獻研究輯刊 三九編；第 38 冊）
ISBN 978-626-344-958-9（精裝）

1.CST：（清）吳偉業 2.CST：清代詩 3.CST：作品集

011.08   113009886

ISBN-978-626-344-958-9

9 786263 449589

古典文獻研究輯刊
三九編　第三八冊   ISBN：978-626-344-958-9

梅村詩清人注之二
——吳詩集覽（第七冊）

作　　者　陳開林（整理）
主　　編　潘美月、杜潔祥
總 編 輯　杜潔祥
副總編輯　楊嘉樂
編輯主任　許郁翎
編　　輯　潘玟靜、蔡正宣　美術編輯　陳逸婷
出　　版　花木蘭文化事業有限公司
發 行 人　高小娟
聯絡地址　235 新北市中和區中安街七二號十三樓
　　　　　電話：02-2923-1455／傳真：02-2923-1400
網　　址　http://www.huamulan.tw 信箱　service@huamulans.com
印　　刷　普羅文化出版廣告事業
初　　版　2024 年 9 月
定　　價　三九編 65 冊（精裝）新台幣 175,000 元　　版權所有・請勿翻印

梅村詩清人注之二
——吳詩集覽（第七冊）

陳開林　整理

目

次

附錄一：顧師軾《梅村先生年譜》

　　昔人謂少陵之詩，詩史也。讀其詩而天寶以後興亡治亂之跡具在，其為史之所同者可以相證明焉，其為史之所遺者可以相參考焉，詩之所以貴有為而作也。雖然，少陵之集編體不編年，讀其詩而不得其旨，更求其年譜讀之，而其詩之與《新》、《舊》兩書相出入者，乃條分件繫，粲然而無所疑。甚矣，年譜之有功於詩也！吾鄉梅村先生之詩，亦世之所謂詩史也。先生負曠世之才，為風雅總持，其所交遊多魁奇俊偉之士，而又當明季百六之運，故其集中之作，類皆感慨時事，悲歌掩抑，銅駝石馬、故宮禾黍之痛往往而在。惟其詩編體而不編年，當時有為之作，讀者或恨其不能盡詳。孟子曰：「頌其詩，讀其書，不知其人，可乎？是以論其世也。」然則非年譜不足以知先生之詩之世，非論先生之詩之世不足以知先生之詩之果為詩史也。先生之集，有《集覽》，有《箋注》，而年譜闕如。同里顧雪堂茂才，劬學好古，篤嗜先生之詩，暇日求里中前輩程迂亭先生所箋編年之本，為《年譜》一書，而又遍考其家牒雜識以附益之，積數年之力，成書如干卷。雪堂以同里後進，為先生編年之譜，其搜採尚易為力，故其書之贍洽，視前人之編杜詩者有加焉。蓋其體之詳略各有所由來，而要其用心之勤，為功於前人之詩以靳致其知人論世之意，未嘗不一致也。書既成，深佩雪堂之篤雅好事，能補前人之所未逮，遂不辭而為之序。道光二十四年，歲次甲辰，同里徐元潤書。

　　詩有年譜，由來尚矣。昔賢謂少陵詩為詩史，宋魯訔撰注，冠以年譜，今注佚而譜存；紹興中趙子櫟亦著《杜詩年譜》一卷，不逮魯譜之密。蘇長公集多諷切時事，亦詩史也。施元之《蘇詩注》，家綿津中丞刊校，復訂正王宗稷《東坡年譜》列於前，使人開卷了如。然則年譜與詩，非相為表裏歟！婁東吳

梅村祭酒詩，風骨遒上，感均頑豔，黎城靳氏《集覽》最為詳洽，吾鄉吳枚菴叟增刪之為《箋注》，嚴少峰太守梓而行之，亦以未見年譜為憾，只錄陳、顧兩公撰《墓誌》、《行狀》，謂略見一斑。僕屢欲搜輯成編而未之逮。比來司鐸太倉，顧君雪堂示所著《先生年譜》四卷，出入靳、吳兩注，兼據迂亭程君編年未刊本，次第纂考，並詳紀世系，具見苦心。喜其篤雅好古，能搜採鄉先生之往跡，雖為功較易，而用心較勤，其分卷亦較倍，益以見祭酒之為詩史，直可追杜、蘇而後先頡頏焉。適嚴迪甫觀察遠宦隴西，將郵致其譜，附吳君《箋注》本為合璧。余既樂雪堂乃祭酒之功臣，尤望迪甫為前人克紹箕裘也。書此以報雪堂，並寄觀察以代簡。道光乙巳夏日，元和宋清壽芥楣識。

梅村先生世系

顧師軾纂
顧思義訂

先生姓吳氏，諱偉業，字駿公，晚號梅村。江南太倉州人。

七世祖子才，名無考，河南人。元末避兵，始遷蘇州崑山之積善鄉。配費氏。

六世祖埏，字公式，以字行。明正統元年贈承德郎，行在刑部雲南司主事。配陳氏，封太安人。考：又字式周。

五世祖凱，字相虞，號冰蘗。卒祀鄉賢祠。配沈氏，繼沈氏，再繼陳氏。

　　《蘇州府志》：「吳凱，字相虞。父公式早亡，遺腹生凱，能力學養母。里胥嘗召之役，詣縣自陳有母不能遠離，竊有志於學，縣令芮翀異其言，立遣就學。後充貢京師，中順天鄉試。宣德中，授刑部主事，改行在雲南司，再改禮部主客司，以母老乞歸，遂不復仕。凱精敏有治劇才，平生以禮自律，言行不苟，風儀嚴峻，人望而畏之。家居四十年，非公事不至公府。葉盛尤重之，嘗曰：『鄉里作官，前輩當法吳丈，後輩當法孫蘊章。』及卒，鄉人私諡貞孝先生。」蘊章名瓊。

　　葉文莊公盛《相虞公墓誌銘》：「祖才，父式周，母陳氏。公在妊而父亡，既生公，家復被災。母年尚少，甘貧守約，育而教之。公晚得子而連得三子。卒成化七年七月十四日，壽八十有五。配沈氏，先卒。子三人：長恩，輸粟於官，授承事郎；次悳；次愈。女二人，婿顧恂、龔綬。銘曰：孰完五福，惟善日不足；孰永終譽名，不必公與卿。吁嗟乎公，後有考於茲銘。」恂，先文康公鼎臣父。

高祖愈，字惟謙，號遁庵。配夏氏。

《蘇州府志》：「吳愈，字惟謙，凱子。成化乙未進士，授南京刑部主事，歷員外、郎中。初，凱起家刑曹，每為愈言折獄之道，愈在部繙閱舊牘，遂精法律，一時奏讞咸倚以決。出知敘州府。慶符盜劫縣治，令捕得二十七人，已誣服，愈疑之，乃詣縣辨審，釋二十五人。未幾，果獲真盜。土官安鼇以馬湖叛，眾議用兵，愈策曰：『鼇無遠謀，然其甲兵精利，未易敵也。彼中無水，當重圍以困之。』議未決，而鼇忽棄城走，眾慮其糾諸夷為亂，愈曰：『彼以郡守，將兵接戰，勝負未可知；既離巢穴，一窮寇耳，諸夷皆其仇，又何能為？』因遣人襲之，不血刃而獲。自是馬湖改置流官。後其黨復劫府印為亂，愈親抵其巢諭之，遂獻印解散。在敘九年，遷河南參政，致仕歸。卒年八十四。」

王弇州世貞《吳遁庵贊》：「在郡九年，課農桑，興學校，戶口滋殖，風俗醇美，為諸郡最，而業已倦遊矣。里居優游自奉養，喜賓客，和謹得後進心。有女三人，歸陸伸、文徵明，皆名士，而歸王氏者有子同祖，以才入中秘，皆侍公周旋，以是寬樂於其身。贊曰：仕不九卿，曰上大夫；壽不九秩，曰八十餘。宅相所貽，蘭蕤玉枝；父子耆哲，為鄉閭師。」

先文康公鼎臣《吳公惟謙墓表》：「卒於嘉靖丙戌五月十九日，年八十四。子男四：長東，浦江縣縣丞；次南，國子生，公仲弟惥無嗣，推以為後；次西，次守中，國子生。孫男：詩、訪、許、志。」

嗣高祖惥，字維明，號靜庵。配陳氏。無子，以愈次子南為嗣。

曾祖南字明方，號方塘。賜內閣中書，後官鴻臚寺序班，以使事過家為御史所論，謫江西建昌府幕官。配鄭氏，繼袁氏。

先生《先伯祖玉田公墓表》：「余家世鹿城人，自禮部公以下，大參、鴻臚，三世皆葬於鹿城。公為鴻臚長子，次即贈嘉議大夫少詹事諱議，余祖也；又次則諱詣，偉業四五歲曾及見之，老且貧，衣食於卜肆。余祖嘗抱偉業於膝，顧叔祖而歎曰：『爾知我宗之所以衰乎？三世仕宦，廉吏之橐，固足以傳子孫。爾伯祖實主其帑，用之為飲食裘馬費，產遂中落。余與爾叔祖庶出也，少孤，故皆貧。』余祖亡後，祖母湯孺人每談及鴻臚公時事，輒言嘉、隆中鹿城倭難，伯祖自以私財募兵千餘人，轉戰湖、泖間，兵敗，左右皆沒，得一健卒負之免，家遂以破。」

祖議，字子禮，號竹臺。以先生貴，贈嘉議大夫、詹事府少詹事。幼贅於琅琊王氏，遂居太倉。副室湯氏，封太淑人。

先生《秦母於太夫人七十壽序》：「衰門貧約，吾母操作勤苦，以營舅姑瀡潃之養。湯淑人憐其多子，代為鞠育。余自少多病，由衣服飲食，保抱提攜，惟祖母之力是賴。憶自早歲通籍，祖母年七十有三，及以南都恩貤封三世，湯淑人期屆九秩，笲珈白首，視聽不衰，里人至今以為太息。」

父琨，字禹玉，又字蘊玉，號約齋，又號約叟。諸生，以經行稱鄉里。先生貴，封嘉議大夫、詹事府少詹事。國朝舉鄉飲大賓，卒祀鄉賢祠。配陸氏，繼朱氏，封淑人。

鈕琇《觚賸》：「江右李太虛為諸生時，嗜酒落拓，而家甚貧。太倉王岵雲司馬備兵九江，校士列郡，拔太虛第一，引見之，謂曰：『吾固多子，擇師無若子者，顧遠在婁東，子能一往乎？』李許諾，次日即遣使送至其家。時王氏二長子已受業同里吳蘊玉先生。蘊玉者，梅村先生父也。而太虛教其第四、五諸郎，兩人共晨夕甚歡。梅村甫韶齡，亦隨課王氏塾中，李奇其文，卜為異日偉器。歲將闌，主家設具宴兩師，出所藏玉卮侑酒，李醉，揮而碎之，王氏子面加譙讓，李亦盛氣不相下。席罷後，謂吳曰：『我安可復留此？』遂拂衣去。吳知其不能行也，翌日早起，追於城𨙸，出館俸十金為贈，乃附賈舶歸。然所贈資大半耗於酒。及抵家，垂橐蕭然，亟呼婦治具，婦曰：『吾絕糧已久，安所得粟？憶君去後，猶存故人酒一罌，請佐君軟飽，可乎！』婦往鄰家覓薪，李即發罌，罌內產一芝如盤，紫光煜煜，喜且愕曰：『此瑞徵也。顧酒敗不可飲，奈何？』挹之則清冽異常，乃浮白獨斟。婦負薪歸，則罌已罄矣。是秋登鄉薦，明年成進士，入詞館。數載後，以典試覆命過吳門，王氏子謁於舟次，李急詢吳先生近狀。是時梅村亦登賢書，因購吳行卷，攜以北上，為延譽京師。辛未，梅村遂為太虛所薦，登南宮第一，及第第二人，年僅弱冠。蘊玉先生享榮養者三十年，可為疏財敦友之報。而岵雲諸子自司馬沒後，家漸替矣。」

先生《於太夫人壽序》：「吾母朱淑人精心事佛，嘗於鄧尉山中創構傑閣，虔奉一大藏教。」

嗣祖諫，字子猷，號玉田。官福安縣縣丞。葬梅灣。配某氏，繼查氏，再繼陸氏。子一，查氏出，夭。本宛平王敬哉崇簡《青箱堂集·吳母張太孺人墓誌銘》，詳後順治丙申年。

先生《玉田公墓表》：「於吳門遇三山鄭君，曰余姻也。詢之，則三山之兄

曰某者，為伯祖婿，余姑尚在也。偉業乃具禮幣拜見，則年已七十三，泫然泣曰：『猶憶會鴻臚公葬時，曾到鹿城見二叔，今已六十年，不通家問。』二叔謂吾祖也。歸而告我祖母湯孺人，孺人泣，吾世父與吾父知之亦泣，泣年六十始知有伯姊也。相率至梅灣墓下再拜哭，且加封樹焉。吾姑後三年以卒，有二子，以其一從吳姓，主梅灣之祭。」

嗣父瑗，字文玉，號蓬庵。禮部冠帶儒士。配王氏，繼張氏。本《青箱堂集》，詳後順治丙申年。

梅村先生年譜卷一

故明萬曆三十七年己酉五月二十日，先生生。

母朱太淑人妊先生時，夢朱衣人送鄧以讚會元坊至，遂生先生。

三十八年庚戌，二歲。

三十九年辛亥，三歲。

四十年壬子，四歲。

熊學院科試，先生尊人約齋公補博士弟子員。

四十一年癸丑，五歲。

仲弟偉節生。

四十二年甲寅，六歲。

四十三年乙卯，七歲。

讀書江公用世家塾。先生《按察司使江公墓誌銘》：「始余年七歲，讀書公家塾識公，公即是年領鄉薦。後三十年，家居，公折輩行與余及魯岡遊。」

八月，祖竹臺公卒。

四十四年丙辰，八歲。

四十五年丁巳，九歲。

四十六年戊午，十歲。

四十七年己未，十一歲。

就穆苑先雲桂家中讀書。　先生《穆苑先墓誌銘》：「自余生十一始識君，居同巷，學同師，出必偕，宴必共，如是者五十年。君為先大夫執經弟子，余兄弟三人，君所以為之者無有不盡。余雖交滿天下，其相知莫如君。余之初就

君齋讀書也，有同時遊處者四人：志衍、純祜為兄弟，魯岡與之共事，其輩行差少，皆吳氏，余宗也；鄰舍生孫令修亦與焉。」

季弟偉光生。

四十八年庚申，是年八月後改元泰昌。**十二歲。**

天啟元年辛酉，十三歲。

二年壬戌，十四歲。

隨父約齋公讀書志衍繼善家之五桂樓。　先生《志衍傳》：「余年十四識志衍，長於余三歲，兩人深相得。」《哭志衍》詩：「余始年十四，與君早同學。」《早起》詩：「惜爽憩南樓。」《送志衍入蜀》詩：「我昔讀書君南樓。」程穆衡箋：「先生幼隨父約齋公讀書志衍家之五桂樓，詩中所詠南樓是也。」

能屬文，西銘張公溥見而歎曰：「文章正印，在此子矣！」因留受業於門，相率為通今博古之學。　程穆衡《婁東耆舊傳》：「江右李太虛明睿，落魄客授州王大司馬所，與公父善，見公於髫齔，奇之。一日飲於王氏。太虛被酒碎其玉厄，主有誶言，憤怒去。約叟追而臚之，太虛曰：『君子奇才也，天如將以古學興東南，盍令從遊乎！』約叟如其言。」

三年癸亥，十五歲。

四年甲子，十六歲。

西銘肇舉復社，先生為入室弟子。　楊彝《復社事實》：「文社始於天啟甲子，合吳郡、金沙、檇李僅十有一人。張溥天如、張采來章、楊廷樞維斗、楊彝子常、顧夢麟麟士、朱隗雲子、王啟榮惠常、周銓簡臣、周鍾介生、吳昌時來之、錢旃彥林分主五經文字之選，而效奔走以襄厥事者，嘉興府學生孫淳孟樸也。是曰應社。當其始取友尚隘，來之、彥林謀推大之訖於四海，於是有廣應社。貴池劉城伯宗、吳應箕次尾，涇縣萬應隆道吉，蕪湖沈士柱昆銅，宣城沈壽民眉生咸來會。聲氣之孚，先自應社始也。」

五年乙丑，十七歲。

六年丙寅，十八歲。

七年丁卯，十九歲。

崇禎元年戊辰，二十歲。

陳學院歲試，入州庠。

二年己巳，二十一歲。

西銘與同里張南郭采舉復社成，先生名重複社。　《復社事實》：「崇禎之初，嘉魚熊開元宰吳江，進諸生而講藝。於時孫淳孟樸結吳翻扶九、吳允夏去盈、沈應瑞聖符等肇舉復社。於時雲間有幾社、浙西有聞社、江北有南社、江西有則社，又有歷亭席社、崑山雲簪社，而吳門別有羽朋社、匡社，武陵有讀書社，山左有大社，僉會於吳，統合於復社。復社始於戊辰，成於己巳。其盟書曰：『學不殖將落，毋蹈匪彝，毋讀匪聖書，毋違老成人，毋矜己長，毋形彼短，毋以辨言亂政，毋干進喪乃身。嗣今以往，犯者小用諫，大者擯。』僉曰：『諾。』是役也，孟樸渡淮、泗，歷齊、魯以達於京師，賢士大夫必審擇而定衿契，然後進之於社。故天如之言曰：『忘其身，惟取友是急；義不辭難，而千里必應。三年之間，若無孟樸，則其道幾廢。』蓋先後大會者三，復社之名動朝野，孟樸勞居多，然而斂怨深矣。」先生有《致雲間同社諸子書》、《致孚社諸子書》。

西銘為尹山大會。　陸世儀《復社紀略》：「吳江令楚人熊魚山以文章經術為治，慕天如名，迎致邑館。於是為尹山大會，苕、霅之間，名彥畢集，遠自楚之蘄、黃，豫之梁、宋，上江之宣城、寧國，浙東之山陰、四明，輪蹄日至。比年而後，秦、晉、閩、廣多有以文郵置者。」

三年庚午，二十二歲。

李學院科試一等三名，補廩膳生員。

舉鄉試十二名。座主庶子姜曰廣，江西新建人，萬曆己未進士；編修陳演，四川井研人，天啟壬戌進士。《春秋》房房師鎮江府推官周廷鑨，福建晉江人，天啟乙丑進士。按：先生有《寄房師周芮公先生》詩。

西銘為金陵大會。　《復社紀略》：「崇禎庚午，諸賓興者咸集，天如又為金陵大會。是科主裁為江西姜居之曰廣，榜發，解元楊廷樞，而張溥、吳偉業皆魁選。」

四年辛未，二十三歲。

舉會試第一名。座主內閣周延儒，宜興人；內閣何如寵，桐城人。房師李明睿，江西南昌人，天啟壬戌進士。按：先生有《閩園詩》、《座主李太虛師從燕都間道北歸尋以南昌兵變避亂廣陵賦呈八首》諸詩。

思義考：李少司馬繼貞《萍槎年譜》：「辛未會試同考，得士二十有一人。是

年榜元為吳偉業，世通家也。填榜止餘第二第一尚有推敲。首揆周諱延儒偶思吳卷為太倉人，係余同里，因招余，首問家世以及年貌文望，余一一答之甚悉。且云：『行文直似王文肅公。』首揆喜，大聲遍語同考，更首肯文肅公一語，於是遂定吳卷為第一。余因筆記云：『憶吳之祖竹臺公與先君子為筆硯交，白首相歡。其父禹玉受業於余，余子又受業於禹玉，蓋三世通家矣。今日闈中推轂之語，雖捧土增山，要亦添花著錦，余豈貪天功以為己私耶！』李繼貞《與門人吳禹玉書》：「去秋得鹿鳴報，為之起舞。今春在闈中親見填榜，得令郎首冠多士，益喜躍不自禁。兩相國知不佞同里，即詢家世來歷，一一置對，兩相國亦自喜慰無量。思令先尊與家大夫筆硯一生，不得鄉校，乃不佞三入闈，得睹桃李之盛，而令嗣一飛衝天，又不似鄙薄苟然而已，此豈非造物之嗇前豐後，亦為善者之必有餘慶與！門下自此可收卻書本，打帳做大封君。若復戀戀雞肋，恐作第二人，將不免為令郎所笑。善刀藏之何如？」

殿試一甲第二名，授翰林院編修。《復社紀略》：「是科延儒欲收羅名宿，密囑諸分房於呈卷之前取中式封號竊相窺伺，明睿頭卷即偉業也。延儒喜其為禹玉之子，明睿亦知為舊交之子，偉業由此得冠多士。烏程之黨薛國觀泄其事於朝，御史袁鯨將具疏參論，延儒因以會元卷進呈御覽，莊烈帝批其卷曰：『正大博雅，足式詭靡。』而後人言始息。」

先生入翰林，製詞曰：「陸機詞賦，早年獨冠江東；蘇軾文章，一日喧傳都下。」當時以為無愧。

疏劾蔡奕琛。《復社紀略》：「溥緝烏程通內結黨、援引同鄉諸子，繕疏授偉業參之。偉業立朝未久，於朝局未練，不之應。時溫之主持門戶操握線索者，德清蔡奕琛為最，偉業難拒師命，乃取參體仁疏增損之，改坐奕琛。」

假歸，娶郁淑人。淑人，萬曆庚子武舉李茂女。陳繼儒《送吳榜眼奉旨歸娶》詩：「年少朱衣馬上郎，春闈第一姓名香。泥金帖貯黃金屋，種玉人歸白玉堂。北面謝恩才合巹，東方待曉漸催妝。詞臣何以酬明主，願進《關雎》窈窕章。」張溥《送吳駿公歸娶》詩：「孝悌相成靜亦娛，遭逢偶而未懸殊。人間好事皆歸子，日下清名不愧儒。富貴無忘家室始，聖賢可學友朋須。行時襆被猶衣錦，偏避金銀似我愚。」程穆衡先生《詩箋》：「單狷庵恂《竹香庵集‧吳太史奉詔歸娶眉公屬諸子同賦》二律，狷庵警句云：『鏡邊玉筍人初立，屏底金蓮燭乍移。』又云：『梅妝並倩仙郎畫，元是春風第一花。』」先行人陳埭《抱桐集》：「祭酒恒言，吾一生快意，無過三聲：臚唱占云，宮袍曜日，帶醒初上，奏節

戛然；錦晝御輪，綺宵卻扇，流蘇初下，放鉤鏗然；海果生遲，石麟夢遠，珠
胎初脫，墮地呱然。」

河決金龍口，滕縣沈焉，有《悲滕城》詩。

李學院歲試，先生仲弟偉節入州庠。字清臣。

五年壬申，二十四歲。

西銘假歸，為虎丘大會，刊《國表社集》行世。 《復社紀略》：「偉業以
溥門人，聯捷會元鼎甲，欽賜歸娶，天下榮之。遠近謂士子出天如門下者必速
售。比溥告假歸，途中艙首所至，挾策者無虛日。及抵里，四遠學徒群集。癸
酉春，溥約社長為虎丘大會，先期傳單四出。至日，山左、江右、晉、楚、閩、
浙以舟車至者數千餘人，大雄寶殿不能容，生公臺、千人石鱗次布席皆滿，往
來絲織。遊人聚觀，無不詫歎，以為三百年來未嘗有也。」按：《復社紀略·總綱》：
「壬申，張溥給假葬親，歸為虎丘大會。」

六年癸酉，二十五歲。

約齋公五十初度。 張溥有《吳年伯母湯太夫人壽序》。載《西銘集》。

七年甲戌，二十六歲。

城隍廟正殿災，有《重修太倉州城隍廟碑記》。

八年乙亥，二十七歲。

入都補原官，充實錄纂修官。 李繼貞《送吳文玉入京師太史駿公所》詩：
「長安名利地，君行獨無求。隨身一敝篋，附舟若輕鷗。累心既云盡，別家了
不愁。惟念太史公，京洛多貴遊。名高眾所集，道廣慮難周。君到雖坐鎮，時
復佐老謀。切劘公輔器，佇俟協金甌。當思伯氏庸，割俸營莬裘。勿謂余戲言，
三公今黑頭。」

倪學院歲試，季弟偉光入州庠。字孚令。

九年丙子，二十八歲。

奸民陸文聲訐復社事。 《太倉州志》：「時有奸民首告復社事，當軸陰主
之，欲盡傾東南名士，偉業疏論無少避。」 《明史·張溥傳》：「里人陸文聲
者，輸資為監生，求入社不許，采又嘗以事抶之。文聲詣闕言溥、采為主盟，
倡復社亂天下。溫體仁方柄國，嚴旨窮究不已，至十四年，溥已卒而事猶未竟。
刑部尚書蔡奕琛坐黨薛國觀繫獄，未知溥卒也。訐溥遙握朝權，己罪由溥；因

言采結黨亂政。詔責溥、采回奏。當是時,體仁已前罷,繼相者張至發、薛國觀,皆不喜東林。及是至發、國觀亦相繼罷,而周延儒當國,溥座主也,其獲再相,溥有力焉,故采疏上,事即得解。」《復社紀略》:「陸文聲,字居實。以事銜張采,捃其事走京師,蔡奕琛導之溫體仁所,溫意中不知有采。先是體仁欲罷行取,啟上因星變,青衣布袍,齋居武英殿,求直言,令淮安衛三科武舉陳啟新上書,特旨擢列諫垣。至是乃曰:『誰為張采?今所急者張溥耳,能並彈治,當授官如啟新矣。』文聲從之。事下學臣倪元珙。時社中吳繼善、克孝、夏允彝、陳子龍皆在京,謂文聲必有浙人頤指,說之就選,出諸外,社局始安,乃醵金為部費,使擇善地。文聲與二吳有表戚,克孝為盟約以堅之,得道州吏目以去。元珙竟以隱降調,繼之山東亓瑋。瑋艱歸,齊人張鳳翮代之,延臨川羅萬藻閱文,學政悉入羅掌握,溫無如之何。會明年溥卒,溫罷相,事得解。」《復社事實》:「十年正月,蘇州民《明史》作太倉州監生,是。陸文聲疏陳風俗之弊,皆原於士子。庶吉士張溥、知臨川縣事張采,倡立復社以亂天下。思陵下提學御史倪元珙察覈。倪公言諸生誦法孔子,引其徒談經講學,互相切劘,文必先正,品必賢良,實非樹黨。文聲以私憾妄訐,宜罪。閣臣以公蒙飾,降光祿寺錄事。蘇州推官周之夔者,與溥同年舉進士,初亦入社,至是希閣臣意,墨經詣闕,復訐奏溥等樹黨挾持。案久未結,讒言罔極,至有草檄以伸復社十罪者。大約謂派出婁東、吳下、雲間,學則天如、維斗、臥子,上搖國柄,下亂群情,行殊八俊三君,跡近八關五鬼。外乎黨者,雖房、杜不足言事業;異吾盟者,雖屈、宋不足言文章。或呼學究知囊,或號行舟太保,傳檄則星馳電發,宴會則酒池肉林。至十五年,御史金毓峒、給事姜垓各上疏白其事,始奉旨:朝廷不以語言文字罪人,復社一案准注銷。後福藩稱制,阮大鋮怨戊寅秋南國諸生顧杲等一百四十人之具《防亂公揭》也,日思報復,爰有王實鼎『東南利孔久湮,復社巨魁聚斂』一疏。大鋮語馬士英云:『孔門弟子三千,而維斗等聚徒至萬,不反何待?』至欲陳兵於江以為防禦。心知無是事,而意在盡殺復社之主盟者。時昆銅暨宜興貞慧定生輩皆就逮繫獄,桐城錢秉鐙、宣城沈壽民亡命得脫。假令王師下江南少緩,則復社諸君子難乎免於白馬之禍矣。」 朱彝尊《靜志居詩話》:「復社雖太倉二張主之,實引次尾、扶九相助。當其時烏程溫相君有子求入社,扶九堅持不可,於是有徐懷丹之檄、陸文聲之疏、周之夔之彈事,又繼以王實鼎之飛章。而復社禍機既發,扶九亦日在憂患中。」

秋，典湖廣試，刑科給事中宋玫為副，與熊魚山開元、鄭澹石友元會。　先生《書宋九青逸事》：「九青以刑右給事副余使楚，兩人相得甚。蓋其時天下已多事，楚日炭炭，而武昌阻大江，固無恙。楚之賢士大夫為魚山熊公、澹石鄭公，乃九青同年生，又皆吏於吾土。聞兩人之至也，挐舟來，酹酒江樓，敘述往昔，商校文史，夜半耳熱，談天下事，流涕縱橫。」　先生《宋玉叔詩文集序》：「守官京師，從九青遊，奉使同事楚闈，登黃鶴樓，俯眺荊江、鄂渚間，拊楹慷慨。九青題詠甚夥，余愧未能成章，亦勉賡以紀名勝。九青不鄙而進余，謂可深造於斯事。」　先生《梅村詩話》：「九青年十九，登乙丑進士，任吏科給事，升太常，進戶部侍郎，以枚卜遇譴歸。嘗與余同使楚，竟陵鄭澹石贈什曰：『剖斗折衡為文章，天下婁東與萊陽。』謂吾兩人也。」　張溥《跋宋九青送熊魚山文手卷》：「熊魚山、鄭澹石兩先生之為諫官也，一以三月去，一以十月去，顧其令吾吳則皆六年也。蘇、松財賦甲天下，吳江、華亭，殷大尤冠二郡，兩先生以德鎮之，六年之內，無逋賦，無罷人，百姓稱為至平。乃天子再命大吏稽錢穀，時澹石行矣，文書往來高下者久之，獨兩先生調他職，徵其說，則曰：『以賦故也。』都人士目睽睽益不知所謂。嗟乎！苟不得所謂，讀兩先生封事可矣；苟不及讀兩先生封事，讀宋九青一篇送行文其亦可矣。」

《夜泊漢口》、《送黃子羽之任》。

十年丁丑，二十九歲。

充東宮講讀官。　陳子龍《贈吳太史充東宮講官》詩：「蒼莨開震域，青殿接文昌。霞氣騰玄圃，瓊條拂畫堂。選端周典禮，拜傅漢元良。史職移仙省，宮僚總帝鄉。金貞儲後重，玉立侍臣莊。羽籥傳秋實，詩書出尚方。夏侯經術茂，皇甫素懷芳。雞戟青槐蔭，龍泉碧藻香。珠簾參晚燕，璧月照春坊。卜賦情文稱，王箴忠愛長。一時推碩德，萬國仰重光。愧我羊裘側，思君象輅旁。臨風疏館靜，遙夕可相望。」

劾張至發，直聲動朝右。　《明史》：「萬曆中，申時行、王錫爵先後枋政，大旨相紹述，謂之『傳衣缽』。張至發代溫體仁，一切守其所為，而才智機變遜之。嘗簡東宮講官，擯黃道周，為給事中馮元飈所刺。至發兩疏，詆道周而極頌美溫體仁孤執不欺，為編修吳偉業所劾。」

七月，次女生。後適海寧陳直方容永，相國之遜子。　先生《遣悶》詩：「一女血淚啼闌干，舅姑嶺表無書傳。一女家破歸間關，良人在北愁戍邊。更有一女優風煙，圍城六月江風寒。」按：先生長女適王天植陳立，增城令瑞國子。又有

女適桐城何某，贛州守應璜子。又考《婁東耆舊傳》，張塤娶梅村吳公第六女。塤，宿遷訓導蒿園之子，給諫王治之孫。

      又按：先生行狀及墓表，女九人，郁淑人出四，側室浦孺人出三，側室朱安人出二。考延陵家譜：一適諸生王陳立，增城令瑞國子；一適海寧孝廉陳容永，相國之遜子；一適江寧監生何棠，贛州守應璜子；一適胡金門；一字宜興諸生周申祺，未嫁卒。郁淑人出。一適吳縣錢鏡徵；一適崑山監生李昶。側室浦氏出。一適監生張塤；一適常熟國子監助教封翰林院庶吉士席永恂。側室朱安人出。

梅村先生年譜卷二

十一年戊寅，三十歲。

江右楊機部廷麟以翰林改官兵部主事，贊畫督臣盧象昂軍事。

與楊鼎岫士聰謀劾吏部尚書田惟嘉、太僕寺卿史薑諸不法事。　先生《左諭德濟寧楊公墓誌銘》：「丁丑，會試同考，得《春秋》士二十三人。明年，皇太子出閣講學，充校書官。以職事糾中書黃應恩，失當事意。尋以經筵講官召對，面論考選得失，疏劾吏部尚書田惟嘉及其鄉人史薑所為諸不法，上用其語，惟嘉黜免，薑逮問。未幾，田、史之黨復振，公病請回籍。辛巳，史薑死獄中，詔籍其家，應恩前已他事論死，乃思公言為可用。」　又：「公謹質凝重，多大節。其以職事糾黃應恩也，應恩者小人，歷事久，關通中外。舊制，詞臣於殿閣大學士為同官，而中書特從史，即積資至九卿不得均禮。淄川相以外臣入，廢掌故，而應恩挾中官重示籠絡，又助為調旨，以此得相張心，益驕無舊節。公與語不合，立具奏，又移書淄川責數之，而僉人盡目懾公矣。田惟嘉者，以吏侍郎取中旨進，於相張為師生；而史薑特虎而鷙，父喪家居，頤指諸大吏為威福，天下莫取言。公於便殿白髮其端，退而上書，條疏贓纍，章十數上。」

三月二十四日召對，進端本澄源之論。

湯太淑人八十稱觴。　李繼貞有《吳母湯太夫人八十壽文》。載《萍槎集》。

十二年己卯，三十一歲。

升南京國子監司業。　李繼貞《與門人吳禹玉書》：「令長公南司成之推，大為扼腕。要之饒山水、多高賢、宜詩酒，有此三快，三公不易矣。今已抵任否？門下奉親之暇，何以為適？『園林窮勝事，鍾鼓樂清時』，此二語可以當之。」

督師盧象昇卒。先生《詩話》：「盧自謂必死，顧參軍書生，徒共死無益，乃以計檄之去，機部不知也。機部到孫侍郎傳庭軍前六日，盧公於賈莊死難矣。」《明史·盧象昂傳》：「楊廷麟上疏，嗣昌怒，奪象昇尚書，巡撫張其平閉紓絕餉。俄又以雲、晉警趣出關，王樸徑引兵去，象昇提殘卒，次宿三宮野外。畿南三郡父老聞之，咸叩軍門泣請移軍廣順。無隻臂之援，立而就死！象昇流涕，謝以『事從中制，食盡力窮，旦夕死矣，無徒累爾父老為』。眾號泣，各攜斗酒粟餉軍。十二月十一日，進師至鉅鹿賈莊。起潛擁關、寧兵在雞澤，距賈莊五十里而近，象昇遣廷麟往乞援，不應。師至蒿水橋，遇大清兵。象昇將中軍，大威帥左，國柱帥右，遂戰。夜半，觱篥聲四起。旦日，騎數萬環之三匝。象昇麾兵疾戰，呼聲動天，自辰至未，炮盡矢窮。奮身鬥殺，後騎皆進，手擊殺數十人，身中四矢三刃，遂僕。掌牧楊陸凱懼眾之殘其屍而伏其上，背負二十四矢以死。一軍盡覆。大威、國柱潰圍得脫。」《明史·楊廷麟傳》：「十一年冬，京師戒嚴。廷麟上疏劾兵部尚書楊嗣昌，言大臣以國為戲，嗣昌與高起潛、方一藻倡和款議，武備頓忘。督臣盧象昇以禍國責樞臣，言之痛心。夫南仲在內，李綱無功；潛善秉成，宗澤隕命。乞陛下赫然一怒，明正向者主和之罪，俾將士畏法，無有二心。嗣昌大恚，詭薦廷麟知兵，改兵部職方司主事，贊畫象昇軍。」　思義考：虞山蒙叟詩：「孤臂云何搤兩胸，只墮西事不成東。」又：「不能曲突到焦頭，五月邊書九月售。」薊督方一藻、督監高起潛、本兵楊嗣昌共謀輸平以緩國難。五月，通事人周元忠致信云：「款若不成，夏秋必有舉動。」十一年九月，大清兵入牆子嶺，殺總督吳阿衡，毀正關，至營城石匣，駐於牛蘭。召宣、大、山西三總兵楊國柱、王樸、虎大威入衛，三賜象昇尚方劍，督天下兵。楊嗣昌、高起潛主和議，象昇聞之頓足歎。帝召問方略，象昇對曰：「臣主戰。」帝色變，良久曰：「撫乃外廷議耳，其出與嗣昌、起潛議。」議不合，事多為嗣昌、起潛撓。疏請分兵，則議宣、大、山西三帥屬象昇，關、寧諸路屬起潛，象昇名督天下兵，實不及二萬。

漳浦黃公道周論楊嗣昌奪情事，受廷杖，先生遣太學生涂仲吉入都訟冤，干上怒，嚴旨責問主使，先生幾不免。　奉使封延津、孟津兩王於禹州。　過汴梁，登孝王臺。漳浦黃公南還，先生與馮司馬■■〔註 1〕遇之唐舟中，出所注《易》授先生。

〔註 1〕「■■」，上海古籍出版社整理本《吳梅村全集》附錄《吳梅村先生年譜》作「元颷」。

　　思義考：楊奪情為大司馬，已大拜。至戊寅冬，寇變，眾懼不免，而聖眷彌篤。己卯，暫削官階，冠帶辦事，隨即賜復。九月，督師蕩寇，錫宴後殿，賜御製詩以寵其行，詩曰：「鹽梅今借作干城，大將威嚴細柳營。一掃寇氛從此靖，還來教養遂民生。」李少司馬《雜錄》云：「看此詩氣象，蕩平有機。若使功成報命，便與裴晉公何異？惜乎虛此盛典也！」虞山蒙叟《投筆集》注云：「閣臣楊嗣昌素奉佛法，既出視師，專意招降，賊降者數十萬，即於附近安插。未幾降者復反，四面皆起，王師如在重圍中矣！嗣昌每日持誦《華嚴》，謂此經可以消劫。」

十三年庚辰，三十二歲。

　　升中允、諭德。

　　嗣父文玉公卒。　陳廷敬先生《墓表》：「升中允、諭德。丁嗣父艱。服除，會南中立君，登朝一月歸。」

　　《臨江參軍》。　先生《詩話》：「機部自盧公死後，其策益不用，無聊生。詔詰督師死狀。賈莊前數日，督師誓必戰，顧孤軍無援，聞太監高起潛史云陳起潛。兵在近，則大喜，於真定野廟中倚土錛作書，約之合軍，高竟拔營夜遁，督師用無援故敗。機部受詔，直以實對。慈谿馮鄴仙得其書，謂余曰：『此疏入，機部死矣！』為定數語。機部聞之則大恨。先是嗣昌遣部役張姓者史云俞振龍。偵賈莊，而其人譚盧公死狀，流涕動色。嗣昌榜笞之，楚毒備至，口無改辭，曰：『死則死耳，盧督師忠臣，吾儕小人，敢欺天乎？』遂以拷死。於是機部貽書馮與余曰：『高監一段，竟為刪卻，後世謂伯祥不及一部役耶？』然機部竟以此得免。已而過宜興訪盧公子孫，再放舟婁中，與天如師及余會飲十日，嘉定程孟陽為畫《髯參軍圖》，余得《臨江參軍》一章。余與機部相知最深，於其為參軍周旋最久，故於詩最真，論其事最當，即謂之詩史可勿愧。機部後守贛州，從城上投濠死。」機部隆武朝進兵部尚書、東閣大學士，開府南贛。丙戌十月初四日死難。

十四年辛巳，三十三歲。

　　李自成陷河南，福王常洵遇害。有《汴梁》二首。

　　五月，哭張西銘師。

　　再訐復社，命下，南郭獨條對上，獄乃解。　張采《具陳復社本末疏》載金鴻《縣志》。

《靜志居詩話》：「崇禎戊寅，南國諸生顧杲等百四十人具《防亂公揭》，請逐閹黨阮大鋮，子方實居其首。有云：『杲等讀聖人之書，明討賊之義，事出公論，言與憤俱，但知為國除奸，不惜以身賈禍。』大鋮飲恨刺骨，而東林、復社之仇在必報矣。大鋮名在《東林點將錄》，號沒遮攔，而閩人周之夔亦注名復社第一集。阮露刃以殺東林，周反戈以攻復社，君子擇交，不可不慎於始也。」

陳鼎《東林列傳》：「《蠅蚋錄》出於溫體仁，《蝗螟錄》出於阮大鋮，又有《續蠅蚋錄》及《蝗螟錄》，乃復社諸君子也，計二千五百五十五人，惟兩陝、滇中無人。」

十五年壬午，三十四歲。

春，大清兵克松山，洪承疇降，遂下錦州，祖大壽以錦州降。有《松山哀》。

七月，田貴妃薨，葬天壽山。有《永和宮詞》。

十六年癸未，三十五歲。

升庶子。

李自成破潼關，督師孫傳庭戰死。有《雁門尚書行》。文祖堯來為太倉州學正，鼎革後棄官，寓僧寺，以青烏術自給。人皆知滇南先生為古君子。有《文先生六十壽序》、《送文學博以蒼公招同住中峰寺》、《曇陽觀訪文學博介石兼讀蒼雪詩遺跡有感》諸詩。志衍之成都任，有《送志衍入蜀》詩。

附先生《詩話》：「卞玉京題扇送余兄志衍入蜀云：『剪燭巴山別思遙，送君蘭楫渡江皋。願將一幅瀟湘種，寄與春風問薛濤。』」

秋七月，由崧襲封福王。

十二月，文選司郎中吳昌時棄市。《吳江縣志》：「吳昌時少受業於周忠毅宗建，故與清流通聲氣。而為人墨而狡，既通籍，日奔走權要，探刺機密，以炫鬻市重。周延儒之再起也，昌時為通關節。及為首輔，其辛未取士馬世奇本延儒師，力勸以正，故初治事頗有賢聲。而昌時則挾勢弄權，大啟幸門，延儒視師通州，一晨而昌時之啟事八至。帝密刺之，知其交關狀而未發。吏部舉行年例，先擇選事。故事，副郎有調部者，正郎不調部。昌時欲持權，使人誑冢宰鄭三俊曰：『昌時持正有風力，主年例為宜。』遂從儀制正郎調文選，事為破格，人皆側目。及舉行年例，出異己者十人於外，一時大嘩。既而御史蔣拱宸劾昌時贓私鉅萬，多連延儒，並言內通中官，漏泄禁密事，帝震怒，御中左

門親鞫之,遂下獄論死,且始有誅延儒意。時魏藻德新入閣,有寵,謂其師薛國觀之死,昌時實致之,恨昌時甚,因與陳濟甚排延儒,掌錦衣衛者駱養性復騰蜚語,帝遂命盡削延儒職,勒其自盡,而昌時棄市。論者謂二人無逃刑,帝能申法也。」

《雒陽行》。　先生《詩話》:「陳臥子嘗與余宿京邸,謂余曰:『卿詩絕似李頎。』又誦余《雒陽行》一篇,謂為合作。」

大清順治元年甲申,明崇禎十七年。**三十六歲。**

三月,流寇陷京師,莊烈帝崩於萬壽山。先生里居,聞信,號痛欲自縊,為家人所覺。朱太淑人抱持泣曰:「兒死其如老人何!」乃已。　《明史‧周遇吉傳》:「十七年二月,太原陷,遂陷忻州,圍代州。遇吉先在代,遏其北犯,乃憑城固守,而潛出兵奮擊。連數日,殺賊無算。會食盡援絕,退保寧武,賊亦躡至。遇吉四面發大炮,殺賊萬人,設伏城內,出弱卒誘賊入城,殺數千人,城圮復完者再,傷其四驍將。自成懼,欲退,其將曰:『我眾百倍於彼,但用十攻一,更番進,蔑不勝矣。』城遂陷,闔家盡死。而大同總兵姜瓖表至,自成大喜,方宴其使者,宣府總兵王承廕表亦至,自成益喜,遂決策長驅。歷大同、宣府,抵居庸,太監杜之秩、總兵唐通復開門延之,京師遂不守矣。賊每語人曰:『他鎮復有周總兵,吾安得至此!』」　楊士聰《甲申核真略》:「賊之陷二關而入也,守寧武關者總兵周遇吉,夫婦臨陣,殲賊無數,賊誘降不從,力盡,全家赴火。賊屠其城,歎曰:『使守將盡如周將軍,吾何以得至此!』是日至宣府,白廣恩、官撫民與總兵姜瓖約降。至居庸,太監杜之秩與唐通俱降。」　先生《綏寇紀略》:「自成初盜福邸之貲以號召宛、雒,逮乎京師陷,其下爭走金帛財物之府以分之。彼飢寒乞活之人,一旦見宮室帷帳、珍怪重寶以千數,志滿意得,飲酒高會,胠篋擔囊,惟恐在後。山海關總兵吳三桂奉詔入援,聞燕京陷,猶豫不進。自成執其父襄,令作書招之,許以通侯之貴。三桂欲降,至灤州,聞其妾陳沅為賊所掠,大憤,急歸山海關,乞降於我大清。」有《圓圓曲》。詩中有「衝冠一怒為紅顏」句,三桂齎重幣求去此詩,先生弗許。

四月,鳳陽總督馬士英等迎福王由崧入南京,稱監國。壬寅,自立於南京,國號弘光。

附唐孫華《東江集談金陵舊事》詩:「金陵昔喪亂,炎運值爛季。忽從大梁城,倉皇走一騎。偶竊藩邸璋,自言某王嗣。貴陽一奸人,乘時思射利。奇貨此可居,何暇論真偽。卜者本王郎,矯誣據神器。遂修代來功,超逾登相位。

權門輦金帛，掖庭陳秘戲。江表張黃旗，王氣銷赤幟。偷息僅一年，傳聞有二異。北來黃犢車，天表自英粹。雜問聚朝官，瞠目各相視。遙識講臣面，備言宮壼事。諸臣媚新君，誰肯辨儲貳？爭傚雋不疑，競指成方遂。泉鳩無主人，束縛乃就吏。復有故宮妃，飛蓬亂雙髮。自言喪亂時，仳離中道棄。生子已勝衣，壯髮猶可識。不望昭陽恩，不望金屋貯。願一見大家，瞑目甘入地。上書欲自通，沉沉九閽壤。詔付掖庭獄，見者為垂淚。不如屬王母，銜憤早自刺。只緣當璧假，翻招故劍忌。誠恐相見非，泄此蹤跡秘。滅口計未忍，對面諒餘愧。鳥獸有伉儷，豺虎知乳孳。豈獨非人情，捐棄恩與義？嬴呂及牛馬，秦晉潛改置。皆從胎孕中，長養崇非類。未聞妄男子，潛盜出不意。龍種乞為奴，狐假得暫恣。茲實眾口傳，曾見遺老記。疑事終闕如，庶聽來者議。」福世子之偽，正史不載，錄之以廣異聞。

分江北為四鎮，以黃得功、劉澤清、劉良佐、高傑領之。

史可法開府揚州。按：《東華錄》有攝政王遣南來副將韓拱薇等致明大學士史可法書、弘光甲申九月十五日史可法答攝政王書。

五月，大清定鼎燕京。

十月，張獻忠破成都，志衍一門三十六口俱被害。有《志衍傳》、《觀蜀鵑啼劇》、《題志衍山水》詩。

姜埰謫戍宣州衛，有《東萊行》。 《明史‧姜埰傳》：「埰杖已死，弟垓口溺灌之乃蘇，盡力營護。後聞鄉邑破，父殉難，一門死者二十餘人，垓請代兄繫獄，釋埰歸葬，不許，即日奔喪，奉母南走蘇州。」 又：「垓為行人，見署中題名碑崔呈秀、阮大鋮與魏大中並列，立拜疏請去二人名。及大鋮得志，滋欲殺垓甚。垓變姓名逃之寧波，國亡乃解。」先生有《姜如須從越中寄詩次韻》。 王士禛《感舊集》小傳：「崇禎壬午，埰擢禮科給事中，五月中條上三十疏。以言事觸首輔怒，與行人司副熊開元同下北鎮撫司獄，備極考掠，幾死者數矣。甲申正月，謫戍宣州衛，聞京師陷，思陵殉社稷，痛哭而南之戍所。未至，以金陵赦，留吳門不肯歸。以馬、阮用事，避地徽州，祝髮黃山，自號敬亭山人。戊子，奉母歸萊陽。山東巡撫重其名，遣使招之，先生故墜馬，以折股紿使者，而夜馳還江南。自號宣州老兵，欲結廬敬亭，未果，病亟，遺命葬宣城戍所，口吟《易簀歌》一章以卒。」 盛敬《成仁譜》：「崇禎癸未，大兵入關，山東雲擾。萊陽諸生姜瀉里字爾岷，偕其季子坡及工部侍郎宋玫、玫宗人吏部稽勳司郎中應亨，俱以罷任家居，經畫守禦。兵薄城下，坡發一炮，

中其帥首，少卻。亡何，夜襲城，兩家皆驅家僮巷戰。刃中瀉里背見殺，坡抱父屍大罵，兵臠之。執玫、應亨相對拷掠，不屈死。」按：瀉里，埰父。

左懋第充通問使，有《下相極樂庵讀同年北使時詩卷》。《明史·左懋第傳》：「懋第初授韓城知縣，有異政。考選戶科給事中。福王立，為應天巡撫。甲申，大學士高弘圖議遣使通好於我，而難其人，懋第請行。八月渡淮，十月朔，次張家灣，止許百人入都。懋第縗服以往，館於鴻臚寺。以不得赴梓宮，即於館所遙祭。是月二十八日遣還，尋自滄州追還，改館太醫院。」葛芝《臥龍山人集》：「侍郎奉使在北羈太醫院也，部曲有盜餉潛通者，侍郎怒，杖殺之，其黨因告侍郎有異圖。攝政王陳兵入院，令曰：『剃頭者生，不剃者死。』侍郎叱曰：『頭可去，髮不可去！』同行數十人，不屈者，參贊兵部陳用極、游擊王一斌、都司張良佐、王廷佐、劉統五人而已。因趣下刑部，銀鐺數重。七日不動，遂執以如王所。王愈欲降之，則令侍郎之兄道意，不得，因請死，王猶豫未決，侍郎奮曰：『男兒死耳，何疑為？』拽出順城門，將就縛，飛騎至曰：『降者王矣！』侍郎曰：『寧為上國鬼，不願爾封王也！』六人以次受戮，用極與侍郎屍直立不僕，忽驚風四起，斷蓬飛入天際，觀者為之流涕罷市。」

二年乙酉，三十七歲。

南京召拜少詹事。二月，王師南下揚州，史可法嬰城固守，攻益急，可法十餘疏告急，弘光以演劇不省。援兵不至，刺血作書，別其母妻。王師以飛炮擊城，西南隅陷，可法死之。有《揚州》詩。

五月初九日，王師渡江，福王由崧奔太平，南都亡。褚人獲《堅瓠集》：「乙酉五月，王師下江南，吾蘇帖然順從。六月十三日，忽有湖賊揭竿，殺安撫黃家鼐，城中鼎沸，賴大兵繼至得寧。劉澤清降，我朝惡其反覆，磔誅之。」有《臨淮老妓行》。王士禛《南征紀略》：「淮安頗稱鞏固，甲申五月，澤清實來盤踞，與田仰日肆歡飲。大兵南下，有問其如何御者，曰：『吾擁立福王以來，供我休息。』八月，大興土木，造室宇，極其壯麗，僭擬王居，休息淮上。」《觚賸》：「澤清建閫淮陰，興屯置榷，富亞郇瑈，而漁色不已。天旅南下，託以左兵犯順，率旅勤王，撤戍離汛，大掠南行，遇王師於蕪湖，謀入海不得，倉猝迎降。」

鄭芝龍、黃道周等奉唐王聿鍵稱監國。六月，自立於福州，號隆武。

楊文驄之閩，有《送友人從軍閩中》、《讀友人舊題走馬詩於郵壁漫次其韻》。《成仁譜》：「楊文驄，字龍友，貴州貴陽縣人。崇禎辛未進士。以職方

郎中監鎮江軍。乙酉夏，鎮江潰。六月，安撫黃家鼐至蘇州，文驄結陳情等攻殺之。尋入浙至閩，拜兵部侍郎。丙戌，福州陷，率川兵搏戰不克死。」

九月，執由崧以歸於京師。

先生應南京詹事之召。甫兩月，奕琛夤緣馬士英，復柄用，修舊隙，先逮吳御史適，次擬先生。先生知事不可為，又與馬、阮不合，乃謝歸。《明史‧姦臣傳》：「朝政濁亂，賄賂公行。四方警報狎至，士英身掌中樞，一無籌畫，日以鋤正人引凶黨為務。時有狂僧大悲出語不類，為總督京營戎政趙之龍所捕。大鋮欲假以誅東林及素不合者，因造十八羅漢、五十三參之目，書史可法、高弘圖、姜曰廣等姓名，內大悲袖中，海內人望，無不備列。獄詞詭秘，朝士皆自危，而士英不欲興大獄，乃止。」 夏允彝《幸存錄》：「馬士英入政府，方快於逐姜、劉而用阮大鋮，不復顧大柄之委去也。大鋮一出，凡海內人望，無不羅織巧詆；貪夫壬人，無不湔洗拔用。」 先生《冒辟疆五十壽序》：「往者天下多故，江左尚晏然，一時高門子弟才地自許者，相遇於南中，刻壇墠，立名氏。陽羨陳定生、歸德侯朝宗與辟疆為三人，皆貴公子。」 又：「有皖人者，流寓南中，故奄黨也，通賓客，畜聲伎，欲以氣力傾東南。申、酉之亂，彼以攀附驟柄用，興大獄以修舊隙。定生為所得，幾填牢戶，朝宗遁之故鄣山中，南中人多為辟疆耳目者，跳而免。尋以大亂，奉其父憲副嵩少公歸隱如皋之水繪園，誓志不出。」 先生《吳母徐太夫人壽序》：「當幼洪為給諫，余亦官南中，以母老歸養，請急東還。聞幼洪之及也，余自知不免，雖然，不敢以告吾母也。無何，江南大亂，余奉母奔竄山中，幼洪亦自獄所脫歸，母子相見，倉皇避兵，皆憊而後免。今太夫人康強壽考，諸子拜堂下，進七十之觴，而吾母亦健飯無恙。兩家母子，同以危苦得全，此非天為之耶？」

五月十七日，州役皂隸輿廝等毆張南郭，以積米未明為詞。劉河兵以數月乏糧，擁至城，勢張甚。十九日，滿城民夜皆聞鬼哭。二十日，士民訛言大兵已至蘇州，居民驚徙，城市一空。知州朱喬秀畜而懦，卒當時危，惟擁資闔門為走計，六月初二日盜庫胥逸。初四日，州亂，焚搶蜂起，先生避亂礬清湖。有《礬清湖》、《讀史雜感》、《避亂》詩。思義考：朱昭芑明鎬《小山雜著》：「乙酉閏六月一日，夜將半，訛言忽起，傳有寇警。余披衣起，露立庭中，見天上小星散落如雪。《洪範》曰：『庶民惟星。』其隕如星乎？十六日望夜，月食之既，眾星流移，縱橫絡繹，各有芒角。占曰：『百姓流徙之象。』吳人輕名節而重毫髮，始則望風納款，繼乃愛惜顛毛，遂各稱兵旅拒。崑山咫尺，音問不

通，鄉城唇齒，辮髮相戮，枯守城中，正如坐井。七月初四日屠嘉定，初六日屠崑山，十二日屠常熟，吳郡縣七州一，崇明懸處海外，六邑五受傷夷，惟一州為魯靈光之獨存。自雜弁恣意淫刑，悍卒踊躍奪劫，鄉城哽咽，互召敵仇。譬之蟹然，去其郭索之物，惟餘頑然一腹，究復何濟！七月初四日屠嘉定，左通政侯峒曾死之，子元演、元潔從死。觀政進士黃淳耀自縊於真濟寺，弟淵耀從死。孝廉張錫眉縊於文廟，學正龔用圓投井死。初六日屠崑山，原任總兵王南陽、貢生朱集璜死之。孝廉徐開元妻自縊，長子、次子不忍其母，痛哭罵，軍大怒，縛置庭柱，亂鏃射殺。二子善屬文，有美才。崑山被屠者幾及八萬人，俘婦女無算，其軍士大約黃靖南降卒也，淫殺十倍北軍。十二日屠常熟。是日前，荊門以義陽王為名，需索大戶，士女逃竄，城郭為空，以故軍至無大獲，所屠者單戶而已。三縣合計，所屠之戶不下二十萬人，凡厚貨強有力者先遁荒野，遇害間有一二，大率中人下戶居多。語云：『千金之子，不死於市。』信哉！八月初三日，李成棟統軍屠太倉各鎮。李成棟移師至松江府，松江水師敗北，提督京口水營總兵王蜚、吳淞總兵吳志葵被擒，王蜚死之。破府城，屠四五萬人，俘婦女略同吳郡。吏部考功司主事夏允彝沈河死，守金山衛指揮侯懷玉死之。」

六月，大兵入浙，有《董山兒》詩。　楊陸榮《三藩紀事本末》：「乙酉，官兵既入浙，縱肆淫略。總鎮聞，梟示十數人，令搜各船所掠婦人給還本夫。兵士畏法，遂以所掠沈之江中。」　又：「乙酉六月，我貝勒留兵二千駐吳閶，大軍悉趨杭州，掠嘉興而過。時潞王常淓在杭，撫、按請命奉書迎降，而嘉興士紳屠象美等復集兵據城守，大兵還攻，半月而破。」

閏六月，祖母湯太淑人卒。

三年丙戌，三十八歲。

瞿式耜等以桂王由榔監國於肇慶，號永曆。

志衍之弟事衍自蜀中徒跣逃歸。有《哭志衍》詩。

秋，王煙客時敏治西田於歸涇之上，去城西十有二里，是為十四都，構農慶堂、稻香庵、霞外閣、錦鏡亭、西廬、語稼軒、逢渠處、巢安等室，約張南垣疊山種樹，錢虞山作記，先生為作《歸村躬耕記》。

《琵琶行》。　《西田詩》。　《和王太常西田雜興》。　《福建道監察御史贈太僕寺卿諡忠毅李公神道碑銘》。

四年丁亥，三十九歲。

正月，大兵克肇慶，桂王奔桂林，尋奔全州，以式耜留守桂林。

元配郁淑人卒。

楊繼生任太倉學正。有《閬州行贈楊學博爾緒》。顧勗齊■■《壬夏雜抄》：「楊先生秉鐸吾婁，妻女在蜀遭亂，已無可奈何矣。會吾婁盛泰昭釋褐秦之略陽令，楊以杯酒餞之曰：『倘至彼中，得吾家消息，片鴻寸鯉勿靳也。』盛赴任一載，偶以事出，見婦人負血書匍匐道左，物色之，即楊內闈也。乃假以一椽，飛書廣文，婦齧二指，以血作字，並斷指裹來。楊得之慟，即以二百金授使，俾就舟東下。會南宮期近，楊束裝且北，至京口，有北舟走南，偶觸，詢之則楊夫人舟，自陝來也。相別十餘年，流落萬死，天作之合，異哉！方出門時，女猶襁褓，今已覓婿，同來如一家。」

遊越，有《謁范少伯祠》、《登數峰閣禮浙中死事六君子》、《鴛湖曲》、《鴛湖感舊》。

王煙客招往西田賞菊，有詩。

梅村先生年譜卷三

五年戊子，四十歲。

七月，同年楊鳧岫卒。先是京師陷，鳧岫投愛女於井，趣妻妾縊死，己則仰藥自殺，為防守者所覺，水灌之，大吐復活。夫人孔氏懸絕蘇。乃棄家，避兵武塘，復徙丹陽、金沙，終歸毗陵，鬱鬱不得志以死。有《左諭德濟寧楊公墓誌銘》。

八月，築舊學庵於梅村西偏，先生自為記。按：先生所居梅村，舊為王土驊賁園，稱莘莊，在太倉衛東，中有樂志堂、梅花庵、交蘆庵、嬌雪樓、鹿樵溪舍、橙亭、蒼溪亭諸勝。思義考：先方伯松霞公日記：「甲申正月，晤張南垣於吳駿公之居梅村。」當時申、酉間所購。

《後東皋草堂歌》。　先生《詩話》：「稼軒由進士為兵科給事中，好直諫，為權相所訐，罷歸。築室於虞山之下，曰東皋，極遊觀之勝。酷嗜石田翁畫，購得數百卷，為耕石齋藏之。未幾，里中兒飛文誣染，逮就獄。余時在京師，所謂《東皋草堂歌》者，贈稼軒於請室也。後數年，余再至東皋，稼軒倡義粵西，其子伯升門戶是懼，故山別墅，皆荒蕪斥賣，無復向者之觀。余為作《後東皋草堂歌》，蓋傷之也。又二年，知以相國留守桂林，城陷不屈，與張別山俱死。」

六年己丑，四十一歲。

夏，願雲師從靈隱來，止城西太平庵。別先生，將遠遊廬嶽，且期以出世，先生作詩贈之。《婁東耆舊傳》：「王瀚，字原達。受業於張采，為諸生有名。國變為僧，號晦山大師，名戒顯，字願雲。庚寅夏入廬山，遂主席江右。瀚雖入空門，悲憤激烈，曾檄討從賊諸臣云：『春夜宴梨園，不思凝碧池頭之泣；端陽觀競渡，誰弔汨羅江上之魂！』讀者俱為扼腕。」《焚餘補筆》：「原達性好佛，崇禎甲申之變，作詩謝文廟云：『忝列諸生踐極年，義應君父死生連。薄言草莽無官責，敢卸衣冠哭聖前。讀罷卷堂羞國士，身同左袒幸敷天。孤蹤願謝宮牆飫，甘作山農種石田。』『素心多載想盧能，獨繫高堂久未曾。國事一朝論鼎沸，浮名何惜付層冰。聊將毀服存吾義，從此棲禪學老僧。拭取青山無累眼，好清世事理禪燈。』遂入山為僧，名戒顯。乙酉六月，州宦陸遜之自淮歸，云淮陽自有德宗上人，知未來事，陸以太倉問之，德宗以州有再來人王和尚庇過，再不犯兵革。蓋指瀚也。竟不被慘禍云。」按：先生後有《得廬山願雲師書》、《喜願雲師從廬山歸》諸詩、《黃陶庵文集序》、《興福寺鐵爐銘》、《鴻臚寺序班封兵部武選司主事丹陽荆公墓誌銘》。

七年庚寅，四十二歲。

十一月，大兵入桂林，桂王奔，臨桂伯瞿式耜、總督張同敞俱死。　先生《詩話》：「稼軒臨難遺表曰：『庚寅十一月初五日聞警，開國公趙印選移營先去，衛國公胡一青、寧遠伯王永祚、綏寧伯蒲纓、武陵侯楊國棟、寧武伯馬養麟盡室而行，惟督臣張同敞從江東泅水過江，相期共死。』其赴義則閏十一月之十七日也。累囚一月，兩人從容唱和，稼軒得詩八首，曰：『二祖江山人盡擲，四年精血我偏傷。』又曰：『願作須臾階下鬼，何妨慷慨殿中狂。』其末章曰：『年逾六十復奚求？多難頻經渾不愁。劫運千年彈指到，綱常萬古一身留。欲堅道力憑魔力，何事俘囚作楚囚。了卻人間生死業，黃冠莫擬故鄉遊。』別山和章有曰：『棱棱瘦骨不成眠，祖德君恩四十年。腰膝尚存堪作鬼，死生有數肯呼天！』又曰：『白刃臨頭惟一笑，青天在上任人狂。』又曰：『亡家骨肉皆冤鬼，多難師生共哭聲。』又曰：『此地骨原堪朽腐，他時魂不待招尋。』二公死，有舊給事中後出家號性因者收其骨，義士楊碩父藏其稿。稼軒孫文昌間關歸，以其詩與表刻之吳中為《浩氣吟》云。別山死事最烈，其未死也，受拷掠，兩臂俱折，目睛出，語不為撓。稼軒有《初六日紀事》一詩曰：『文山當日猶長揖，堪笑狂生禮太疏。』別山和曰：『臂先頭斷生堪賤，身為城亡計

豈疏。銜木焉知舌在否，傷晴因笑眼多餘。』此其被刑時事也。稼軒以義命自處，從容整暇，《自警》詩曰：『死豈求名地，吾當立命觀。』又，《自艾》詩曰：『七尺不隨城共殉，羞顏何以見中湘？』蓋指何公騰蛟以殉難封中湘王也。若兩公者，真可謂殺身成仁者也。」

赴十郡大社。　毛奇齡《駱明府墓誌》：「駱姓諱復旦，字叔夜，山陰人。嘗同會稽姜承烈、徐允定，蕭山毛甡赴十郡大社，連舟數百艘，集於嘉興南湖。太倉吳偉業，長洲宋德宜、實穎，吳縣沈世英、彭瓏、尤侗，華亭徐致遠，吳江計東，宜興黃永、鄒祗謨，無錫顧宸，崑山徐乾學，嘉興朱茂段、彝尊，嘉善曹爾堪，德清章金牧、金范，杭州陸圻。越三日，乃定交去。」

八月大風海溢，有詩。

得龔芝麓鼎孳書。書載先生《詩話》。

至海虞，有《琴河感舊》、《聽女道士卞玉京彈琴歌》、《宴孫孝若山樓賦贈》諸詩。　先生《詩話》：「卞玉京，字雲裝，白門人。善畫蘭，能書，好作小詩。余詩云：『緣知薄倖逢應恨，恰便多情喚卻羞。』此當日情景實語也。又過三月，為辛卯初春，乃得扁舟見訪，共載橫塘，始將前四詩書以贈之。」

附虞山蒙叟《讀梅村豔體詩有感書後》四首並序：「余觀楊孟載論李義山《無題》，以為音韻清婉，雖極濃麗，皆託於臣不忘君之意，因以深悟風人之旨。若韓致光遭唐末造，流離閩越，縱浪《香奩》，蓋亦起興比物，申寫託寄，非猶夫小夫浪子沉湎流連之云也。頃讀梅村豔體詩，見其聲律妍秀，風懷愴惻，於歌《禾》賦《麥》之時，為題柳看桃之作，旁皇吟賞，竊有義山、致光之遺憾焉。雨窗無聊，援筆屬和，秋蛩寒蟬，吟歡唧唧，豈堪與間關上下之音希風說響乎！河上之歌，聽者將同病相矜，抑或以為同床各夢，囅爾一笑也。時庚寅玄冥之小月二十有五日。　上林珠樹集啼烏，阿閣斜陽下碧梧。博局不成輸白帝，聘錢無籍貰黃姑。投壺玉女知天笑，竊藥姮娥為月孤。淒斷禁垣芳草地，滴殘清淚到薜蕪。　靈瑣森沈宮扇回，屬車轆轆殷輕雷。江長海闊欺魚素，地老天荒信鴆媒。袖上唾看成紺碧，懷中泣忍化瓊瑰。可憐銀燭風前淚，留取胡僧認劫灰。　撾鼓吹簫罷後庭，書帷別殿冷流螢。宮衣蛺蝶晨風舉，畫帳梅花夜月停。衢壁金鈍憐旖旎，翻階紅藥笑娉婷。水天閒話天家事，傳與人間總淚零。　銀漢依然界玉清，竹宮香爐露盤傾。石碑衢口誰能語，棋局中心自不平。禊日更衣成故事，秋風紈扇憶前生。寒窗擁髻悲啼夜，暮雨殘燈識此情。」

《嘉議大夫按察司使江公墓誌銘》。　《贈李峨居御史》。

八年辛卯，四十三歲。

巨寇劉文秀等踞滇黔，吳三桂握重兵屯保寧，久無功，四川巡撫郝浴劾其縱兵剽掠，包藏異心。未幾東、西川俱陷，三桂棄保寧，退走綿州，浴聞警，一晝夜七馳檄邀三桂還。賊薄保寧，勢張甚，浴以忠義激發將士，與賊戰，大破之，即密陳三桂跋扈狀。有《雜感》詩。

《元旦試筆》。　《梅花庵同林若撫話雨聯句》。　《德藻稿序》。

九年壬辰，四十四歲。

館嘉興之萬壽宮，輯《綏寇紀略》。　《欽定四庫全書總目提要》：「《綏寇紀略》十二卷，國朝吳偉業撰。偉業字駿公，號梅村，太倉人。崇禎辛未進士，授翰林院編修。入國朝，官至國子監祭酒。是編專紀崇禎時流寇，迄於明亡，分為十二篇，曰《澠池渡》、曰《車箱困》、曰《真寧恨》、曰《朱陽潰》、曰《黑水擒》、曰《穀城變》、曰《開縣敗》、曰《汴渠墊》、曰《通城擊》、曰《鹽亭誅》、曰《九江哀》、曰《虞淵沈》，每篇後加以論斷。其《虞淵沈》一篇，皆紀明末災異，與篇名不相應。考朱彝尊《曝書亭集》有此書跋云：『梅村以順治壬辰舍館嘉興之萬壽宮，輯《綏寇紀略》。久之，其鄉人發雕是編，僅十二卷而止，《虞淵沈》中下二卷，未付棗木傳刻。《明史》開局，求天下野史盡上史館，於是先生足本出。予鈔入《百六叢書》，歸田之後，為友人借失』云云。意者明末降闖勸進諸臣子孫尚存，故當時諱而不出與？此本為康熙甲寅鄒式金所刻，在未開史局之前，故亦闕《虞淵沈》中下二卷。彝尊《百六叢書》為人借失者，雖稱後十八年從吳興書賈購得，今亦不可復見，此二卷遂佚之矣。彝尊又稱其以三字標題，仿蘇鶚《杜陽雜編》、何光遠《鑒戒錄》之例。考文章全以三字標題，始於繆襲《魏鐃歌》詞，鶚、光遠遂沿以著書。偉業敘述時事，乃用此例，頗不免小說纖仄之體；其迴護楊嗣昌、左良玉，亦涉恩怨之私，未為公論。然紀事尚頗近實，彝尊所謂『聞之於朝，雖不及見者之確切，而終勝草野傳聞，可資國史之采輯』，亦公論也。」按：近有虞山張氏刻本，《虞淵沈》中下二卷全。

先生所著有《春秋地理志》、《春秋氏族志》、《綏靖紀聞》、《復社紀事》、《秣陵春》樂府、《梅村詩話》、《鹿樵紀聞》諸書。又有《臨春閣》、《通天臺》兩種樂府。

附徐釚《詞苑叢談》：「吳祭酒作《秣陵春》，一名《雙影記》。嘗寒夜命小鬟歌演，自賦《金人捧露盤》一詞，黃東崖所謂『法曲淒涼』者，正謂此詞也。祭酒又自題一律云：『詞客哀吟石子岡，鷓鴣清怨月如霜。西宮舊事餘殘夢，

南內新詞總斷腸。漫濕青衫陪白傅，好吹玉笛問寧王。重翻天寶梨園曲，減字偷聲柳七郎。』」按：詩集中逸。又考先生《寄房師周芮公》詩自注云：「晉江黃東崖先生和予此詩，中一聯曰：『徵書鄭重眠餐損，法曲淒涼涕淚橫。』知己之言，讀之感歎。」 唐孫華《讀鹿樵紀聞有感》：「一旅誰知扼紫荊，蜩螗聒耳正分爭。腹書競伏狐鳴火，手蔗頻驚鶴唳兵。直待臨危思蜀牧，可應先事戮韓彭。石頭袁粲真堪惜，自壞邊關萬里城。」指東莞督師。

　　哭朱昭芑明鎬，有《朱昭芑墓誌銘》。

　　與蒼公會。　先生《詩話》：「蒼雪師，雲南人。與維揚汰如師生同年月日，相去萬里，而法門兄弟，氣誼最得。蒼住中峰，汰住華山，人以比無著、天親焉。蒼公年老有肺疾，然好談詩。以壬辰臘月過草堂，謂余曰：『今世狐禪盛行，一大藏教將墜於地矣。且無論義學，即求一詩人不可復得，乃幸與子遇。我襆被來，不曾攜詩卷，當為子誦之。』是夜風雨大作，師語音儋重，撼動四壁，痰動喉間，咯咯有聲，已呼茶復話，不為倦。漏下三鼓，得數十篇，視階下雪深三尺矣。當其得意，軒眉抵掌，慷慨擊案，自謂於此證入不二法門，禪機詩學，總一參悟。其詩之蒼深清老，沉著痛快，當為詩中第一，不徒僧中第一也。師和余《西田賞菊》詩，有『獨擅秋容晚節全』，全字落韻，和者甚多，無出師上。」 王士禛《漁洋詩話》：「近日釋子詩，當以滇南讀徹蒼雪為第一。如『一夜花開湖上路，半春家在雪中山』，『亂流落葉聲兼下，聽徹寒扉不上關』，皆警句也。」

　　送林衡者佳璣歸閩。有《送林衡者還閩序》並詩。　先生《詩話》：「衡者少游黃忠烈之門，以壬辰二月來婁東。所著詩文詞數十卷，詩蒼深秀渾，古文雅健有法。其行也，余贈以詩，有『五月關山樹影圓，送君吹笛柳陰船』之句。已而道阻，再遊吾州，則秋深木落，鄉關烽火，南望思親，旅懷感咤，有《聽鐘鳴》、《悲落葉》之風焉。」

　　得侯朝宗方域書。書載《壯悔堂集》。《懷古兼弔侯朝宗》詩：「死生總負侯嬴諾，欲滴椒漿淚滿尊。」自注云：「朝宗貽書約終隱不出，余為世所逼，有負夙諾，故及之。」

吳梅村先生年譜卷四

十年癸巳，四十五歲。

　　春禊飲，社集虎丘。　程穆衡先生《詩箋》：「癸巳春社，九郡人士至者幾

千人。第一日慎交社為主，慎交社三宋為主：右之德宜、疇三德宏、既庭實穎，佐之者尤展成侗、彭雲客瓏也。次一日同聲社為主，同聲社主之者張素文在茲，佐之者趙明遠炳、沈韓倬世奕、錢宮聲仲諧、王其倬長發。太倉如王維夏昊、郁計登禾、周子俶肇，則聯絡兩社者。凡以繼張西銘虎丘大會。」 《壬夏雜抄》：「癸巳春，同聲、慎交兩社各治具虎阜申訂，九郡同人至者五百人。先一日慎交為主，次日同聲為主。」 又：「會日以大船廿餘，橫亙中流，每舟置數十席，中列優倡，明燭如繁星。伶人數部，聲歌競發，達旦而止。散時如奔雷瀉泉，遠望山上，似天際明星，晶瑩圍繞。諸君各誓於關帝前，示彼此不相侵畔。」 王隨庵撰《自訂年譜》：「十年上巳，吳中兩社並興，慎交則廣平兄弟執牛耳，同聲則素文、韓倬、宮聲諸公為之領袖，大會於虎丘，奉梅村先生為宗主。梅翁賦禊飲社集四首，同人傳誦。次日復有兩社合盟之舉。山塘畫舫鱗集，冠蓋如雲，亦一時盛舉。拔其尤者集半塘寺訂盟。四月，復會於鴛湖。從中傳達者研德、子俶，兩人專為和合之局。是秋九月，梅翁應召入都，實非本願，而士論多竊議之，未能諒其心也。」

九月，應召入都，授秘書院侍講，奉敕纂修《孝經演義》，尋升國子監祭酒。時先生杜門不通請謁，當時有疑其獨高節全名者。會詔舉遺佚，薦剡交上，有司敦逼，先生控辭再四，二親流涕辦嚴，攝使就道，難傷老人意，乃扶病出山。按《墓表》：溧陽、海寧兩陳相國共力薦先生。州縣志皆載總督馬國柱疏薦先生。有《投贈督府馬公》、《自歎》、《江樓別孚令弟》、時孚令送先生北行，至鎮江賦別而作。《登上方橋有感》、《鍾山》、《臺城》、《國學》、《觀象臺》、《雞鳴寺》、《功臣廟》、《玄武湖》、《秣陵口號》、《遇南廂園叟感賦八十韻》、《淮陰有感》、《將至京師寄當事諸老》、《高郵道中遇雪即事言懷》、《臨清大雪》、《阻雪》諸詩。

胡彥遠介《送吳梅村被徵入都》：「海外黃冠舊有期，難教遺老散清時。身隨杞宋留文獻，代閱商周重鼎彝。滿地江湖傷白髮，極天兵甲憶烏皮。重來簪筆承明殿，記得揮毫出每遲。」「幕府徵書日夜催，宮開碣石待君來。歸心更度桑乾水，伏櫪重登郭隗臺。花萼春回新侍從，風雲氣隱舊蓬萊。莫年詩賦江關重，輸卻城南十里梅。」「一樽雨雪坐冥蒙，人在汪洋千頃中。老驥猶傳空冀北，春鴻那得久江東。榛苓過眼成虛谷，禾黍關心拜故宮。我亦吹簫向燕市，從今敢自惜途窮。」「碧海黃塵事有無，此來風雪滿燕都。遺京節度新推轂，盛世朝廷倍重儒。花暗鳳池思劍佩，春深虎觀夢江湖。悲歌吾道非全泯，坐有荊高舊酒徒。」

十一年甲午，四十六歲。

官京師，有《病中別孚令弟》時孚令省先生於京師，南歸言別而作。及《再寄三弟》詩。前詩意有未盡，故出京後再寄之，掛冠之志，不覺情見乎詞。

《送穆苑先南還》。　《壽總憲冀公芝麓》。　《送湘陰沉旭輪讞判深州》。《送天台何石湖之官臨晉兼簡蒲州道嚴方公》。　《送永城吳令之任》。　《送李書雲蔡闈培典試西川》。　《送山東耿中丞青藜》。　《送顧蒨來典試東粵》。

十二年乙未，四十七歲。

《送隴右道吳贊皇之任》。

十三年丙申，四十八歲。

春，上駐蹕南苑，閱武行蒐禮，召廷臣恭視，賜宴行宮，先生賦五七言律詩、五七言絕句每體一首應制。聖駕幸南海子，遇雪大獵，先生恭紀七律一首。

午日，賜宴瀛臺龍舟。

海寇犯鎮江，有《江上》詩。

海寧陳相國讁戍遼陽。有《贈遼左故人》詩。

哭蒼雪法師，有詩。

宛陵施愚山閏章提學山東，送之以詩。　施閏章《夢愚堂銘》：「施子返自粵西，載罹憂戚。除服北征，宿於青州之官舍。庭月皎然，酒酣就睡，若有見焉，頎然而長，黝然而黑，長袖青衣，袒胸跣足，持半刺署『愚山道人』四字，時順治乙未三月之望日也。至京師，以告侍讀學士龍眠方先生，答曰：『嘻！殆子之前身也。』因呼余曰愚山子。迄明年拜命督山東學，抵青州，駐節於斯，開帙視郡志，地故有愚公谷，乃失笑曰：『向所夢者，其斯人耶！』」

馬逢知為松江提督。有《茸城行》、《客談雲間帥坐中事》詩。　董含《三岡識略》：「馬逢知初名進寶，起家群盜，由浙移鎮雲間。貪橫僭侈，百姓殷實者，械至，倒懸之，以醋灌其鼻。人不堪，無不罄其所有，死者無算。復廣占民廬，縱兵四出劫掠。時海寇未靖，逢知密使往來，江上之變，先期約降，要封王爵，反形大露。事定，科臣成公肇毅特疏糾之。朝廷恐生他變，溫旨徵入，繫獄，妻女發配象奴。未幾，與二子伏法東市。當逢知之入覲也，珍寶二十餘船，金銀數百萬，他物不可勝紀，綿亙百里，及死無一存者，人皆快之。」

約齋公舉鄉飲大賓。　州守三韓白公登明遴邑中耆碩七人賓於庠，備養老之禮。首前浙江布政使松霞顧公燕詒，時年七十四歲，次約齋公，時年七十三

歲，次前太常寺卿煙客王公時敏，次前嘉湖兵備道魯岡吳公克孝，次同官縣知縣梅梁曹公有武，次前河間府知府約庵凌公必正，次前新都縣知縣攝六黃公翼聖，以次為序，為「婁東七老」，他爵位高而名德弗逮者不與焉。　白公《尊禮婁東七老啟》：「嘗稽養老之典，肇自虞庠；介壽之詩，奏於《豳雅》。蓋敬老近父，國雍有醬醯之文；而序賓以賢，閭里成仁讓之化。然而世多涼行，商芝徒翼漢儲；時際代遷，渭璜疇襄周鼎。求其鴻冥儀世，一時星聚太丘；鮐背維祺，百世風師《大雅》，蓋其鮮矣。睠茲婁東，三吳之名州，而忠哲之淵藪也。鷺翔鳳舉，仕版蔚為聲施；豹隱鱗潛，川林毓多大老。方伯顧公，名著儥藩，心懷肥遯。鯉庭之昌後，叶其作求；麈尾之宗雷，讓其領袖。封君吳公，經啟振麟，情怡盟鷺，既儀一而心結，更抱沖而揚和。太常王公，世襲簪縷，心棲玄淡。齊家飭肅雍之範，宜爾多賢；禮人被光霽之風，群推長者。憲副吳公，澤詠召棠，清甘原膈。朱絃玉尺，褆躬無愧直方；丹篆青編，好學尚勤切琢。邑尹曹公，花封解綬，門高五柳之風；蔗境垂簾，宇藹三芝之秀。憲副凌公，榮謝桂林，性耽松壑。徜徉自得，不緇城市之塵；翰墨競珍，獨步風華之蘊。州牧黃公，明月入懷，清風振世。樂推為善，踵太丘之遺徽；心徹禪宗，掃辟支之小乘。此七老者，咸先世之逸民，海邦之耆碩也。雖行不同軌，而齒皆遐齡。久心寫於式閭，茲身親夫授幾。十月初吉，鄉飲屆期，敘請諸老，用光大典。初歌《鹿鳴》之詩，志乞言也；嗣歌《南山》之詩，祝壽考也；既歌《淇澳》之詩，揚進德也。考鍾伐鼓，圜視聽於橋門；崇齒尚賢，隆賓僎於杖履。大禮既成，列耆載宴。瞻斗杓之有七，熠熠臺光；稱達尊之有三，巍巍嶽望。年日耄而德日劭，國有老成之型；懦可立而頑可廉，風登仁壽之域。將見香山之九老，不獨擅美千秋；而洛社之群英，亦可匹芳百祀矣。此固一鄉之盛，亦有司之光也。謹將七老姓氏齒爵錄於左方，以詔來茲焉。」思義考：先方伯松霞公日記云：「十月朔日乙亥，大霽，大暖如暮春。赴州守鄉飲之席，圜橋門而觀聽者萬人，共詫以為盛舉。豈知吾胸中《黍離》《麥秀》之感也！」嗣母張太孺人卒於家。陳廷敬《先生墓表》：「嗣母之喪，南還，上親賜丸藥，撫慰甚至。」　王崇簡《吳母張太孺人墓誌銘》：「先生始生時，朱太孺人尚育三歲子。太孺人念其勞瘁，從襁褓中乳字先生，及夫顧復醫禱，恩義真切，此太孺人每以無忘撫育恩詔先生也。況太孺人之歸文玉公也，訓有錢孺人未周歲之遺女，以至嫁而歿，勤劬周恤，人不以為繼母也，殆其性之者與！按：太孺人世為婁東望族，明經張柏庵公，其父也。迨歸文玉公為繼室，文玉公入繼大宗，

為玉田公後，歲時思慕，孝祀不衰。與朱太孺人事其姑四十年，將承恐後，而姒娌之間和藹相終始，雍雍如也。當先生趨召，太孺人固康強無恙也，而眷戀若永訣，屬先生異日無忘我夫婦之事嗣父母者。嗚呼！此先生之所以念之而猶悲也。太孺人之生明萬曆辛巳年六月二十二日，而其卒也順治丙申年十月初十日，享年七十有六。嗣子偉業，即梅村先生也。」

《送何蓉庵出守贛州》。《送何省齋》。《送舊總憲龔孝升以上林苑監出使廣東》。《送程太史翼蒼謫姑蘇學博》。《送郭宮贊次庵謫官山西》。《送曹秋岳以少司農遷廣東左轄》。《送王藉茅學士按察浙江》。《送當湖馬觀揚備兵岢嵐》。《送王孝源備兵山西》。

十四年丁酉，四十九歲。

二月，歸里。王隨庵《自訂年譜》：「十四年春，吳梅翁以大司成告歸。」先生《剡城曉發》詩：「他鄉已過故鄉遠，屈指歸期二月頭。」

州守三韓白公登明濬劉家河，先生為記。按：記，集中逸，見縣志。有《答撫臺開劉河書》。顧士璉《婁江志》：「州守白公督工河上，單騎巡行。一日值天晚，欲借宿民家，思民間俗忌不利官府到家，徘徊道傍，而民亦閉戶不納。適金粟庵僧來迎，乃止於庵。明日以白金一兩酬僧。於是民皆願公來宿，而公以布帳隨身，竟露棲矣。」

《張敉庵黃門五十壽序》。《聖恩寺藏經閣記》。

十五年戊戌，五十歲。

科場事發，吳漢槎兆騫、孫赤崖暘、陸子元慶增俱貸死戍邊，有《悲歌贈吳季子》、《贈陸生》、《吾谷行》。程穆衡《輓悅厄談》：「同時如吳江吳漢槎兆騫、常熟孫赤崖暘、長洲潘逸民隱如、桐城方與三育盛皆有高才盛名，同以科場事貸死戍邊。子元以機、雲家世，與彝仲、大樽為輩行，轗軻三十年，至垂老乃博一舉，復遭誣，以白首御窮邊而死。一妾挈幼子牽衣袂，行路盡為流涕。」汪琬《堯峰文鈔》：「壬辰，權貴人與考官有隙，謀因事中之，於是科場之議起。指謫進士，首名程周量經義被黜，科場之議日以益熾，其端發於是科，而其禍及於丁酉，士大夫糜爛潰裂者殆不可勝計。」蔣良騏《東華錄》：「九年三月，大學士范文程等言：『會試中式第一名舉人程可則，文理荒謬，首篇尤悖戾經注。』命革中式，並治考官罪。十四年十月，同考官李振鄴、張我樸，舉人田耜、鄔作霖，科臣陸貽吉等俱立斬，家產籍沒，父母兄弟妻子流徙尚陽堡。給

事沒，父母兄弟妻子流徙尚陽堡。給事中任克溥劾其賄買中式訊實故也。十五年二月，以賄買情弊，覆試丁酉科順天舉人米漢雯等，內蘇洪瀣等八名文理不通，革去舉人。三月，諭禮部：丁酉科中式江南舉人，物議沸騰，是以親加覆試。今取得吳鳴珂准同會試中式舉人一體覆試。其汪溥勳等七十四名仍准作舉人。史繼佚等十四名，罰停會試二科。方域等十四人，文理不通，著革去舉人。十一月，刑部審實江南鄉試作弊。奉旨：主考方猶、錢開宗正法，同考官葉楚槐等即處絞。」

《壽房師李太虛先生》。　《房師李太虛先生壽序》。　《白封君六十壽序》。《贈奉直大夫戶部福建清吏司員外郎仲常費公墓誌銘》。　《張母潘孺人暨金孺人墓誌銘》。　《劉母耿淑人墓誌銘》。

十六年己亥，五十一歲。

六月，鄭成功陷鎮江。七月，犯江寧，復犯崇明。

春遊石公山，秋遊虞山。

《少保大學士王文通公神道碑銘》。　《太僕寺少卿席寧侯墓誌銘》。　《謝天童孝廉墓誌銘》。

十七年庚子，五十二歲。

里居，以奏銷事議處。時邑中如顧伊人湄、王惟夏昊、黃庭表與堅同以奏銷註誤。《堅瓠集》：「江南奏銷之獄，起於巡撫朱國治欲陷考功員外郎顧予咸，株連一省人士無脫者。」　《蘇州府志》：「庚子十二月，吳縣知縣任唯初山西石樓人，選貢生。蒞任，即逼倉總吳行之私糶漕糧七百石，婪賄虐刑，口碑騰刺。十八年二月，章皇帝遺詔下，府堂哭臨。第三日，生員倪用賓等列款具呈，巡撫朱國治發蘇松常道王紀即提吳行之等嚴訊，供實覆院，諸生發知府余廉徵羈候府治花亭，唯初回縣。次日，生員金人瑞、丁瀾等哭府學文廟，教授程邑申報六案，朱始摘任印，著本府看守土地祠。唯初逢人說朱撫院要我銀子，故此糶糧。朱遂以諸生驚擾哭臨，意在謀叛具疏，銜在籍吏部考功員外郎顧予咸，株連之。適差滿大臣至江寧審金壇叛，詔並訊題覆。部議復准倪用賓、沈玥、顧偉業、薛爾張、姚剛、丁瀾、金人瑞、王重儒八人典刑，家產入官，妻孥流徙。張韓、來獻祺、丁觀生、朱時若、朱章培、周江、徐玠、葉琪、唐堯治、馮郅十人本身典刑。其顧予咸會議得疏中有諸生送揭，予咸擲地不觀之語，所擬革職籍沒罪絞，奉旨俱免。唯初復任後，因白糧經費遲延，部議降調，國治復糾其貪，勘實絞決於省城。未幾，國治解任。」

八月，至無錫訪同年吳永調其馴。有《有感賦贈》詩。

《哭亡女》。《亡女權厝誌》。《清涼山讚佛詩》。《七夕感事》。《七夕即事》。《送王子惟夏以牽染北行》。

十八年辛丑，五十三歲。

雲南平，康熙元年四月，由榔死於雲南。有《滇池鐃吹》。

本生母朱太淑人卒。　文學博歸，道病歿於桃源縣。

《送張玉甲憲長之官邛雅》。

康熙元年壬寅，五十四歲。

巡撫韓公世琦請撤蘇州駐防兵。按：先生有《大中丞心康韓公九月還自淮南生日為壽》詩。《蘇州府志‧名宦》：「韓世琦，字心康，本蒲州人，明大學士爌曾孫。世琦隸旗籍，為遼人。康熙元年，由順天巡撫移撫江南。懲前政之弊，加意拊循，日進士民，詢以利弊，次第舉行。崇明瀕海，居民遷內地者，安輯不令失業。所棄界外田三千八百餘頃，為奏免額賦萬九千餘石，折銀萬六千餘兩，蘆課八千餘兩。國初年之江南吳中，特駐重兵，以防寇盜。北來軍士素驕橫為民患。至是世琦奏言江南寧謐，力請調回。及撤回之日，慮其擾民，與統兵者約，令嚴加禁戢，躬率文武將吏，往來巡視，無一人敢干令者。三年夏，瀕海太倉等州縣颶風大作，漂沒民田廬舍萬計，親往勘實，奏蠲其稅。七年，吳中大水，餓殍載途，世琦繪圖入告，始得蠲賑。嘗疏請減免蘇、松浮糧詳賦田類。事雖不行，民甚德之。居八年，以各屬逋賦被議去。」

子暻生。字元朗，號西齋。康熙戊辰進士，由戶部主事遷兵科給事中，入直武英殿，充書畫譜纂修官。著有《西齋集》、《左司筆記》、《錦溪小集》。《太倉州志》：「吳駿公偉業連舉十三女，而子暻始生。時唐東江孫華為名諸生，年已及強立矣，赴湯餅宴，居上坐。駿公戲曰：『是子當與君為同年。』唐意怫。後戊辰暻舉禮部，唐果同榜。」

《贈蘇郡副守涪陵陳三石》。《贈松郡司李內江王擔四》。《贈彭郡丞益甫》。《敕贈大中大夫盧公神道碑銘》。

二年癸卯，五十五歲。

本生父約齋公卒。　子曤生。字中麗，能詩，早卒。

白漊沈公受宏受詩法於先生。見外高祖《白漊詩集》自注。

《僉憲梁公西韓先生墓誌銘》。

三年甲辰，五十六歲。

子暄生。字少融。增監生，薦充武英殿纂修，歷知壽光、壽張縣，有政績。著《花韻軒集》、《退璵詩集》。 考先生三子俱側室朱安人出。

顧西趄侍御招集虎丘，有《夜遊虎丘》、《顧西趄侍御同沈友聖虎丘即事》、《西趄顧侍御招同沈山人友聖虎丘夜集作圖紀勝因賦長句》諸詩。

《香山白馬寺巨冶禪師教公塔銘》。 《顧母陳孺人八十壽序》。

四年乙巳，五十七歲。

《錢臣辰五十壽序》。 《監察御史王君慕吉墓誌銘》。

五年丙午，五十八歲。

《魯謙庵使君以雲間山人陸天乙所畫虞山圖索歌成二十七韻》。《兵科給事中天愚謝公墓誌銘》。

六年丁未，五十九歲。

《三月二十四日從山後過湖宿福源精舍》。《二十五日偕穆苑先孫浣心葉予聞允文遊石公山盤龍石樑》。 《寂光歸雲諸勝》。 《遊石公歸是夜驟雨明晨微霽同諸君天王寺看牡丹》。 《沈文長雨過福源寺》。

七年戊申，六十歲。

吳園次綺以書招先生，先生之吳興。

《上巳過吳興家園次太守招飲郡圃之愛山臺座客十人同修禊事余分韻得苔字》。 《立夏日陪園次郡伯過孫山人太白亭落成置酒分韻得人字》。 《贈湖州守家園次五十韻》。 《修孫山人墓記》。 《雲起樓記》。 《湖州峴山九賢祠碑記》。 《席處士允來墓誌銘》。 《蔣母陳安人墓誌銘》。 《靈隱具德和尚塔銘》。

編詩文集四十卷成，同里周子俶肇、王維夏昊、許九日旭、顧伊人湄校讎付梓，陳確庵瑚為之序。

御製《題吳梅村集》：「梅村一卷足風流，往復搜尋未肯休。秋水精神香雪句，西崑幽思杜陵愁。裁成蜀錦應慚麗，細比春蠶好更抽。寒夜短檠相對處，幾多詩興為君收。」

欽定《四庫全書總目提要》：「《梅村集》四十卷，國朝吳偉業撰。偉業有《綏寇紀略》，已著錄。此集凡詩十八卷、詩餘二卷、文二十卷。其少作大抵才華豔發，吐納風流，有藻思綺合，清麗芊眠之致。及乎遭逢喪亂，閱歷興亡，

激楚蒼涼，風骨彌為遒上，暮年蕭瑟，論者以庾信方之。其中歌行一體，尤所擅長。格律本乎四傑，而情韻為深；敘述類乎香山，而風華為勝。韻協宮商，感均頑豔，一時尤稱絕調。其流播詞林，仰邀睿賞，非偶然也。至於以其餘技度曲倚聲，亦復接跡屯田，嗣音淮海。王士禎詩稱曰『白髮填詞吳祭酒』，亦非虛美。惟古文每參以儷偶，既異齊、梁，又非唐、宋，殊乖正格。黃宗羲嘗稱《梅村集》中《張南垣》、《柳敬亭》二傳，張言其藝而合於道，柳言其參寧南軍事，比之魯仲連之排難解紛，此等處皆失輕重，為倒卻文章家架子。其糾彈頗當。蓋詞人之作散文，猶道學之作韻語，雖強為學步，本質終存焉。然少陵詩冠千古，而無韻之文率不可讀，人各有能有不能，固不必一一求全矣。」
按：先生詩有程穆衡《吳詩箋》七卷、靳榮藩《吳詩集覽》二十卷、吳翌鳳《吳詩箋注》十八卷。

八年己酉，六十一歲。

楚蘄盧紘為先生丙子典試所取士，來為蘇松常鎮參政，及門諸子屬序先生詩文集。

沈德潛《書梅村集後》：「蓬萊宮裏舊仙卿，自別青山悔遠行。擬作枌陽離別賦，江南愁殺庾蘭成。」　吳祖修《書梅村詩後》：「夢回龍尾醒猶殘，重入春明興轉闌。宣去何能如老鐵，放歸未許戴黃冠。悲歌自覺高官誤，讀史應知名士難。今日九泉逢故友，西臺涕淚幾時乾。」

附《婁東耆舊傳》：「梅村公得琅琊賁園，稱莘莊，改構廓然堂，甫竟而卒。門人楚人盧紘來為蘇松巡道，升堂，公母朱太淑人不時出，盧詢之，公對以後樓未建，故去內舍甚遙，盧即建樓其後，翼然與堂稱，斯亦非近今人所能也。」　思義考：王書城瑞國為士騏傳云：「性喜多費，興作無虛日。然考是園不為侈，廓然堂則其長子慶長瑞庭俗呼大癡者為之。慶長性似父而汰尤甚，創廓然，既構矣，不當意立命拽毀之，再構又然，至三始成。有楊某者，度其不能繼也，乃竊量堂之規模，構一樓於己宅，覘王急則購以移焉。閱二十餘年，王果敗，而楊亦破家，是堂及園遂為吳有，然樓猶屬楊也。又幾年，梅村門生某或云糧儲道盧紘。為買之置堂後，果稱無爽，造物之幻如是。今堂與樓皆為瓦礫場矣。」

九年庚戌，六十二歲。

探梅鄧尉，有《梅信日雨過鄧尉哭剖石和尚遇大雪夜宿還元閣》詩。

《京江送遠圖歌》。《吳郡唐君合葬墓誌銘》。《太學張君季繁墓誌銘》。《封徵仕郎翰林院檢討端陽孫公曁鄒孺人合葬墓誌銘》。《錢母譚太君六十壽序》。

十年辛亥，六十三歲。

《感舊贈蕭明府》。

十二月二十四日，先生卒。門人顧湄撰行狀。

先生元旦夢至一公府，主者王侯冠服，降階迎揖，出片紙，非世間文字，不可識。謂先生曰：「此位屬公矣。」十二月朔，復夢數人來迎，先生書期日示之。　王士禎《池北偶談》：「吳駿公辛亥元旦夢上帝召為泰山府君，是歲病革，有絕命辭云：『忍死偷生廿載餘，而今罪孽怎消除。受恩欠債須填補，縱比鴻毛也不如。』時浙西僧水月年百餘歲，能前知，先生病亟，始拏舟迎之。至則曰：『公元旦夢告之矣，何必更問老僧？』遂卒。」

先生屬疾時作令書，乃自敘事，略曰：「吾一生遭際，萬事憂危，無一刻不歷艱難，無一境不嘗辛苦，實為天下大苦人。吾死後，斂以僧裝，葬吾於鄧尉、靈巖相近，墓前立一圓石，曰『詩人吳梅村之墓』。」

先生《病中有感》詞：調寄《賀新郎》。「萬事催華髮。論龔生、天年竟夭，高名難沒。吾病難將醫藥治，耿耿胸中熱血。待灑向、西風殘月。剖卻心肝今置地，問華陀、解我腸千結？追往事，倍淒咽。　故人慷慨多奇節。為當年、沉吟不斷，草間偷活。艾灸眉頭瓜噴鼻，今日須難訣絕。早患苦、重來千疊。脫屣妻孥非易事，竟一錢不值何須說！人世事，幾完缺？」　沈受宏《白漊集哭梅村師》：「茫茫滄海劫餘身，遺恨心肝抱苦辛。自迫三徵蒙聖代，未輕一死為衰親。南朝宮闕悲瓊樹，北極衣冠記紫宸。留得茂陵未命在，西山題墓作詩人。」四首錄一。

附脫簡

順治十二年乙未

《贈馮訥生進士教授雲中》。

十五年戊戌

《黃觀只五十壽序》。

十六年己亥

《丁石萊七十壽序》。

十七年庚子

　　《冒辟疆五十壽序》。

康熙五年丙午

　　《江西巡撫韓公奏議序》。

九年庚戌

　　《龔芝麓詩序》。

五十二年癸巳，葬蘇州郡治西南二十里西山之麓。澤州陳廷敬撰墓表。

　　《蘇州府志》：「國朝祭酒吳偉業墓在靈巖山麓。」按：墓在蘇州府吳縣玄墓山
之北。

　　袁簡齋太史稱婁東詩人，前有弇州，後有梅村。向見錢竹汀宮詹撰《弇州
山人年譜》，獨梅村先生年譜闕如，軾不揣固陋，謬為續貂之舉。讀先生詩，
輒取程迓亭、靳介人、吳枚庵諸箋注，凡有年月可稽者，一一札記，鱉次前後，
復於泛覽之下，事涉先生，編年比附。自壬辰迄己亥，八閱寒暑，纍凡十數易，
輯為年譜四卷。中有家仁仲參訂處，今已墓門宿草，並為標明，非敢比郭象注
《莊》之例也。所恨管窺蠡測，掛漏尚多，舛訛亦不免。惟冀博雅君子，匡以
不逮，幸甚。道光庚子春二月，顧師軾識。

　　是書刻以問世三十餘年矣，庚申之亂，板片盡毀。近年覓得原本，欲謀重
刻，適先生裔孫子掄茂才守元見之，謀諸群從，力任剞劂，爰共相商榷、鱉訂
一二付梓。光緒二年臘月，師軾又識。

附錄二：鈴木虎雄《吳梅村年譜》 [註1]

一、緒言

　　吳梅村傳記，余所見者，曰《吳梅村先生行狀》，康熙十二年七月太倉顧湄伊人撰；曰《吳梅村先生墓表》，康熙五十二年澤州陳廷敬說巖撰；曰《梅村先生世系》及《年譜》四卷，道光十二年至十九年太倉顧師軾景和纂、顧思義仁仲訂。其餘又有《貳臣傳》所載《吳偉業列傳》、沈德潛《清詩別裁集》敘傳、鄭方坤《清名家詩人小傳》所錄梅村詩鈔小傳。顧師軾《年譜》最為詳備，然師軾作《年譜》時，未及見《家藏稿》。顧《譜》不可據者，凡事之在此年，其詩之作時亦必繫於此年，《松山哀》、《圓圓曲》、《永和宮詞》之類是也。至出處行事後先亦往往不為無可疑，今以梅村自記為本，參之他籍，考核釐訂，聊成此編。疑似之際，不敢妄斷，就雅教於時哲，期定案於將來云爾。昭和三年十一月。

二、梅村世系

　　梅村姓吳氏，諱偉業，字駿公，號梅村，江南太倉州人。

　　七世祖子才，名無考，河南人。元末避兵，始遷蘇州崑山之積善鄉。配費氏。見顧師軾所撰《年譜》。

　　　　案葉盛所撰《相虞公墓誌銘》顧《譜》引。云：「祖才，父式周。」
　　則似名才，非子才。

〔註1〕按：此譜系民國間抄本，收錄於《北京圖書館藏珍本年譜叢刊》第 69 冊，北京圖書館出版社 2010 年版。

　　六世祖埕，字公式，以字行。明正統元年，贈承德郎，行在刑部雲南司主事。配陳氏，封太安人。顧思義攷云：「又字式周。」見顧《譜》。

　　五世祖凱，字相虞，號冰檗。卒，祀鄉賢祠。配沈氏，繼沈氏，再繼陳氏。中順天鄉試，宣德中，授刑部主事，再改禮部主客司。成化七年七月十四日卒，年八十五。三子：長恩，次憙，次愈。女二人，婿顧恂、龔綬。見顧《譜》。

　　　　陳廷敬撰《吳梅村先生墓表》：「五世祖凱，前明永樂間舉孝廉，
　　　　官禮部主事。年三十，以養親乞歸，遂不出。世稱貞孝先生。」

　　　　顧湄撰《行狀》：「五世祖禮部主事諱凱，高祖河南參政諱愈，
　　　　父子皆八十，有重德。其行事載《吳中先賢傳》中。」虎案：皆八十
　　　　者誤。

　　高祖愈，字惟謙，號遜菴。配夏氏。成化乙未進士，授南京刑部主事，歷員外郎中，精法律，出知敘州府，捕慶符盜。及平土官安鰲叛，有功。在敘九年，遷河南參政，致仕歸。卒年八十四，嘉靖丙戌五月十九日也。子男四：長東，浦江縣縣丞；次南，國子生；仲弟虎曰：仲兄也，非仲弟。憙，無嗣，推以為後；次西，次守中，國子生。孫男詩、訪、許、志。顧《譜》。

　　　　陳《墓表》；「高祖愈，成化進士，官河南參政。凱、愈並見《吳
　　　　中先賢傳》，世居崑山。」

　　　　公《京江送遠圖歌序》曰：「公諱愈，字惟謙，一字遜菴。成化
　　　　乙未進士，授南京刑部主事，進郎中。清慎明敏，號稱職，先後九
　　　　載。南司寇用弘治三年詔書得薦其屬，將待以不次。疏未達，而命
　　　　守敘州。為守既常調，而敘又險且遠，公獨不以為望。」

　　嗣高祖憙，字維明，號靜菴。配陳氏，無子，以愈次子南為嗣。顧《譜》。

　　曾祖南，字明方，號方塘，賜內閣中書。後官鴻臚寺序班，以使事過家，為御史所論，謫江西建昌府幕官。配鄭氏，繼袁氏。長子諫，玉田公，福安縣丞；次議，贈嘉議大夫、少詹事；次誥。顧《譜》。

　　　　陳《墓表》：「曾祖南，以善書授鴻臚。」

　　　　顧《行狀》：「曾祖鴻臚寺序班諱南，自禮部公虎注：五世祖凱。以
　　　　下三世皆葬於崑。」

　　祖議，字子禮，號竹臺。以梅村貴，贈嘉議大夫、詹事府少詹事。幼贅於瑯琊王氏，遂居太倉。副室湯氏，封太淑人。顧《譜》。

　　　　陳《墓表》：「祖議，始遷太倉。」

顧《行狀》：「祖贈嘉議太夫少詹事諱議，始遷太倉。」

父琨，字禹玉，又字蘊玉，號約齋，又號約叟。諸生。以經行稱鄉里。梅村貴，封嘉議大夫、詹事府少詹事。舉鄉飲大賓，卒祀鄉賢。配陸氏，繼朱氏，封淑人。顧《譜》。

陳《墓表》：「父琨，能文章。祖、父皆受先生封，為中憲大夫。」

顧《行狀》：「父封嘉議大夫、少詹事諱琨，以經行崇祀鄉賢祠。

嘉議公八十而逝，有幼女，先生為嫁。虎注：公所撰《席本禎墓誌銘》云：「家大人以幼女字君少子。」蓋先生天性孝友，初登第後，嘉議公勅理家事，歲輒計口授食，蕭然不異布衣時，俸入即上之嘉議公，未嘗有私畜也。後析產與二弟，均其豐嗇，舉無閒言。」

嗣祖諫，字子猷，號玉田。官福安縣丞。葬梅灣。配某氏，繼查氏，再繼陸氏。子一，查氏出，夭。顧《譜》。

嗣父瑗，字文玉，號蓬菴。禮部冠帶儒士。配王氏、張氏。顧《譜》。

三、世系表

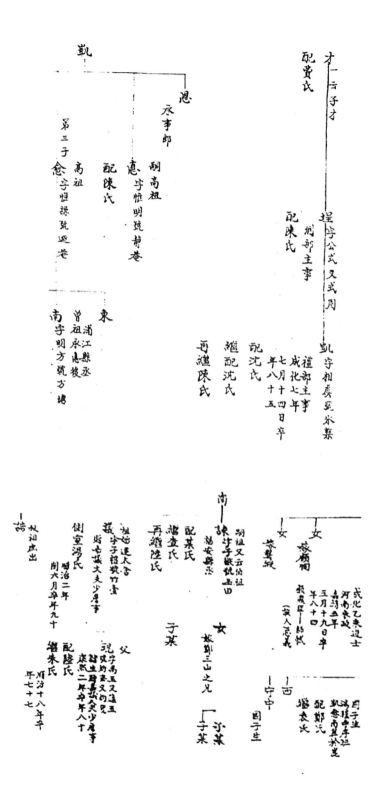

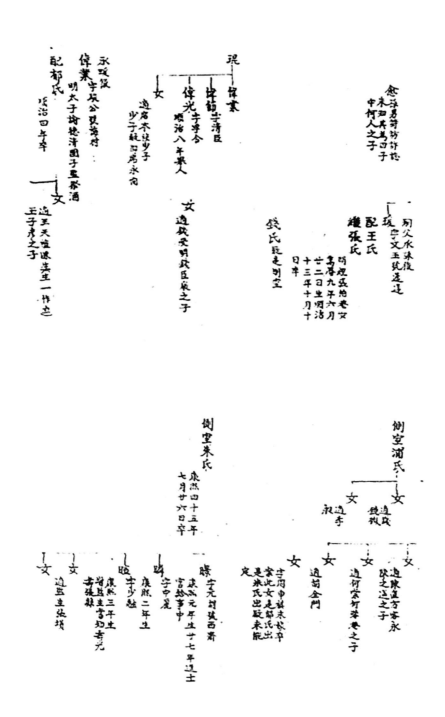

四 梅村年譜

明神宗萬曆三十七年己酉　一歲

顧湄所撰行狀曰先生諱偉業字駿公姓吳氏吳為崑山名族先生生於
明萬曆己酉五月二十日母朱太淑人妊先生時夢朱衣人送鄧以讚
會元坊至先生生有異質
陳廷敬所撰墓表曰先生生前明萬曆己酉
顧師軾所撰年譜曰母朱太淑人妊先生時夢朱衣人送鄧以得會元坊
至遂生先生王崇簡吳母張太孺人墓誌銘先生始生時朱太孺人尚

四、梅村年譜

明神宗萬曆三十七年己酉　　一歲

顧湄所撰《行狀》曰：「先生諱偉業，字駿公，姓吳氏。吳為崑山名族。先生生於明萬曆己酉五月二十日。母朱太淑人妊先生時，夢朱衣人送鄧以讚會元坊至，先生生有異質。」

陳廷敬所撰《墓表》曰：「先生生前明萬曆己酉。」

顧師軾所撰《年譜》曰：「母朱太淑人妊先生時，夢朱衣人送鄧以讚會元坊至，遂生先生。王崇簡《吳母張太孺人墓誌銘》：『先生始生時，朱太孺人尚育三歲子。太孺人虎注：言張氏。念其勞瘁，從襁褓中乳字先生。』」

案：《王崇簡墓誌》所謂張太孺人，嗣母張氏也。蓋以湯氏事誤為張氏耳。梅村《秦母於太夫人七十壽序》云：「吾因留仙之言而喟然有感於余祖母湯淑人也，衰門貧約，吾母操作勤苦，以營舅姑潔瀡之養。湯淑人憐其多子，代為

鞠育。余自少多病，由衣服飲食，保抱提攜，惟祖母之力是賴。」此梅村為湯氏所鞠育也。

梅村《王母周安人墓誌銘》曰：「嗚呼！吾父亦窮諸生也，吾母之事大王父王母以孝，而教三子以成立。其仁勤莊儉之德實有類於安人，而偉業之事其母有媿楚先，固已多矣。自古賢母未有不願其夫若子之富貴，而富貴之無媿者尤難。當吾父之有聲場屋，屢試不收，而祖母湯淑人已老，家貧無以為養，吾母為余言之而泣。余幸弋一第，竊喜有以慰母，而終有憾於吾父之不遇也。」以上文。此梅村之敘其母朱氏之仁勤者。

萬曆三十八年庚戌　　二歲

萬曆三十九年辛亥　　三歲

萬曆四十年壬子　　四歲

顧《譜》：「熊學院科試，先生尊人約齋公補弟子員。」

萬曆四十一年癸丑　　五歲

顧《譜》：「仲弟偉節生。」

萬曆四十二年甲寅　　六歲

公所撰《炤如禪師生塔頌》曰：「始余六七歲，得見外王母。虎注：曹氏，曹魯川之女也。嘗用兜綿手，摩頂在膝前。阿甥王母指梅村而言。汝當知，我父言曹魯川。循良吏。上書忤時宰，拂袖歸田廬。理學專門家，孔釋水乳合。諸方大尊宿，推重惟魯川。教律與論藏，一一手撰述。吾母言朱淑人曹氏之出。時諦聽，大發菩提心。晚受具足戒，修持二十載。名山構傑閣，言鄧尉山中建經閣。虔奉修多羅。幡幢紛五色，親見如來迎。末後勘辨明，往生安樂國。」云云。此梅村幼時事，亦朱淑人奉佛之所由來也。

萬曆四十三年乙卯　　七歲

公讀書於江用世家塾。

公所撰《江用世墓誌銘》曰：「始余年七歲，讀書公家塾，識公。公即是年領鄉薦。後三十年家居，公折輩行，與余及魯岡遊」。云云。

虎案：用世，太倉人。萬曆乙卯舉人。壬戌天啟二年。進士。累官江西按察司使。梅村幼時在用世家塾讀書，梅村兄魯同嘗受用世疏薦，亦見志中。

顧《譜》：「讀書江公用世家塾。八月，祖竹臺公虎注：諱禕。卒。」

萬曆四十四年丙辰　　八歲

在王岵雲塾中，李太虛奇公文。

鈕琇《觚賸》:「太虛李明睿。教其謂王岵雲。四五諸郎，梅村甫韶齡，亦隨課王氏塾中，李奇其文，卜為異日偉器。」

萬曆四十五年丁巳　　九歲

萬曆四十六年戊午　　十歲

萬曆四十七年己未　　十一歲

顧《譜》:「就穆苑先雲桂家中讀書。季弟偉光生。」

公《穆雲桂墓誌銘》曰:「自余生十一始識君，居同巷，學同師，出必偕，宴必共。如是者五十年。」又曰:「君為先大夫謂約齋。執經弟子。余兄弟三人，君所以為之者，無有不盡。」又曰:「余之初就君齋讀書也，有同時遊處者四五人。志衍、純祜為兄弟。魯岡與之共事。其輩行差少，皆吳氏余宗也。鄰舍生孫令修亦與焉。」

案：公少年學侶於此見之。

萬曆四十八年庚申　　十二歲

光宗泰昌元年八月後改元

熹宗天啟元年辛酉　　十三歲

天啟二年壬戌　　十四歲

顧《譜》:「隨父約齋公讀書志衍繼善。家之五桂樓。能屬文，西銘張公溥。見而歎曰:『文章正印，在此子矣。』因留受業於門，相率為通今博古之學。程穆衡《婁東耆舊傳》:『江右李太虛明睿落魄，客授州王大司馬所，與公父善，見公於髫髻，奇之。』」云云。

陳《墓表》:「先生少聰敏，年十四，能屬文。里中張西銘先生以文章提唱後學，四方走其門，必投文為贄。不當意，即謝弗內。有嘉定富人子竊先生塾中稿數十篇投西銘，西銘讀之大驚，後知為先生作，固延至家，同社數百人皆出先生下。」

顧《行狀》:「少多病，輒廢讀，而才學輒自進。迨為文，下筆頃刻數千言。時經生家崇尚俗學，先生獨好三史。西銘張公溥見而歎曰:『文章正印，其在子矣。』因留受業，相率為通經博古之學。」

公與志衍相識。

《志衍傳》：「予年十四，識志衍。志衍長於予三歲，兩人深相得。」

天啟三年癸亥　　十五歲

顧《譜》：「西銘肇舉復社，先生為入室弟子。」引楊彝《復社事實》云云。

公《與子暻疏》曰：「吾少多疾病，兩親護惜，十五六不知門外事。」《志衍傳》曰：「當是時，天如師以古學振東南，海內能文家聞其風者靡然而至。予羸病，不能數對客，過志衍則人人自得也。」《致孚社諸子書》曰：「偉業嘗見西銘先師手抄《注疏大全》等書，規模前賢，欲得其條貫。雖所志未就，而遺書備乙夜之覽，吾師不沒於地矣。」此皆梅村十五六歲時事。

天啟四年甲子　　十六歲

天啟五年乙丑　　十七歲

天啟六年丙寅　　十八歲

天啟七年丁卯　　十九歲

莊烈帝崇禎元年戊辰　　二十歲

顧《譜》：「陳學院歲試入州庠。」

顧《行狀》：「年二十，補諸生。」

陳《墓表》：「弱冠舉於鄉。」

公《志衍傳》曰：「年十四，識志衍。又六年，即指本年。而人撫、純祜相與砥礪為文章。」《與子暻疏》曰：「應童子試，四舉而後入彀。」

案：陳《墓表》「弱冠舉於鄉」者，誤也。據《與子暻疏》，梅村蓋自十七歲以後，每歲應童子試，至此及弟，始得補諸生也。

朱彝尊《靜志居詩話》：「復社始於戊辰，成於己巳。」據吳氏《箋注》所引。

夏燮嘯甫撰《吳次尾應箕年譜》曰：「是年，指崇禎戊辰。婁東張天如吉士溥。與同里受先大令采始倡復社之會，蘇松名士楊解元、廷樞。夏考功、允彝。陳黃門、子龍。皆附之。江以上則先生指吳次尾。及劉伯宗徵君誠。預焉。一時有小東林之目。燮嘯按：莊烈改元，窮治奄黨，贈郵同難忠臣，一時東林，桴鼓復盛。據《明史·張溥傳》及吳梅村《復社記事》，皆言起於崇禎建元之初，而劉伯宗撰先生吳次尾本傳言崇禎初元，三吳中倡為復社，才十餘人耳，不佞城與次尾實共之。冒公子序亦云：「大江以上為吳樓山、劉伯宗，大江以下為楊維斗、

張天如。」然則此十餘人者皆執牛耳，主壇坫，為東林之中興，先生其一也。先生是時未至吳中，而聲氣之通，若合符節。迨庚午金陵大會，復社之名遂聞於朝野間。烏程指溫體仁。構郵實始於此。以上文。

崇禎二年己巳　　二十一歲

顧《譜》：「西銘與同里張南郭采。舉復社成，先生名重複社，西銘為尹山大會。先生有《致雲間同社諸子書》、《致孚社諸子書》。」

崇禎三年庚午　　二十二歲

顧《譜》：「李學院科試，一等三名，補廩膳生員。西銘為全陵大會。」

顧《行狀》：「中崇禎庚午舉人。」

《志衍傳》：「人撫、志衍與余同魁庚午一經。」

公受知於周廷瓏。

《寄房師周芮公先生詩序》云：「偉業以庚午受知周芮公師，進謁潤州官舍。維時上流無恙，京口晏然，吾師以陸機入洛之年，弟子亦終軍棄繻之歲，南徐月夜，北固江聲，揮塵論文，登樓置酒，笑談甚適，賓從皆賢。」以上文。

公所撰《復社紀事》云：「三年庚午，省試胥會於金陵，江淮宣歙之士咸在。主江南試為江西姜燕及先生。榜發，維斗言蘇州楊廷樞。袞然為舉首。自先生言張天如。以下，若臥子言陳子龍。及偉業輩凡一二十人列薦名。吳江吳來之昌時亦與焉，稱得士。」以上文。《彭燕又五十壽序》云：「往者余偕志衍舉於鄉，同年中。雲間彭燕又、陳臥子以能詩名。臥子長余一歲，而燕又、志衍俱未三十，每置酒相與為驩。」云云。皆當時事也。

崇禎四年辛未　　二十三歲

顧《譜》：「舉會試第一名，座主周延儒、何如寵，房師李明睿。殿試一甲第二名，授翰林院編修。疏劾蔡奕琛。假歸，娶都淑人。淑人，萬曆庚子武舉李茂女。河決金龍口，滕縣沈焉，有《悲滕城》詩。李學院歲試，先生仲弟偉節。入州庠。」

顧《行狀》：「辛未會試第一，殿試第二。西銘公鄉、會皆同榜。文風為之丕變。時有攻辛未座主宜興相言宰相周延儒，宜興人。者，借先生為射的，莊烈帝批其卷，有『正大博雅，足式詭靡』之語，言者乃止。授翰林院編修。先生尚未授室，給暇歸娶，當世榮之。」虎曰：歸娶在明年。

陳《墓表》：「為崇禎會試第一人，延試第二，授編修，是時年二十三。製辭云：『陸機詞賦，早年獨步江東；蘇軾文章，一日喧傳天下。』當時中朝大夫皆以為不媿云。」

《貳臣傳》：「吳偉業，江南太倉人。明崇禎四年一甲二名進士，授編修。」公《與子暻疏》：「不意年踰二十，遂掇大魁。」《書宋九青逸事》云：「余以二十三舉進士。」《復社紀事》云：「四年辛未，偉業舉禮部第一，先生言張天如。選庶吉士，天下爭傳其文。」

案：梅村延試對策文見《家藏稿》。卷五十五。

公《王畹仲墓誌銘》云：「余同年進士，其在無錫者，曰馬公素脩、唐公玉乳、錢公凝菴、王公畹仲、吳公永調，為五人。」

右記同年。

《明史·何如寵傳》：「如寵，字康侯，桐城人。武英殿大學士。崇禎四年，副延儒總裁會試，諡文端。」靳榮潘曰：「梅村以崇禎四年成進士，則如寵其座主也。」見《吳詩集覽·送何省齋》詩注。

右記副座主。

梅村及弟子於李明睿下逸事錄左：

李明睿，字虛中，號太虛。《南昌郡乘》。

李明睿，南昌人。天啟二年進士，歷坊館。罷閒六七年，廷臣交薦，用宮允起田間。順治初，為禮部侍郎。未幾，以事去官。卒年八十有七。《江西通志》。

江右李太虛為諸生時，嗜酒落拓，而家甚貧。太倉王司馬岵雲備兵九江，校士列郡，拔太虛第一，即遣使送至其家。時王氏二長子已受業同里吳蘊玉即約齋。先生。蘊玉者，梅村先生父也。而太虛教其四五諸郎，梅村甫齠齡，亦隨課王塾中，李奇其文，卜為異日偉器。歲將闌，主家設具讌兩師，出所藏玉卮侑酒，李醉揮而碎之，王氏子面加譙讓，李亦盛氣不相下，遂拂衣去。吳知其不能行也，翌日早起，追於城闉，出館俸十金為贈。數歲後，李以典試覆命，過吳門，王氏子謁於舟次，李忽詢吳先生言蘊玉。近狀，時梅村已登賢書。辛未，梅村遂為太虛所薦，登南宮第一及第第二人。吳翌鳳節錄鈕琇《觚賸》。

《復社紀事》：「先生言張天如。以貢入京師，縱觀郊廟辟雍之盛，喟然太息曰：『我國家以經義取天下士，垂三百載，學者宜思以表章微言，潤色鴻業。今公卿不通六藝，後進小生剽耳備目，倖弋獲於有司。無怪乎稡人持柄，而折技舐痔半出於誦法孔子之徒。無他，詩書之道虧，而廉恥之途塞也。新天子言

崇禎帝。即位，臨雍講學，丕變斯民。生當其時者，圖仰贊萬一，庶幾尊遺經，砭俗學，俾盛明著作比隆三代，其在吾黨乎！』乃與燕趙魯衛之賢者為文言志，申要約而後去。」

右記張天如與北方賢者相結。

陳《墓表》：「崇禎中，黨事尤熾，東南諸君子繼東林之學者，號曰復社。西銘以東林之末響為復社先，而先生西銘高弟也。西銘既為復社主盟，先生又與西銘同年舉進士，故立朝之始，遂已大為世指名。」

鄭方坤《小傳》：「年二十，虎曰：誤也。當作二十三。舉崇禎辛未科會試第一，廷試賜一甲第二名進士及第。時猶未娶，特撤金蓮寶炬，花幣冠帶，賜歸里第完姻，於明倫堂上行合巹禮。蓋自洪武開科，花狀元綸後，此為再見，士論榮之。」

案：顧《譜》、顧《行狀》、鄭《小傳》並以歸娶繫於本年，與公自記不合，疑給暇在本年，歸娶則在明年。說見於下。

崇禎五年壬申　　二十四歲

正月，公尚在京師，送黃道周出城。

《明史稿·黃道周傳》：「崇禎二年，起故官，進右中允。三疏救故相錢龍錫，貶三秩，調他曹。五年正月，方候補，遭疾求去。瀕行，上疏曰：『臣自幼學《易》，以天道為準。上下載籍二千四百年，考其治亂，百不失一。』云云。帝不懌，斥為民。」以上文。

案：據此，道周之斥在五年正月。

公《送林衡者還閩序》：「往者在長安，指燕京。石齋黃道周號。曾以《易》傳授余及豫章楊機部。言廷麟也。未及竟，石齋用言事得罪，相送出都城。機部慨然曰：『絕學當傳，大賢難遇，余兩人盍棄所居官，從石齋讀書鶴鳴山中，十年不出？』余心是其語，兩人者逡巡未得去。」云云。

案：此敘受《易》及送行，蓋本年事。

公歸娶蓋在本年。

《與子暻疏》：「賴烈皇帝保全，給假歸娶先室郁氏。三年入朝，值烏程宰相溫體仁，烏程人。當國。」云云。

又，《王範墓誌銘》：「余從翰林假歸，中略。踰三年，余入都。」云云。

案：《明史·宰輔表》：溫體仁，崇禎五年二月為大學士，梅村三年入朝。踰三年入都者，指八年乙亥入京。則歸娶郁氏理宜在本年也。

顧《譜》：「西銘假歸為虎丘大會，刊國表社集行世。」

《復社紀略》：「偉業以溥門人聯捷會元鼎甲，欽賜歸娶，天下榮之，遠近謂士子出天如門下者必速售。比溥告假歸，途中鶃首所至，挾策者無虛日。及抵里，四遠學徒群集。癸酉春，溥約社長，為虎丘大會。先期傳單四出，至日，山左、江右、晉、楚、閩、浙以舟車至者數千餘人，大雄寶殿不能容，生公臺、千人石鱗次布席，皆滿。往來絲織，遊人聚觀，無不詫歎，以為三百年來未嘗有也。」

公《許節母翁太孺人墓誌銘》：「初，吾師張西銘以社會興起東南，而約齋、維斗為同志，嘗大會武丘，武丘即虎丘。舟車填咽，巷陌為滿。其有傾身接待，置驛四郊，請謝賓客，則推吾友德先。德先者，元愷字也。當是時，孺人方持家秉德，先揮斥千餘金以為頓捨飲食之費，孺人無幾微吝色。」以上文。

案：有義子，斯有義母。

崇禎六年癸酉　　二十五歲

顧《譜》：「約齋公五十初度，張溥有《吳年伯母湯太夫人壽序》。」

崇禎七年甲戌　　二十六歲

顧《譜》：「城隍廟正殿災，有碑記。」

崇禎八年乙亥　　二十七歲

顧《譜》：「入都，補原官，充實錄纂修官。倪學院歲試，季弟偉光入州庠。」偉光字孚令。

顧《行狀》：「乙亥入朝，充纂修官。值烏程言溫體仁。柄國，先生與同年楊公廷麟輩挺立無所附。」

公《與子暻疏》：「賴烈皇帝保全，給假歸娶先室郁氏。三年入朝，值烏程當國。」云云。虎曰：《明史‧宰輔表》：溫體仁崇禎三年六月入閣，至十年六月致仕。又，《王範墓誌銘》：「余從翰林假歸，中略。踰三年，余入都。」云云。

案：暇歸在五年。三年入朝及踰三年入都者，蓋本年事。

公所撰《孫證墓誌銘》：「追惟疇昔，文介公之被召也，虎注：文介公孫慎行也，武進人。《明史稿‧孫慎行傳》：「崇禎八年，廷推閣臣，屢不稱旨，最後以慎行及劉宗周、林釬名上，帝即召之。慎行已得疾，即入都，未及陛見而卒，贈太子太保，諡文介。」余奉謁於彰義門之邸舍，既辭以病。其沒也，從而哭之。越十六年，再至京師，則知同官中有衣月，為文介子孫。」云云。

案：梅村謁文介在今年，則文中越十六年再至京師，其時應在順治七年庚寅。然庚寅實不入都，「十六」疑當作「十九」。越十九年，則正當順治十年，梅村扶病入都之年。

崇禎九年丙子　　二十八歲

顧《譜》：「奸民陸文聲討復社事。秋，典湖廣試，刑科給事中宋玫為副，與熊魚山、開元。鄭淡石友元會。」

詩文：

《夜泊漢口》。《送黃子羽之任》。見顧《譜》。

案：《湖廣鄉試錄序》、《家藏稿》卷五十六。《論策問》，《家藏稿》卷五十六。亦並本年作。

陳《墓表》：「丙子，典試湖廣，當時號得士。」

顧《行狀》：「丙子，主湖廣鄉試，所拔多知名士。」

公《敕贈大中大夫盧公盧鼎如。神道碑銘》曰：「丙子歲，偉業被命，偕給諫萊陽宋公九青典校湖廣鄉試，時中原已擾，寇甚彌漫，豫楚之交，流氛四出，羽檄交道，謬以一介度奉簡書，揚旌馳驛巖疆，轉徙金革，幸得畢使。以鉛黃甲乙多士，鎖院三試，所弋獲皆為俊民。」云云。又，公《書宋九青事》曰：「九青長予二歲。予以二十三舉進士，九青用計吏，選天下最，入吏垣，距其通籍之歲已六年。又五年，九青以刑右給事副予使楚，兩人相得甚。蓋其時天下已多事，楚日岌岌，而武昌阻大江，固無恙。楚之賢士大夫，為魚山熊公、澹石鄭公，乃九青同年生，又皆吏於吾土。聞兩人之至也，拏舟來，醵酒江樓，敘述往昔，商較文史，夜半耳熱，談天下事，流涕縱橫。」云云。

案：右二文並皆典試時事也。

崇禎十年丁丑　　二十九歲

顧《譜》：「充東宮講讀官。劾張至發，直聲動朝右。七月，次女生。後適海甯陳直方容水，相國之遴子。」

《貳臣傳》：「尋充東宮講讀官，又遷南京國子監司業，轉左庶子。」

虎案：《貳臣傳》文指本年至十六年事。

案：《明史稿·諸王傳》：「太子慈烺，莊烈帝第一子。母周皇后。崇禎二年二月生，九月立為皇太子。十年，群臣屢請出閣，帝定期來歲二月。預擇東宮待班、講讀等官，編修吳偉業、楊廷麟、林增志講讀。十一年二月，皇太子出閣。十五年正月，東宮開講，內閣諸臣條上講儀。」

據此，梅村今年豫定任東宮講讀官。

顧《行狀》：「烏程去，武陵、蘄水相繼入相，虎注：烏程指溫體仁，武陵指楊嗣昌，蘄水指姚明恭。先生皆與之迕。先是，吾吳有奸民張漢儒、陸文聲之事，烏程實陰主之，欲割刃東南諸君子。先生以復社著名，為世指目。淄川言張至發。傳烏程衣鉢，先生首疏攻之，直聲動朝右。」

陳《墓表》：「當是時，淄川張至發，烏程黨也。繼烏程而相，剛愎過烏程。先生始進，即首劾淄川，奏雖寢不行，其黨皆側目。」

《貳臣傳》：「八年，大學士溫體仁罷，張至發柄國，極頌體仁孤執不欺。偉業疏言：『體仁性陰險，學無經術，狎暱小人。繼之者正宜力變所為，乃轉稱其美，勢必因私踵陋，盡襲前人所為。公忠正直之風何以復見？海宇禍患何日得平？』疏入，不報。」

案：《明史・張至發傳》：「崇禎八年六月，帝擢至發禮部左侍郎，兼東閣大學士，與文震孟同入直。越二年，溫體仁輩盡去，至發遂為首輔。至發代體仁，一切守其所為。嘗簡東宮講官，擯黃道周，為給事中馮元颺所刺。至發怒，兩疏詆道周，而極頌體仁孤執不欺，復為編修吳偉業所劾。」以上文。此蓋言梅村劾至發在十年，《行狀》、《墓表》、《貳臣傳》亦大略言十年事。

公仲女生於京師。

《亡女權厝誌》曰：「女生於丁丑七月二十八日。」

崇禎十一年戊寅　　三十歲

二月，皇太子出閣講學，公為講讀官。

《明史稿・莊烈帝紀》：「崇禎十一年二月辛丑，皇太子就文華殿講讀。」公《衡齋劉公墓誌銘》：「先皇帝以十年太子行冠禮，其明年，即十一年。講學。又三年，二王定王、永王。出閣，等殺有禮，可無前日之懼矣。當太子出講也，偉業備員講讀。」云云。《左諭德濟寧楊公墓誌銘》：「楊士聰，字朝徹，號鳧岫。辛未進士。中略。丁丑，會試同考，得春秋士二十三人。明年，即崇禎十一年戊寅。皇太子出閣講學，充較書官。」

案：據此等文，皇太子十一年出閣講學，確矣。

顧《譜》：「江右楊機部廷麟。以翰林改官兵部主事，贊畫督臣盧象昇軍事。與楊鳧岫士聰。謀，劾吏部尚書田惟嘉、太僕寺卿史莹諸不法事。三月二十四日召對，進端本澄源之論。湯太淑人八十稱觴。」

案：集中有《懷楊機部軍前》。七律。見《家藏稿》。

顧《行狀》：「戊寅三月二十四日召對，先生進端本澄源之論，欲重其責於大臣，而廣其才於庶僚，乃昌言曰：『冢臣職司九品，冢臣所舉不當，何以責之臺省？輔臣任寄權衡，若輔臣所用不賢，何以責之卿寺？』言極剴切，上為之動容。已與楊公士聰謀劾史䔄。虎注：史䔄事見於公《楊士聰墓誌銘》。䔄去，而陰毒遂中於先生。」

七月，黃道周劾楊嗣昌，謫江西按察司照磨。

《明史稿·莊烈帝紀》：「崇禎十一年秋七月戊辰，少詹事黃道周三疏劾楊嗣昌奪情。己巳，召文武大臣於平臺，面詰道周，降謫江西按察司照磨。」又，《黃道周傳》云：「七月五日，召內閣諸大臣於平臺，並及道周。帝與諸臣語所司事，久之，問道周曰。云云。貶道周六秩，為江西按察司照磨。」集中有《送黃石齋謫官》。七律。見《家藏稿》。蓋當時作。

顧杲、陳貞慧、吳應箕等《留都防亂公揭》之事起。

冬十二月，盧象昇兵敗於鉅鹿，死之。《明史·莊烈帝紀》。

崇禎十二年己卯　　三十一歲

顧《譜》：「升南京國子監司業。督師盧象昇卒。漳浦黃公道周論楊嗣昌奪情事，受廷杖。先生遣太學生涂仲吉入都訟冤，干上怒，嚴旨責問主使，先生幾不免。奉使封延津、孟津兩王於禹州。過汴梁，登孝王臺。漳浦黃公南還，先生與馮司馬□□遇之唐棲舟中，出所注《易》授先生。」

陳《墓表》：「頃之，遷南京國子監司業。時黃道周以事下獄，先生遣監中生涂某齎表至京。涂伏闕上疏，申理道周黨人。當軸者以為先生指示，使將深文其獄，以中先生。會其人死，乃已。旋奉使河南封藩。」

《明史稿·黃道周傳》：「久之，虎曰：承上文謫江西照磨而言。江西巡撫解學龍薦所部官，推獎道周備至。故事但下所司，帝亦復聞。大學士魏照乘者惡道周，擬旨責學龍濫薦。帝遂發怒，立削二人籍，逮下刑部獄，責以黨邪亂政，並廷杖八十，究黨與，欲寘之死。詞連某某。等，並繫獄。戶部主事葉廷秀、監生涂仲吉救之，亦繫獄。」

案：道周劾楊嗣昌在前年七月，受廷杖逮刑部獄在本年。《明史·宰輔表》：「魏照乘，崇禎十二年五月《明史·莊烈帝本紀》云：「五月甲子。」晉禮部尚書，兼東閣大學士。」入此知廷杖在五月甲子以後。

　　顧《行狀》：「己卯，銜命封延津、孟津兩王於禹州。堇虎注：史堇。謀以成御史勇事牽連坐先生。會堇死，事寢。陞南京國子監司業。甫三日，而漳浦黃公道周論武陵虎注：楊嗣昌。奪情拜杖信至，先生遣太學生涂仲吉入都，具橐饘。涂上書為漳浦訟冤，干上怒，嚴旨責問主使，先生幾不免。」

　　案：廷杖在五月甲子後，公陞司業甫三日而拜杖信至，則公任南監大約在夏間矣。

　　公《謝泰交墓誌銘》：「余在太學，頗欲按經術，孜求天下士，而君所對極深美，故於眾中識君。同時有南中何君次德、同里周君子俶，咸通儒洽聞，余差次之名，乃在君之亞。」《宋子建虎注：名存標，華亭人。詩序》：「往者，余叨貳陪雍，雲間宋子建偕其友來遊太學。當是時，江左全盛，舒桐淮楚衣冠人士避寇南渡，僑寓大航者且萬家。秦淮燈火不絕，歌舞之聲相聞。子建雅結納，擅聲譽，天才富捷，能為歌詩，勝遊廣集，名彥畢會。每子建一篇出，無不人人嗟服。余講舍在雞籠山南，遠睨覆舟，近攬靈谷，俯瞰玄武，陵樹青蔥，觚稜紫氣，皆浮光蕩日，照耀乎吾堂之內。有池十畝，為亭五楹，樹以桐梓杉櫧，被以芙藻菱芰。凡四方賓客之過者，圖書滿架，笙鏞在列，招延談詠，殆無虛暑。子建至，則相與講德論藝，命酒賦詩，極晝夜無倦。蓋山川之勝，文章之樂，生平所未有也。」《穆雲桂墓誌銘》：「余叨貳雍，君來訪雞籠講舍，流連浹旬，恣探冶城諸名勝，與其賢者相結而後歸。無何，亂離大作，吾等諸人皆引去，謀與君偕隱海濱。」

　　案：並是南監時事。亦見《過南廂園叟感賦》詩中。

　　公《感舊贈蕭明府詩序》：「余年三十有一，以己卯七月奉命封延津、孟津兩王於禹州，過汴梁，登梁孝王臺，適學使者會課屬郡知名士於臺上，因與其人諮訪古蹟，徘徊久之而後行。」

　　案：據此，公奉使封藩在七月。

　　公《謝泰宗墓誌銘》：「余之從黃先生虎注：言道周。遊也，竊嘗記其遺事一二。先生好《易》，而尤工《楚辭》。居長安，言燕京。食不能具一肉，酒酣，間出於圍棋書畫，以自愉快。受詔進經義於承華宮，援據詳洽，篇帙甚富。入其室，見床頭有廢籠敗紙，不知先生攷訂何書也。予杖下詔獄，萬死南還，余與馮司馬遇之唐棲舟中，出所注《易》讀之，十指因拷掠，血滲漉楮墨間，余兩人睜眙歎服，不敢復出一語勞苦。以彼其所學，死生患難豈足以動其中哉！」

案：據此，公蓋北行，黃方南還，而相遇於唐棲舟中也。唐棲，未詳其所在，俟考。

《清風使節圖》。吳注云：「應是官南司業時作。」

《讀端清鄭世子傳》。疑作於本年。

崇禎十三年庚辰　　三十二歲

顧《行狀》：「庚辰，晉中允、諭德。」

顧《譜》：「升中允、諭德。嗣父文玉公卒。陳廷敬《先生墓表》：『升中允、諭德，丁嗣父艱，服除，會南中立君，登朝一月歸。』」

案：顧《譜》引《墓表》服除以下文，恐失當。

《臨江參軍》。

案：右詩靳榮藩繫之於十二年，顧《譜》繫於本年，靳說是也。

公《送何省齋》詩：「我昔少壯時，聲華振儕輩。講舍雞籠巔，賓朋屢高會。總角能清譚，君家好兄弟。緩帶天地寬，健筆江山麗。憑闌見溢口，傳烽響笳吹。海寓方紛紜，虛名束心意。夜半話掛冠，明日扁舟繫。問余當時年，三十甫過二。」

案：是言其在南雍也。

崇禎十四年辛巳　　三十三歲

顧《譜》：「李自成陷河南，福王常洵遇害。虎注：正月丙申也。有《汴梁二首》。五月，《哭張西銘詩》。再許復社，命下，南郭虎注：張采字南郭。獨條對上，獄乃解。」

公《復社紀事》：「先生言張溥也。卒於家，私諡曰仁學先生，崇禎十四年辛巳五月也。」《張母潘孺人暨金孺人墓誌》：「崇禎己卯，孺人言潘氏。亡。又三年，指辛巳歲。西銘沒。」又曰：「偉業挾笑從師，升堂拜母，哲人既萎，十有九年。」虎曰：墓誌作於順治十五年戊戌。辛巳至戊戌，十七年也。九疑當作七。

公《鄧讓墓誌銘》：「元昭虎注：名旭，讓之子。讓卒於辛巳正月。與余同官。其從簡討乞暇歸葬也，山墮水旋，經營重繭，余遇之南中，談其兩親生平，未嘗不涕下。既以檄催北行，不果，中遭齮齕，遷洮岷以去，余相送出都門。」云云。

案：據此，公今年必以事嘗至南都，與元昭相遇。元昭為洮岷道副使而去，因相送也。

崇禎十五年壬午　　三十四歲

　　顧《譜》:「春,大清兵克松山,洪承疇降,遂下錦州,祖大壽以錦州降。有《松山哀》。七月,田貴妃薨,葬天壽山。有《永和宮詞》。」

　　案:《松山哀》,顧《譜》繫之於本年。然詩中有曰「出身憂勞致將相,征蠻建節重登壇」,是指順治十年洪承疇任湖廣等五省總督軍務事,詩必作於順治十年。若十一年入京後,《永和宮詞》繫於本年者,亦誤也。詞中明言「宮草明年戰血腥」,云云。此知詩作於崇禎甲申國變後也。

崇禎十六年癸未　　三十五歲

　　顧《行狀》:「癸未,晉庶子。」

　　顧《譜》:「升庶子。李自成破潼關,督師孫傳庭戰死。有《雁門尚書行》。文祖堯來為太倉州學正。鼎革後,棄官寓僧寺,以青烏術自給,人皆知滇南先生為古君子。有《文先生六十壽序》、《送文學博以蒼公招同住中峰寺》、《曡陽觀訪文學博介石兼讀蒼雪師舊蹟有感》諸詩。志衍之成都任,有《送志衍入蜀》詩。秋七月,由崧襲封福王。十二月,文選司郎中吳昌時棄市。」

　　《雁門尚書行》。顧《譜》繫於本年。

　　案:《詩序》云「尚書陣沒」,尋云「二年,公長子世瑞重跰入秦」,詩中亦及其事,詩不作於本年也,明矣。疑馮訥生順治乙未在京舉進士時,或示以《潼關行》,梅村因亦作此篇乎?

　　《雒陽行》,顧《譜》繫於本年,不誤。詩云「四十年來事堪憶」,蓋萬曆廿九年,光宗立為皇太子,至崇禎十六年,正四十年矣。

明崇禎十七年甲申　　三十六歲
清順治元年

　　公購梅村。

　　顧《譜》引《松霞公日記》云:「甲申正月,晤張南垣於吳駿公之居梅村」,當是申酉間所購。

　　張大純《采風類記》:吳氏《箋注》所引。「梅村在太倉衛西,本王銓部士騏舊業,名賁園。吳祭酒偉業斥而新之,改今名。有樂志堂、梅花菴、交蘆菴、嬌雪樓、鹿樵溪舍、橙亭、蒼溪亭諸勝。」

　　公七律《梅村》云:「枳籬茅舍掩蒼苔,乞竹分花手自裁。不好詣人貪客過,慣遲作答愛書來。閒窗聽雨攤詩卷,獨樹看雲上嘯臺。桑落酒香盧橘美,釣船斜繫草堂開。」又見《舊學庵記》、《與暻等疏》。

陳《墓表》:「升中允、諭德,丁嗣父艱,_{虎注:嗣父名瑗,字文王玉,公父琨之}弟。服除,會南中立君,登朝一月歸。」

案:南中立君在今年四月,所謂「登朝一月」者,係此際事。

《貳臣傳》:「福王時授少詹事,與大學士馬士英、尚書阮大鋮不合,請假歸。」

顧《行狀》:「甲申之變,先生里居,攀髯無從,號慟欲自縊,為家人所覺。朱太淑人抱持泣曰:『兒死,其如老人何!』」

顧《譜》:「三月,流寇陷京師,莊烈帝崩於萬壽山。先生里居,聞信,號痛欲自縊,為家人所覺。朱太淑人抱持泣曰:『兒死,其如老人何!』乃已。《明史‧周遇吉傳》。楊士聰《甲申核真略》。《綏寇紀略》。山海關總兵吳三桂奉詔入援,聞燕京陷,猶豫不進。自成執其父襄,令作書招之,許以通侯之貴。三桂欲降,至灤州,聞其妾陳沅為賊所掠,大憤,急歸山海關,乞降於我大清。有《圓圓曲》。詩中有「衝冠一怒為紅顏」句。三桂賫重幣求去此詩,先生弗許。四月,鳳陽總督馬士英等迎福王由崧入南京,稱監國。壬寅,立於南京,國號弘光。附唐孫華《東江集‧談金陵舊事詩》。分江北為四鎮,以黃得功、劉澤清、劉良任、高傑領之。史可法開府揚州。清攝政王致史書、史答書。五月,大清定鼎燕京。十月,張獻忠破成都,志衍一門三十六口俱被害。有《志衍傳》、《觀蜀鵑啼劇》、《題志衍山水》詩。」_{虎注:十一月廿五日,志行官蜀,遇害,見公《志衍傳》。姜埰謫戍宣州衛。有《東萊行》。《明史‧姜埰傳》。姜如農《從越中寄詩次韻》。王士禎《感舊集》小傳。盛敬《成仁譜》。左懋第充通問使。有《下相極樂菴讀同年北使時詩卷》。」}《明史‧左懋第傳》、葛芝《臥龍山人集》。

詩文:

《圓圓曲》。《志衍傳》。《觀蜀鵑啼劇》。《題志衍山水》。《東萊行》。《姜如農從越中寄詩次韻》。《下相極樂菴同年北使時詩卷》。以上見顧《譜》。

虎案:《圓圓曲》疑作於順治十六年以後。《觀劇》疑作於順治三年春。《東萊行》疑順治三年秋作。詩云「三年流落江湖夢」,又云「故鄉蕭瑟海天秋」,又云「左氏勳名照汗青」,懋第死在順治二年,可以證矣。《永和宮詞》作於本年國變後,憾未能詳其年時。十月有《甲申十月南中作》。七律。見《家藏稿》。

明福王由崧弘光元年乙酉　　三十七歲
清順治二年

顧《行狀》:「乙酉,南中召拜少詹事,加一級。越兩月,先生知天下事不

可為，又與馬、阮不合，遂拂衣歸里，一意奉父母歡。易世後，杜門不通請謁。每東南獄起，常懼收者在門，如是者十年。」

顧《譜》：「南京召拜少詹事。二月，王師南下，揚州史可法守城，死之。有《揚州》詩。節錄。五月初九日，王師渡江，福王由崧奔太平，南都亡。《堅瓠集》云云。劉澤清降，我朝惡其反覆，磔殺之。有《臨淮老妓行》。王士禛《南征紀略》。《觚賸》。鄭芝龍、黃道周等奉唐王聿鍵稱監國，六月自立於福州，號隆武。楊文聰之閩。有《送友人從軍閩中》、《讀友人舊題走馬詩於郵壁漫次其韻》。九月，執由崧以歸於京師。先生應南京詹事之召，甫兩月，奕琛夤緣馬士英復柄用。修舊郤，先逮吳御史適，次擬先生。先生知事不可為，又與馬、阮不合，乃謝歸。《明史·姦臣傳》。夏允彝《幸存錄》。《冒辟疆五十壽序》。《吳母徐太夫人壽序》。五月十七日，州役卓隸輿廝等毆張南郭。云云。六月初四日，州亂，焚搶蜂起，先生避亂攀清湖。有《攀清湖》、《讀史雜感》、《避亂》詩。思義引朱昭芑明鎬《小山雜著》云云。六月，大兵入浙。有《董山兒》詩。楊陸榮《三藩紀事本末》。閏六月，祖母湯太淑人卒。」

詩：

《揚州詩》。《送友人從軍》。《閩中讀友人舊題走馬詩於郵壁漫次其韻》。《攀清湖》。《讀史雜感》。《避亂》。《董山兒》。以上見顧《譜》。

公《秦母於太夫人七十壽序》云：「憶自早歲通籍，虎注：言崇禎元年舉鄉。祖母言湯淑人。年七十有三，及以南都恩貤封三世，湯淑人期屆九袠，笄珈白首，視聽不衰，里人至今以為太息。」云云。據此，公祖母今年九十歲尚存也。

虎案：《臨淮老妓行》，顧《譜》繫之本年。然詩中有曰「收者到門停奏伎，蕭條西市歎南冠」，是及澤清誅死也。程《箋》云：「戊子冬，順治五年冬。姜瓖與大同總兵唐珏等謀叛，致書其姻劉澤清為內應，事洩，澤清伏誅。」則此詩之作定在順治五年以後。《攀清湖》五古。詩，顧《譜》繫之本年，誤也。詩止追敘本年之事，詩之作蓋在順治十三年秋。何也？詩序曰：「余以乙酉五月聞亂，倉皇攜百口投之。」云云。又曰：「予將卜築買田，耦耕終老，居兩月而陳墓之變作，於是流離遷徙，僅而後免。」是追敘之文也。又曰：「事定，將踐前約，指卜棲事。尋以世故牽挽，流涕登車，疾病顛連，關河阻隔，比三載得歸，而青房過訪草堂，見予髮白齒落，深怪早衰。又以其窮愁煢獨，妻妾相繼下世，因話昔年湖山兵火。」云云。所謂「流涕登車」者，指

順治十一年北上；「比三載得歸」者，指十三年南歸；而「青房過訪草堂」者，又指公南歸後青房訪之於公家也；「妻妾相繼下世」者，指郁夫人順治四年卒、妾某疑或浦氏乎？亦卒而言也。詩之不作於二年也，明矣。詩云：「生還愛節物，高會逢茱萸。好採籬下菊，且讀囊中書。」則知詩作於十三年秋也。又云：「俄見葭葵邊，主人出門呼。開柵引我船，掃室容我徒。我家兩衰親，上奉高堂姑。艱難總頭白，動止需人扶。妻妾病伶仃，嘔吐當中途。長文僅九齡，虎注：公長女生於崇禎十年，順治二年方九歲矣。余泣猶呱呱。」此則避難時之實境也。

明唐王隆武元年丙戌　　三十八歲
清順治三年

顧《譜》：「瞿式耜等以桂王由榔監國於肇慶，號永曆。志衍之弟事衍自蜀中徒跣逃歸。有《哭志衍》詩。秋，王煙客時敏。治西田於歸涇之上，約張南垣疊山種樹，錢虞山作記，先生為作《歸村躬耕記》。」

詩文：

《哭志衍》、《琵琶行》、《西田詩》、《和王太常西田雜興》、《諡忠毅李公神道碑銘》。以上見顧《譜》。

虎案：公《觀蜀鵑啼劇有感》詩句云「花開春江望眼空」，又云「二月東風歌水詞」，又云「新聲歌板出花前」，是知聽曲在春間。又云「還家有弟脫兵戈」，事衍之歸在本年，則詩當作於本年春也。顧《譜》繫之崇禎十七年者，非是。

明永明王永曆元年丁亥　　三十九歲
清順治四年

顧《譜》：「正月，大兵克肇慶，桂王奔桂林，尋奔全州，以式耜留守桂林。元配郁淑人卒。虎注：公《亡女權厝誌》云：「十有一歲而郁淑人卒。」公仲女生於崇禎丁丑，今年方十一歲矣。楊繼生任太倉學正。有《閩州行》、《贈楊學博爾緒》。引顧昜齊《壬夏雜抄》云云。遊越，有《謁范少伯祠》、《登數峰閣》、《禮浙中死事六君子》、《鴛湖曲》、《鴛湖感舊》。王煙客招往西田賞菊，有詩。」

顧《行狀》：「原配郁氏封淑人，先公十五年卒。」

案：據公《亡女權厝誌》及顧《譜》，郁氏卒於本年，「十五」當作「二十五」。

明永曆二年戊子　　四十歲
清順治五年

顧《譜》：「七月，同年楊梟岫卒，有《楊公墓誌銘》。八月，築舊學菴於梅村西偏，先生自為記。有《後東臯草堂歌》，為瞿式耜稼軒傷其園荒蕪也。」

顧《行狀》：「先生性愛山水遊，嘗經月忘反，所居乃故銓部王公士騏之賣園，先生拓而大之，壘石鑿池，灌花蒔藥，翳然有林泉之勝。與士友觴詠其間，終日無倦色。其風度沖曠簡遠，令人挹之，鄙吝頓消。」

公《與子暻疏》：「吾生平無長物，惟經營賣園，約費萬金。今三子頗有頭角，若能效陳鄭累世同居之義，吾死且瞑目。倘因門戶不一，松菊荒涼，則便為大不孝。諸父尊親，以此責之，誓諸皎日可也。」

明永曆三年乙丑　　四十一歲
清順治六年

顧《譜》：「夏，願雲師從靈隱來，止城西太平菴，別先生，將遊廬嶽，且期以出世，先生作詩贈之。《婁東耆舊傳》：『王翰，字原達。受業於張采。國變為僧，號晦山大師，名戒顯，字願雲。』先生後有《得廬山願雲師書》、《喜願雲師從廬山歸》諸詩。」

詩文：

《黃陶巷文集序》。《興福寺鐵爐銘》。《丹陽荊公墓誌銘》。以上見顧《譜》。

虎案：《贈願雲師》詩，顧《譜》繫之本年。然據寶山毛大瀛記，願雲庚寅夏入廬山，則詩疑作於明年庚寅矣。

明永曆四年庚寅　　四十二歲
清順治七年

顧《譜》：「十一月，大兵入桂林，桂王奔。臨桂伯瞿式耜、總督張同敞俱死。赴十郡大社。八月，大風，海溢。有詩。得龔芝麓鼎孳書。書載先生《詩話》。至海虞，有《琴河感舊》、《聽女道士卞玉京彈琴歌》、《宴孫孝若山樓賦贈》諸詩、《江公墓誌銘》、《贈李羗居御史》。」

正月有《庚寅元旦試筆》。七律。見《家藏稿》。

明永曆五年辛卯　　四十三歲
清順治八年

顧《譜》：「劉文秀等據滇黔，吳三桂握重兵屯保寧，久無功，四川巡撫郝裕劾其縱兵劉掠，包藏異心，未幾，東西川陷。」云云。

詩文：

《雜感詩》。《元旦試筆》。《梅花菴同林若撫話雨聯句》。《德藻稿序》。以上見顧《譜》。

《許節母翁太孺人墓誌銘》。

公弟德藻舉於鄉。

公《德藻稿序》曰：「吾弟德藻以今年舉於鄉。去志衍與余同薦之日，虎注：公為崇禎庚午舉人。則已二十年矣。」

明永曆六年壬辰　　四十四歲
清順治九年

顧《譜》：「館嘉興之萬壽宮，輯《綏寇紀略》。《提要》曰。云云。先生所著有《春秋地理志》、《春秋氏族志》、《綏靖紀聞》、《復社紀事》、《秣陵春樂府》、《梅村詩話》、《鹿樵紀聞》諸書，又有《臨春閣》、《通天臺》兩種樂府。」哭朱昭芑明鎬。有《朱昭芑墓誌銘》。與蒼公會。送林衡者佳機歸閩。有《送林衡者還閩》序並詩。得侯朝宗方域書。」

朱彝尊《曝書亭集》：「梅村吳先生以順治壬辰館嘉興之萬壽宮，於時先生將著書以老矣。越歲，有廸之出山者，遂補國子祭酒。」

公《楚雲七絕》八首序曰：「余以壬辰上巳為朱子葵、子葆、子蓉兄弟招飲鶴州，虎注：鶴州在嘉興城南。同集則道開師、沈孟陽、張南垣父子。」又，《補禊》七律序曰：「壬辰上巳，蔣亭彥、篆鴻、陸我謀於鴛湖禊飲，予後三日始至，同集有道開師、朱子蓉、沈孟陽。」則知公春間在嘉興。

夏，薦事起。

《貳臣傳》：「本朝順治九年，兩江總督馬國柱遵旨舉地方品行著聞、才學優長者，疏薦偉業來京。」虎案：公《上馬制府書》、《辭薦揭》並當時作。

《上馬制府書》曰：「偉業少年咯血，久治不痊。今夏舊患彌增，支離牀褥，腰腳攣瘟，胸腹膨脹，飲食難進，骨瘦形枯，發言喉喘，起立足僵，困劣之狀，難以言悉。豈有如此疾苦，尚堪居官効力，趨蹌執事者耶？中略。伏乞祖臺即於確查之中，將偉業患病緣由詳列到部。」又曰：「偉業自辛未虎注：崇禎四年。通籍後，陳情者二，請急者三，歸臥凡踰十載。虎曰：公歸里蓋在甲申國變以前，故曰「凡踰十載」也。其清羸善病，即今在京同鄉諸老共有矜諒。撫、按兩臺，偉業已具揭請之矣。而祖臺則舉主也，方受德感，知無可報塞。」

公《朱明鎬墓誌銘》曰：「君生於丁未虎注：萬曆三十五年。十一月二十三日，

卒於壬辰_{虎注：即今年。}三月八日，年四十有六。_{中略。}君沒未兩月，余之困苦迺百倍於君。君平昔所以憂余者，至今日始驗。憒憒不自聊，乃致抱殷憂之疾，其不與君同遊者幾何。」云云。

虎案：「困苦百倍」者，必指徵起事。言「君沒未兩月」，則徵起時在九年五月可知。

明永曆七年癸巳　　四十五歲
清順治十年

春集虎丘，四月到南京，三月以前孫承澤薦，九月以後發程入都，仲冬修聖恩寺藏經閣。顧《譜》：「春禊飲，社集虎丘。」程穆衡先生《詩箋》曰。云云。《壬夏雜抄》曰。云云。王隨菴撰《自訂年譜》曰。云云。是秋九月，梅翁應召入都，實非本願，而士論多竊議之，未能諒其心也。九月，應召入都，授祕書院侍講，奉勅纂修《孝經演義》。_{虎注：公《石孕玉墓誌銘》曰：「偉業嘗以鉛槧侍左右，纂輯《孝經》，仰見皇上明倫敷教，俯邮群情，以孝治天下之大道。」}尋升國子監祭酒。時先生杜門，不通請謁，當時有疑其獨高節全名者。會詔舉遺佚，薦剡交上，有司敦逼，先生控辭再四，二親流涕辦嚴，攝使就道，難傷老人意，乃扶病出山。_{顧按《墓表》，溧陽、海寧兩陳相國共力薦先生，州縣志皆載總督馬國柱疏薦先生。}有《投贈督府過公》、《自歎》、《江樓別孚令弟》、《登上方橋有感》、《鍾山》、《臺城》、《國學》、《觀象臺》、《雞鳴寺》、《功臣廟》、《玄武湖》、《秣陵口號》、《遇南廂園叟感賦八十韻》、《淮陰有感》、《將至京師寄當事諸老》、《高郵道中》、《遇雪即事言懷》、《臨清大雪》、《阻雪》諸詩。

《貳臣傳》：「十年，_{順治。}吏部侍郎孫承澤疏薦偉業學問淵深，氣宇凝定，東南人才無出其右者，堪備顧問之選。」

案：《貳臣傳》，孫承澤順治五年擢兵部右侍郎，八年調吏部，九年四月解任，五月如舊供職，八月轉左侍郎，十年正月引疾乞休，三月再請乃許，康熙十五年歿。據此，承澤薦公起用在十年三月以前矣。

公《遇南廂園叟感賦八十韻》詩，顧《譜》繫之本年。詩云「四月到金陵，十日行大航」，知公虎丘修禊後往南都也。

顧《行狀》：「易世後，杜門不通請謁。_{中略。}如是者十年。本朝世祖章皇帝素聞其名，會薦剡交上，有司敦逼，先生控辭再四，二親流涕辦嚴，攝使就道，難傷老人意，乃扶病入都，授祕書院侍講、國子監祭酒，精銳銷呆，輒被病，弗能眠事。」

公《白母陳孺人墓誌銘》曰：「余覺范史之傳黨人也，先書黨人之母。夫為人母，未有不痛念其子者也。子以義死，其母許之，且告以死而無憾，若此者為黨人難，為黨人之母亦難。」又曰：「嗟乎！余亦黨人也。當二白獄急時，引繩批根，余自知將不免，嘗恐聞此憂吾母，不敢以告。無何，大亂奔走，流雜事定，庶幾奉兩尊人以終老，而不能已於北行。吾母握手長訣，傷心，母子大病，恐遂不復相見。」

案：公別母之狀如見。

公《王母周太安人墓誌銘》曰：「當世祖章皇帝之十載，詔舉遺佚，偉業與楚先為同徵。是時，吾母朱淑人年六十有九，善病，長恐不復相見。吏趣上道急，母子日涕泣，目盡腫。既抵京師，與楚先言而嗚咽，楚先亦泫然，曰：『人孰無親，即吾母未嘗不善病也。』予曰：『君父子同取甲第，父處子出，於道為宜。君之母少於吾母者一紀，及君仕官之成，將母未遲也，此豈我所得而同耶？』」

案：朱淑人順治十八年七十七歲卒，其六十九歲正當順治十年。據公此文，公北行在十年而不在九年也。又，公《礬清湖》詩序曰：「尋以世故牽挽，流涕登車，疾病顛連，關河阻隔，比三載得歸。」云云。亦可見登車在十年，而其歸在十三年也。但《貳臣傳》以馬薦繫於九年，公《朱明鎬墓誌銘》亦言困苦百倍者起於九年，由此觀之，徵起則已在九年矣。

公有五律《膠州作》，中敘十年九月，膠州總兵海時行叛，則公北上正在本年九月以後可知。公《蕭孟昉五十壽序》曰：「紫柏刻大藏方冊於吳中，卷帙未半，宗伯虎注：錢謙益。之門人毛子晉謀續之，伯玉虎注：孟昉字。與兩弟發願，藏事經營，伙助之力。」《秦母於太夫人七十壽序》曰：「吾母朱淑人精心事佛，嘗於鄧尉山中創構傑閣，虔奉一《大藏經》，而於太夫人實有同心。信施重疊，像設莊嚴，俾願力克有所成就。」公又有《鄧尉聖恩寺藏經閣記》。《記》云：「經始於癸巳之仲冬，告竣於甲午之季臘。」朱太夫人奉佛，公贊之，可以見也。

本年五月，有《新蒲綠》詩。案詩意，蓋南京追薦之作矣。本集不載。據長尾子生兩山所錄，併記於此。

詩曰：

「白髮禪僧到講堂，衲衣錫杖拜先皇。半杯松葉長陵飯，一炷沈煙寢廟香。有恨山川空歲改，無情鶯燕又春忙。欲知遺老傷心處，月下鐘樓照萬方。」

「甲申龍去可悲哉，幾度東風長綠苔。擾擾十年陵谷變，寥寥七日道場開。剖肝義士沈滄海，嘗瞻王孫葬劫灰。誰助老僧清夜哭，只應猿鶴與同哀。」

款云：「昭陽大荒落之歲，皐月朔日，錄近著《新蒲綠》二律。偉業。子生云：詩，王煙客作圖補石。」

明永曆八年甲午　　四十六歲
清順治十一年

陳《墓表》：「本朝初，搜訪天下文章舊德，溧陽、海寧兩陳相國虎注：溧陽言陳名夏，海寧言陳之遴也。共力薦先生，以祕書院侍講徵，轉國子祭酒。」

《貳臣吳偉業。傳》：「十一年，大學士馮銓復薦其才品足資啟沃，俱虎注：指前年孫承澤疏及馮疏。下部知之，尋詔授祕書侍講。」

《貳臣馮銓。傳》：「順治十一年正月，馮銓與大學士陳名夏、成克鞏、張端、呂宮合疏薦舉前朝翰林楊廷鑑、宋之繩、吳偉業可補用。」

《貳臣陳名夏。傳》：「名夏，江南溧陽人。崇禎十六年進士。順治二年七月，投誠。五年，授吏部尚書。八年，宏文院大學士兼太子太保。十年，補祕書院大學士。十一年，大學士寧完我劾奏名夏。云云。昨見馮銓等薦舉十二人疏。」云云。虎注：十二人名見《馮銓傳》中，有偉業。

顧《譜》：「官京師，有《病中別孚令弟》及《再寄三弟》詩。」

詩文：

《送穆苑先南還》。《壽總憲龔公芝麓》。《送湘陰沉旭論讞判深州》。《送天台何石湖之官臨晉兼簡蒲州道嚴方公》。《送永城吳令之任》。《送李書雲蔡闇培典試西川》。《送山東耿中丞青藜》。《送顧蒨萊典試東粵》。以上見顧《譜》。

案：《王郎曲》、《松山哀》疑亦作於本年。

公《孫籥墓誌銘》云：「竭文介公虎注：謂孫慎行。於彰義門之邸舍。」虎注：事在崇禎八年。又云：「越十六年，再至京師，則知同官中有衣月，虎注：文介弟、慎思之子曰籥，籥之長子曰衣月，名自式，官翰林檢討。一見相勞苦。衣月時請外不許，又請急，余知其為親故，耳語之曰：『余實有老親，乃不得已於此。君固宜其官者也。且兩尊人歲方壯，即不得請，庸何憂？』」

案：崇禎八年乙亥越十六年在順治七年庚寅，公無在京之理。「六」疑當作「九」，則正當順治十年矣。公入都實在十二年。以為十年者，蓋一時誤記乎？

公仲文年十八，嫁陳容永。

公《亡女權厝誌》：「女生於京師。虎注：丁丑七月二十八日。十有一歲，而郁淑人卒。年十八，始禮成，歸于相國虎注：陳之遴。子孝廉容永，字直方。時相國守司農卿，而直方北闈得舉。」

鄧尉藏經閣成。

公記文云：「吾母朱太夫人專心在道，入山禮足，躬親勝因，發願弘施，聞者坌集，監院濟上等迺相材運甓，揀日鳩工，經始於癸巳之仲冬，告竣於甲午之季臘。」

侯朝宗卒，年三十七。

明永曆九年乙未　　四十七歲
清順治十二年

顧《譜》：「贈馮訥生進士教授雲中。送隴右道吳贊皇之行。」

公在京師，纂修《太祖太宗聖訓》、《孝經衍義》。

《貳臣傳》：「十二年，參纂《太祖太宗聖訓》，以偉業充纂修官。」

《貳臣馮詮。傳》：「十二年四月，詮加少師兼太子太師。會纂修《太祖高皇帝太宗文皇帝聖訓》、《孝經衍義》。」

公所撰《石孕玉墓誌銘》云：「偉業嘗以鉛槧持左右，纂輯《孝經》，仰見皇上明倫敷教，俯邲群情，以孝治天下之大道。」云云。即記當時事者。

案：《雁門尚書行》疑作於本年。又有《送傅夢禎還嵩山》詩。

明永曆十年丙申　　四十八歲
清順治十三年

陳《墓表》：「尋丁嗣母憂，歸於家時，年四十五。」虎曰：當作「四十八」。

案：嗣母張氏也。十月卒。所謂四十五者，誤。

顧《行狀》：「扶病入都，授秘書院侍講、國子監祭酒。中略。間一歲，奉嗣母之喪南還，上親賜丸藥，慰撫甚至。先生乃勇退而堅臥，謂人曰：『吾得見老親，死無恨矣。』」

案：入都指十一年。間一歲則十三年也。

公《與子暻疏》：「吾以繼伯母虎注：謂張氏。之喪出都，主上親賜丸藥。」

公《吳六益詩序》：「余留京師三年，四方之士以詩文相質問者，無慮以十數。」云云。

案：文作於本年乎？

《梁水部玉劍尊聞序》：「在京師為歲抄日記，有成帙矣。久之，朋黨之論作，中略。盡取而焚之。」

《貳臣傳》：「十三年，遷國子監祭酒，尋丁母憂歸。」

顧《譜》：「春，上駐澤南苑，閱武，行蒐禮，召廷臣恭視，賜宴行宮，先生賦五七言律詩、五七言絕句，每體一首應制。聖駕幸南海子，遇雪大獵，先生恭紀七律一首。午日賜宴瀛臺龍舟。海寇犯鎮江。有《江上》詩。海寧陳相國讁戍遼陽，有《贈遷左故人》詩。哭蒼雪法師，有詩。宛陵施愚山闈章提學山東，送之以詩。施閏章《夢想堂銘》曰。云云。馬逢知為松江提督，有《葺城行》、《客談雲間帥坐中事》詩。董含《三岡識略》曰。云云。約齋公舉鄉飲大賓，州守三韓白公登明遴邑中耆碩七人賓於庠，備養老之禮。云云。《白公尊禮婁東七老啟》。云云。嗣母張太孺人卒於家。陳廷敬《先生墓表》：「嗣母之喪南，還上親賜丸葉，慰撫甚至。王崇簡《吳母張太孺人墓誌銘》曰。」云云。

詩文：

《送何蓉卷出守贛州》。《送何省齋》。《送舊總憲龔孝升以上林苑監出使山東》。《送程太史翼蒼讁姑蘇學博》。《送郭宮贊次菴讁官山西》。《送曹秋岳以少司農遷廣東左轄》。《送王藉茅學士按察浙江》。《送當湖馬觀揚備兵岢嵐》。《送王孝源備兵山西》。以上見顧《譜》。

案：《攀清湖》詩，本年秋作，顧《譜》繫之二年者，誤。說已見前。《送沈繹堂太史之官大梁》亦本年秋作。《葺城行》，公歸里時作。公歸在明年二月。七律《即事》十首蓋本年作。

明永曆十一年丁酉　　四十九歲
清順治十四年

顧《譜》：「二月歸里，王隨菴《自訂年譜》：『先生《剡城曉發》詩。』云云。州守三韓白公登明濬劉家河，先生為記。有《答撫臺開劉河書》、《張敉菴黃門五十壽序》、《聖恩寺藏經閣記》。」

公《徐季重詩序》：「梅村之西偏曰舊學菴，余與同里諸子讀書詠詩其中。云云。世故牽輓，不克守匹夫之節。飄蓬勞苦，為別四年歸。而所謂舊學菴者，壞牆蔓草，諸子或窮或達，各以散去。」

案：「為別四年歸」者，其在本年乎？

公七律《夜宿蒙陰》、《剡城曉發》二詩，蓋同時作。《曉發》作在本年，則《蒙陰》亦必本年作。《蒙陰》云「訪俗春風百里天」，《曉發》云「他鄉已過故鄉遠，屈指歸期二月頭」，是知公是年正月在山東。

明永曆十二年戊戌　　五十歲
清順治十五年

顧《譜》：「科場事發，吳漢槎、兆騫。孫赤崖、暘。陸子元慶增。俱貸死成邊，有《悲歌贈吳季子》、《贈陸生》、《吾谷行》。」程穆衡《鞷悅庖談》。云云。汪琬《堯峰文鈔》。云云。蔣良騏《東華錄》。云云。

詩文：

《壽房師李太虛先生》。《房師李太虛先生壽序》。《黃觀尺五十壽序》。《白封君六十壽序》。《贈奉直大夫戶部福建清吏司員外郎仲常費公墓誌銘》。《張母潘孺人暨金孺人墓誌銘》。《劉母耿淑人墓銘》。以上見顧《譜》。

案：《鄧讓墓誌銘》作於本年。

公《與子暻疏》：「吾五十無子，已立三房姪為嗣。」

案：三房姪謂季弟偉光之子乎？

朱太夫人及侯孺人共拜鄧尉藏經閣。

公《秦母侯孺人墓誌銘》曰：「吾母朱太夫人精心佛乘，構藏經閣於鄧尉山中，同心佽助，惟有於太君一人。江鄉百里之間，音聲相聞，信施雜及緇素之口，必以秦母、吳母為先。已而像設告成，二母之軒車並至，余家無主饋，故莫從。孺人虎注：侯氏。率其冢婦介婦贊姑於伊蒲之席，因以敘兩家世講，留仙在館閣，修少長之禮，而孺人亦緣高堂雁行，讓階而登。吾母歸而稱其賢，羨其盛，未嘗不為之三歎也。未二年，而孺人卒。又一年，吾母至於大故。」

案：二母共拜在是年。所謂「未二年」者，言順治十七年也；「又一年」者，言十八年也。

《貳臣陳之遴。傳》：「之遴，浙江海寧人。崇禎十年進士，授編修，遷中允。順治二年，投誠。十年，調任戶部尚書。十三年二月，授宏文院大學士，加少保，兼太子太保。依左都御史魏裔介、給事中王楨劾奏，下部，擬革職，永不敘用，以原官發遼陽居住。是年冬，令回京入旂。」又曰：「順治十五年，以賄結內監吳良輔，鞫訊得實，擬即處斬。得旨，姑免死，著革職流徙，家產籍沒。後死於徙所。」

案：公《贈遼左故人》七律，其第四首云：「兩拜中書再徙邊。」蓋之遴拜宏文院大學士，一在順治九年，一在十三年，所謂「兩拜中書」也。而其被劾徙居盛京，一在十三年，一在十五年，所謂「再徙」也。則此篇疑當作於順治十五年矣。顧《譜》繫之十三年者，誤。

明永曆十三年己亥　　五十一歲
清順治十六年

顧《譜》：「六月，鄭成功陷鎮江。七月，犯江寧，復犯崇明。春遊石公山。秋遊虞山。」

詩文：

《丁石萊七十壽序》。《少保大學士王文通公神道碑銘》。《太僕寺少卿席寧侯墓誌銘》。《謝天童孝廉墓誌銘》。以上見顧《譜》。

案：五古《送周子俶》四首，其第二首云：「京口正用兵」，必本年作。七古《遣悶》六首，吳本以為本年作。

公《沈文長雨過福源寺詩序》曰：「余以己亥春遊石公山，宿文長山館。」吳三桂駐鎮雲南。

案：《圓圓曲》末段「君不見館娃初起鴛鴦宿」以下，豫想三桂之叛滅。若果如靳說，則其作必在本年以後。

明永曆十四年庚子　　五十二歲
清順治十七年

顧《譜》：「里居，以奏銷事議處。八月，至無錫，訪同年吳永調，其馴。有《有感賦贈詩》、《哭亡女》、《亡女權厝誌》、《清涼山讚佛詩》、《七夕感事》、《七夕即事》、《送王子維夏以牽染北行》、《冒辟疆五十壽序》。」以上見顧《譜》。

案：《清河家法述》、《贈崑令王莘雲尊人杏翁》、《別維夏》，七律。並作於是年。

五月六日，仲女卒。見《亡女權厝誌》。

八月，侯孺人卒，年八十。見《侯孺人墓誌銘》。

明永曆十五年辛丑　　五十三歲
清順治十八年

顧《譜》：「雲南平，四月，由榔死於雲南。有《滇池鐃吹》。本生母朱太淑人卒。虎注：年七十七。文學博歸，道病，沒於桃源縣。」

送張玉甲憲長之官卭雅。

案：七古《曇陽觀訪文學博介石兼讀蒼雪師舊跡有感》疑作於是年。

顧《行狀》：「未幾，朱太淑人沒，先生哀毀骨立，復以奏銷事，幾至破家，先生怡然安之。」

公《白母陳孺人墓誌銘》曰：「吾母朱太淑人奉佛受戒者三十餘年。白母年八十，吾母年亦七十有七。其終也，三子環侍，戒勿哭。吾母親見幡幢前導，諸佛受記而去。具載《往生錄》中。」又曰：「比蒙恩歸里，再奉吾母匕箸者五年，親視飯含。」云云。

案：歸里指十四年。

公《與子暻疏》：「吾五十無子，已立三房姪為嗣。五十三生子，而後令歸宗。」

案：生子謂康熙元年暻生也。今稱「五十三」者，誤記耳。

清康熙元年壬寅　　五十四歲

顧《譜》：「巡撫韓公世琦。請撤蘇州駐防兵，先生九月有韓公壽詩。《蘇州府志·名宦》：『韓世琦，字心康，本蒲州人。』云云。子暻生。字元朗，號西齋。《太倉州志》：『吳駿公律業連舉十三女，而子暻始生。時唐東江孫華為名諸生，年已及強立矣，赴湯餅宴，居上坐。駿公戲曰：是子當與君為同年。唐意怫。後戊辰，暻舉禮部，唐果同榜。』」

詩文：

《贈蘇郡副守涪陵陳三石》。《贈松郡司李內江王擔四》。《贈彭郡丞益甫》。《敕贈大中大夫盧公神道碑銘》。以上見顧《譜》。

案：《贈松江郡侯張升衢》亦本年作。

康熙二年癸卯　　五十五歲

顧《譜》：「本生父約齋公卒。子璘生。」字中麗。能詩。早卒。

白漊沈公受宏受詩法於先生。見外高祖《白漊詩集》自注。

詩文：

《僉憲梁公西韓先生墓誌銘》。見顧《譜》。

案：《西韓墓誌銘》云：「余投老荒江六年。」若據顧《譜》，順治十四年二月歸里，則至此正七年矣。

康熙三年甲辰　　五十六歲

顧《譜》：「子暄生。」字少融。玫先生三子俱側室朱安人出。

詩文：

《顧西巘侍御》。《同沈友聖虎丘即事》。《西巘顧侍御同沈山人友聖虎丘夜集作圖記事因賦長句》。《香山白馬寺巨冶禪師教公塔銘》。《顧母陳孺人八十壽序》。以上見顧《譜》

顧《行狀》：「先生初未有子，年五十後，連舉三子：暻、瞱、暄，側室朱氏出也。女九人，淑人虎注：郁氏。出者四，浦氏出二，朱氏出三。」

康熙四年乙巳　　五十七歲

顧《譜》所載詩文：

《錢臣扆五十壽序》。《監察都史王君慕吉墓誌銘》。以上見顧《譜》。

案：《梁宮保壯猷紀》蓋本年作。

康熙五年丙午　　五十八歲

顧《譜》所載詩文：

《魯謙菴使君以雲間山人陸天乙所畫虞山圖索歌成二十七韻》。《江西巡撫韓公奏議序》。《兵科給事中天愚謝公墓誌銘》。

案：《王範墓誌銘》是年作。《徐開法墓誌銘》疑亦作於是年。

康熙六年丁未　　五十九歲

顧《譜》所載詩文：

《三月二十四日從山後過湖宿福源精舍》。《二十五日偕穆苑先孫洗心葉子問允文遊石公山盤龍石梁寂光歸雲諸勝》。《遊石公歸是夜驟雨明晨微霽同諸君天王寺看牡丹》。《沈文長雨過福源寺》。

案：公《沈文長雨過福源寺》詩序云：「余以己亥春遊石公山，宿文長山館。丁未，復至，石公水涸，抉奇呈異，遠過舊遊。」云云。石公山，林屋洞之外峰，在吳縣西南一百二十里。福源寺在西洞庭攢雲嶺。

康熙七年戊申　　六十歲

春往吳興，又編詩文集四十卷成。

顧《譜》：「吳固次綺以書招先生，先生之吳興。」

詩文：

《上巳過吳興家園次太守招飲郡圃之愛山臺坐客十人同修禊事余分韻得苔字》。《立夏日陪園次郡伯過孫山人太白亭落或置酒分韻得人字》。《贈湖州守家園次五十韻》。《修孫山人墓記》。《雲起樓記》。《湖州峴山九賢祠碑記》。《席處士允來墓誌銘》。《蔣母陳安人墓誌銘》。《靈隱具德和尚塔銘》。以上見顧《譜》。

　　顧《譜》：「編詩文集四十卷成，同里周子俶肇、王維夏昊、許九日旭、顧伊人湄校讎付梓，陳確菴瑚為之序。《御製題吳梅村集》七律。云云。《欽定四庫全書總目提要》：《梅村集》四十卷。云云。凡詩十八卷，詩餘二卷，文二十卷。」

按：先生詩有程穆衡《吳詩箋》七卷、靳榮藩《吳詩集覽》二十卷、吳翌鳳《吳詩箋注》十八卷。

康熙八年己酉　　六十一歲

　　顧《譜》：「楚蘄水盧綋為先生丙子典試所取士，來為蘇松常政參政，及門諸子屬序先生詩文集。沈德潛《書梅村集後》七絕。云云。吳祖修《書梅村詩後》七律。云云。《婁東耆舊傳》。云云。顧思義歾。云云。」

康熙九年庚戌　　六十二歲

　　顧《譜》：「探梅鄧尉，有《梅信日雨過鄧尉哭剖石和尚遇大雪夜宿還元閣詩》、《京江送遠圖歌》、《龔芝麓詩序》、《吳郡唐君合葬墓誌銘》、《太學張君季繁墓誌銘》、《封徵仕郎翰林院檢討端湯孫公暨鄒孺人合葬墓誌銘》。」

　　十一月，至鄧尉。

　　公《張介祉墓誌銘》曰：「君生己酉六月之三日，卒庚戌十月之十三日，遺言以踰月葬，禮也。諸子遵而行之。墓在彈山之麓，具區之滆，去鄧尉先隴不五里。吳人之俗，歲於山中探梅信，傾城出遊，張氏兩墓，深淺皆直其勝。君之葬也，余越疆而弔，見墓門有垂垂欲發者。其親故人酹酒花下而後去。」

康熙十年辛亥　　六十三歲

　　陳《墓表》：「康熙辛亥卒，年六十三。」

　　顧《行狀》：「卒於今康熙辛亥十二月二十四日，享年六十有三。」

　　《貳臣傳》：「康熙十年卒。」

　　陳《墓表》：「先生令子給事中暻以詩世其家。甲申，虎注：康熙四十三年。余為薦於朝，遊余門，與論詩相得也。丙戌康熙四十五年。冬，丁其生母朱安人艱。將合葬，泣而來請曰：『先生治命云：吾詩雖不足以傳遠，而是中之寄

託良苦，後世讀吾詩而知吾心，則吾不死矣。吾性愛山水，葬吾於靈巖、鄧
尉間，碣曰詩人吳梅村之墓，足矣。不者且不孝。璟不忍違先志，敢請一言
以表之。』」

　　顧《行狀》：「先生屬疾時，作令書，虎注：即《與子暻疏》。辛亥十一月二十八日
書。乃自敘事略曰：『吾一生遭際，萬事憂危，無一刻不歷艱難，無一境不嘗辛
苦，實為天下大苦人。吾死後，斂以僧裝，葬吾於鄧尉、靈巖相近，墓前立一
圓石，題曰詩人吳梅村之墓。勿作祠堂，勿乞銘於人。』又敕三子：『若能效
陳鄭累世同居之義，吾死且瞑目。』」

　　又曰：「是歲正月旦，先生夢至一公府，主者王侯冠服，降階迎揖，出片
紙，非世間文守，不可識。謂先生曰：『此位屬公矣。』十二月朔，復夢數人
來迎先生，書期日示之，故豫知時日，竟不爽。」

　　顧《譜》：「《感舊贈蕭明府》。十二月二十四日，先生卒，門人顧湄譔《行
狀》。王士禛《池北偶談》：『吳駿公病革，有《絕命辭》云：忍死偷生廿載餘，
而今罪孽怎消除。受恩欠債須填補，縱比鴻毛也不如。』先生《病中有感》詞：
調寄《賀新涼》。『萬事催華髮，論龔生、天年竟夭，高名難沒。吾病難將醫藥治，
耿耿胸中熱血，特灑向、西風殘月。剖卻心肝今置地，問華陀、解我腸千結。
追往事，倍淒咽。故人慷慨多奇節，為當年、沉吟不斷，草間偷活。艾炙眉頭
瓜噴鼻，今日須難訣絕，早患苦重來千疊。脫屣妻孥非易事，竟成一錢不值何
須說。人世事，幾完缺。』」虎注：「往事」，一作「往恨」。

康熙四十三年甲申

　　陳廷敬《墓表》：「先生令子給事中暻以詩世其家。甲申，余為薦於朝，遊
余門，與論詩相得也。」

　　案：暻戊辰康熙二十七年。舉禮部。已見顧《譜》。

康熙四十五年丙戌

　　陳《墓表》：「元配郁氏先卒。虎注：卒在順治四年。子三：暻、暽、暄，皆朱
安人出。女子九人。朱安人以康熙四十五年丙戌七月二十六日卒，與郁夫人皆
附葬於先生之墓。」

　　陳《墓表》：「丙戌冬，丁其虎注：指暻而言。生母朱安人艱，將合葬，泣而
來請曰。」云云。虎曰：陳文未妥。朱安人七月二十六日卒。丙戌冬，指將合併來請之時，
不指丁艱時也。

康熙五十二年癸巳

顧《譜》:「葬蘇州郡治西南二十里西山之麓,澤州陳廷敬譔《墓表》。《蘇州府志》:『國朝祭酒吳偉業墓在靈巖山麓。』」注:按,墓在蘇州府吳縣元墓山之北。

陳《墓表》:「蘇州郡治西南三十里西山之麓有壙罜如者,詩人吳梅村先生之墓也。先生官達矣,行事卓卓著於官,而以詩人表其墓者,從先生志也。」

五、梅村著述

一、《梅村集》四十卷。

一、《春秋地理志》十六卷。又見顧《譜》。

一、《春秋氏族志》二十四卷。又見顧《譜》。

一、《綏寇紀略》十二卷。

一、《樂府雜劇》三卷。

　　右見於顧湄所撰《行狀》。

一、《綏靖紀聞》。

一、《復社紀事》。

一、《鹿樵紀聞》。

一、《梅村詩話》。

一、《秣陵春樂府》。一名《雙影記》。

一、《臨春閣樂府》。

一、《通天臺樂府》。

　　右見於顧氏《年譜》。

　　《樂府》又見楊坦園《詞餘叢話》。

　　《通天臺》又見王士禎《帶經堂詩話》卷二十八。

　　《秣陵春》見《曲海總目》國朝傳奇中。

詩文集:

一、《吳梅村全集》四十卷。康熙八年盧絃序。《四庫》著錄本。

一、《吳梅村文集》二十卷。風雨樓本。

一、《梅村家藏稿》五十八卷、補一卷、《年譜》四卷。宣統辛亥(三年)武進董康序刻。

　　附詩注

一、程穆衡迓亭《吳詩箋》七卷。(未見。)

一、靳榮藩《吳詩集覽》二十卷。乾隆上章攝格（庚寅三十五年）閏五月序。

一、吳翌鳳《吳詩箋注》十八卷。嘉慶甲戌（一十九年）八月滄浪吟榭主人嚴榮序。翌鳳《凡例》云：「是編創始乾隆甲申、乙酉（二十九、三十年）間。」又云：「嘉慶甲戌二月開雕，至歲暮畢工。」

附錄三：楊公道編《吳梅村軼事》[註1]

吳梅村軼事序

　　梅村以曠代軼世之才，受思陵特達之知，早躋卿秩。國變後，以二三要人之薦，強之出山，屈節清室，再為祭酒。其全家避害，本於母命，實迫於不得已而出此也。論者信口雌黃，致與牧齋、芝麓一流之辱身迎降、甘心利祿者比類而觀，抑亦冤矣。迄今誦其遺集，有「我是淮王舊雞犬，不隨仙去到人間」等句，詞哀而志潔。臨沒遺命，以故詩人表墓，隱然自附於靖節，亦可信其無他矣。此編為四大山人所輯，於梅村身世頗能詳其本末，且為明季清初諸書所不及載者，不特有以雪梅村之誣，而於滿清之假意延攬，一二降臣之逢迎新主，以固其寵而張其勢，不可略見大概乎？刊而行之，以稔世之未知梅村者。民國九年三月九思齋主人序。

吳梅村先生肖像

像竹生先村梅吳

〔註 1〕楊公道編《吳梅村軼事》，兩友軒 1920 年版。

吳梅村軼事目錄

母夢送鄧會元額

受業於李太虛

南宮第一

正大博雅足式詭靡之御批

與張溥師同年

給假歸娶

雪初第時不知詩之讖

封延津孟津二王於禹州

劾遵旨患病之張志發

稱先生忽先忽生之滑稽

無題詩謝奔女

卷面有慧業乎穢業乎六字

見知國之將亡

郁氏

與楊士聰劾史䐟

玉皇仆地

聞國變欲自經

遣涂仲吉訟黃道周冤

疏論奸民首復社事

為沈宸荃薦於福王

孝經圖

辭杜弢武以女為繼室

女化男之考證

試卷有名犯時賢者皆被擯

吳三桂以重幣求去圓圓曲

詩史之董狐

亂仙示日光天子生日當死

生前一枝筆死後一條繩

雪後飲博達旦

貪吏因題西湖聯特薦

崇禎馬錢可治難產

壽冒辟疆

通天臺秣陵春

著綏寇紀略

善醫生楊季蘅

授詩沈受宏

江左三鳳凰

輪菴和尚

居賁園

擊節吳漢槎詩

前後東皋草堂歌

奇八歲應試之郁大本

特著同年同官之衛紫岫死難

賞宋楚鴻詞曲

孔四貞

與楊廷麟相知最深

同林雲鳳聯句於梅花菴

願雲僧貽書勸出世

太倉學博

五十年老同學

侯朝宗阻梅村出山

稱門下士為夫子

詩與錢受之並稱

詩並亢遺山

質慎庫

明史於李國禎事據梅村詩為斷

連舉十三女

元朗

戲唐實君與元朗為同年

世傳吳中先賢畫像

座師李太虛匿秦檜夫人跨下

選婁東十子詩

以岳忠武比左良玉

詩用洪武正韻示不忘先朝之意

陳墓之變

比同年左懋第於蘇武

長女

仲女

沈旭輪

王庵看梅

有愧錢曼修

陳壻知四世事

徐湘蘋

感朱氏畫樓

墨癖

以車迎倩扶女郎

紀明末災異太略

宿破山寺

詩與陳臥子齊名

詩為少陵後一人

劉理順獨與梅村友

周延儒馬士英聯

應詔過淮之濡滯

新河夜泊遇盜

推張青長歌為不可及

與杜茶村有師生之誼

訪同年吳永調於錫山

琵琶行之所指

嘲張南垣老遇雛妓

拙政園

晚與田髯淵善

黃媛介

吳梅村軼事

母夢送鄧會元額

吳梅村，字駿公，世為崑山名族。祖愈元，始遷太倉。父琨，以經行名鄉里。母朱氏，姙梅村時，夢朱衣人送鄧以讚會元額至，遂生梅村。以讚，新建人，隆慶五年舉會試第一，廷試第三。後梅村亦於崇禎辛未會試第一，母夢無毫髮爽也。惟廷試以讚第三，梅村第二，微有不同耳。

受業於李太虛

南昌李太虛為諸生時，嗜酒落拓，而家甚貧。太倉王司馬岵雲備兵九江，

拔太虛第一，以勵郡士。遣使送至其家，時王氏二長子已受業同里吳蘊玉先生。蘊玉即梅村之父也。太虛教其第四五諸郎，梅村甫垂髫，亦隨課王氏塾中。太虛奇其文，卜為異日偉器。太虛名國睿，後降李自成。

南宮第一

歲將闌，主家例於設讌之舉，席間出世傳玉卮侑酒，梅村之父不勝杯杓者，辭之堅。太虛豪於飲，頃之，亦頹然而醉，揮玉卮碎之。王氏子痛世傳物之一旦瓦毀也，面加消〔註2〕讓，太虛亦盛氣不相下，拂衣去。梅村之父知其不能行也，翼日早起，追於城闉，出館俸十金為贈。數載後，太虛以典試覆命，過吳江，王氏子謁於舟次，太虛亟詢梅村父近狀，時崇禎庚午也，梅村已登賢書矣。次年，遂為太虛薦，捷南宮第一。

正大博雅足式詭靡之御批

梅村幼有異質，為文不趨俗，且敏甚，一日可二三十篇，時謂經生舉業之富，自臨川陳大士外，無若梅村者。辛未會試，莊烈帝見其文，大喜曰：「朕不知吳某為何如人，竟能作如是文。」即批其卷曰：「正大博雅，足式詭靡。」時有攻座主宜興相者，借梅村為射的。此批出，眾始無置喙地。授翰林院編修，一時咸慶得人。

與張溥師同年

鄉會榜同捷，俱稱同年。有明一代，祇有嘉靖丁未顧允揚與王世貞，崇禎辛未張溥與梅村耳。溥執文社牛耳，以梅村幼時篤好《史》、《漢》，見而奇之，因留受業於門，相率為通經博古之學。溥有箸作，皆梅村手錄，間有竄改處，魚魯不辨，梅村了了於心也，以是益喜之。至是鄉會皆同榜，距顧、王僅二十四年耳，前後輝映，稱為佳話。允揚未詳何許人，而世貞、溥與梅村皆太倉人也，斯亦奇矣。

給假歸娶

洞房花燭，金榜掛名，是人生第一快意事。梅村授編修時，年僅二十二，其父琨守男子三十而有室之訓，故不措意也。嗣有給假歸娶之旨，始行合卺禮。是時以詩賀者甚多，論者以陳眉公詩為最。眉公詩曩於《書影》中見之，茲附錄於後：「年少朱衣馬上郎，春闈第一姓名香。泥金帖貯黃金屋，種玉人

〔註2〕「消」，當作「誚」。

歸白玉堂。北面謝恩縬合疊，東方待曉漸催妝。詞人何以酬明主，願進關雎窈窕章。」

雪初第時不知詩之誣

《焚餘補筆》載王中翰昊述梅村語曰：「余初第時，不知詩，而多求贈者，因轉乞吾師西銘。西銘一日漫題云：『半夜挑燈夢伏羲。』異而問之，西銘曰：『爾不知詩，何用索解。』因退而講聲韻之學。」程迂亭聞而不平，因以《五月尋山夜寒話雨》詩為徵，力雪此說之誣。迂亭此舉，可謂有功。厥後魏惟度《梅村詩引》首云：「文人相輕，同鄉尤甚。風之偷也，匪自今始。梅村之詩，流在天壤。近有摘而疵之者曰：某篇驕縱也，某篇憤嫉也，某篇不為明人諱過也，某篇恐屬憂讒畏譏也。斯真『蚍蜉撼大樹，可笑不自量』者矣。」此亦可為梅村吐氣。

封延津、孟津二王於禹州

延津王載塤、孟津王載坖，俱英宗子徽莊王見沛庶曾孫。梅村以己卯七月奉命封二王於禹州，時年三十有一也。過汴梁，登梁孝王臺，適學使者會課屬郡知名士於臺上，因與其人諮訪古蹟，徘徊久之而後行，事過境遷，亦忽忽忘之矣。越三十三年，洛陽蕭涵三應聘，以山西副使道來至太倉，一見梅村，如舊相識。梅村以素未謀面，訝之，既而詢之，始知涵三乃臺上諸生中一人也。感舊太息，賦詩贈之。

劾遵旨患病之張至發

梅村成進士之明年，淄川張至發進光祿卿，精覈積弊，多所釐正，遂受帝知。溫體仁、錢士升輩盡去，至發為首輔，一切守體仁所為。嘗簡東宮講宮，擯黃道周，為給事中馮元颺所刺。至發怒，兩疏詆道周，謂：「鄭鄩杖母，明旨煌煌，道周自謂不如，安可為元良導輔？」道周移疾乞休，亦不許。時梅村抗疏劾至發，帝亦不問。後至發以黃應恩賄事，具疏自明，且謂當去者三，而未嘗引疾。忽得旨回籍調理，梅村笑謂人曰：「至發遵旨患病矣。」聞者撫掌。

稱先生忽先忽生之滑稽

經書先生之稱，名義各別。《論語》「先生也」，謂父兄也；「見其與先生並行」，謂成人也；「先生將何之」，謂學士年長者也。《儀禮·士相見禮》「若先生異爵者」，謂致仕者也。至稱師為先生，則《孟子》中祇「先生何為出此言」

與「待先生如此其忠且敬」二句耳。今人稱師，率名先生；而凡當尊稱之者，亦曰先生：其所由來者遠矣。乃梅村於西銘師，則忽稱張先、忽稱張生；其友許九日、顧伊人輩羞不知其何故，面詰之。梅村笑曰：「君等不讀《史》、《漢》乎？《史記·晁錯傳》：『錯初學於張恢先所。』《漢書》則云：『初學於張恢生所。』顏注云：『皆先生也。』非一稱先、一稱生之鐵證乎？非姓張之先生，明明可以忽稱先、忽稱生乎？」九日輩聞之，相與大噱曰：「長安日近，說得有理！」卒亦無以難也。梅村之滑稽如此。

無題詩謝奔女

虞山瞿氏有才女，歸錢生。生病瘵，女有才色，不安於室，意屬梅村；扁舟數過，投詩相訪。梅村以義自持，婉謝之。設飲河干，賦《無題》詩以道歉，中有「媿我白頭無冶習，讓卿紅粉有詩名」及「年華老大心情減，孤負蕭娘數首詩」，皆實錄也。才女後歸石學士仲生申，錢生故在也。顧舍人貞觀，石所取士，實為之作合云。

卷面有「慧業乎？穢業乎？」六字

崇禎丙子，梅村主湖廣試，得士最多；如孝感嚴正矩、黃岡詹謹之，其尤著者也。時闈中有一卷甚佳，梅村擬置前茅，惟卷面有蠅頭細書，隱約不可辨，細按之，則「慧業乎？穢業乎？」六字也，啞笑置之。撤闈後，隱訪此人，無有知者，梅村亦忽忽忘矣。國變後，一為當道所迫，一為老母所勸，不得已而出山，始悟卷面之字非偶然也，為之三歎。

見鶩知國之將亡

主湖廣試之明年，京師宣武門外斜街民家有白雞，羽毛鮮好，喙距純赤，重四十勛。梅村聞之，約慈谿應孝廉廷吉往觀。梅村一見，微語廷吉曰：「此鶩也，所見之處，國亡。」言已，淚零落襟袖間。未幾，果有甲申之事。

郁氏

郁氏為梅村髮妻，伉儷甚篤，惟好事佛，朝夕焚香，必口念觀音菩薩千遍而後已，無寒暑間也。梅村嘗謂佞佛者愚，闢佛者迂，既理喻勢禁之不可，惟有聽之而已。繼思一生非名不出鄉里者比，及今不圖，未免騰笑士林。一日，呼郁氏再四，郁氏口喃喃呼佛號，未有應也。事竣，怒曰：「何聒躁乃爾！」梅村笑爾面，笑曰：「我有一言，將子無怒。呼僅二三，子即我怒。觀音一日

被子呼千遍，安得不怨汝耶？」郭〔註3〕氏悟，自此絕口不談佛事，先梅村十五年卒。〔註4〕

與楊士聰劾史葷

楊士聰為東宮校書，與梅村稱莫逆。梅村嘗與士聰劾史葷。葷，清苑人，為御史無行，善結納中官，為王永光死黨，巡按維揚，括庫中贓罰銀十餘萬入己橐。至是，士聰劾之，褫職下獄。葷去，而陰毒遂中於梅村。己卯，成御史勇論楊嗣昌奪情入閣事，謂嗣昌秉樞兩年，一籌莫展，清議不畏，名教不畏，萬世公義不畏。莊烈帝怒，削籍提訊，詰主使性名。葷即謀以勇事牽連，坐梅村，會葷瘐死，事遂寢。

玉皇仆地

京中每逢元旦，上例幸玉皇廟拈香，廟在神武門外。甲申元旦，莊烈帝甫進二門，時正殿將啟，忽大聲震殿內，亟遣便視之，則玉皇及合殿神像悉仆地矣，帝嘿然退。三月十九，竟殉國。時梅村已浪居林下，未之知也。國變後，京師石景山老僧南下，與梅村道及之。僧姓王，梅村官編修時，與有一面緣者。

聞國變欲自縊

癸未，梅村晉庶子，未幾，丁嗣父艱歸。踰年，都城失守，梅村從淫潦中至南京訪之，道路所傳，與窮鄉僻壤無少異。南中諸大老集政事堂，如仗馬寒蟬，竟日無一語，或竟散走以為常。梅村心怦怦不釋，踉戕歸，將入里門，途遇鄰人周子俶曰：「有一佳訊，昨史可法書來，雲上已航海而南矣。」梅村信之，喜不勝。不數日，而北中逃亡者接踵至，云：「上於三月十九日自經煤山。」乃相與大慟。梅村涕淚被面，欲自經從先帝，為家人所覺，其母抱持泣曰：「兒死，其如老人何！」梅村固以孝稱者，聞母言，淚如雨下，私念忠孝難兩全，唯以眼淚洗面而已。

遣涂仲吉訟黃道周冤

漳浦黃幼平道周，學貫古今。銅山在孤島中，有石室，道周自幼坐臥其中，

〔註3〕 「郭」，疑當作「郁」。

〔註4〕 （清）趙吉士《寄園寄所寄》卷一《囊底寄》（清康熙三十五年刻本）：「鄱陽何梅谷英妻垂老好事佛，自晨至夕，必口念觀音菩薩千遍。梅谷以儒學聞於時，止之則弗從，弗止恐貽笑士論。一日呼妻至再且三，隨應隨呼弗輟。妻怒曰：『何咶噪若是耶？』梅谷徐答曰：『呼僅二三，汝即我怒。觀音一日被你呼千遍，安得不汝怒耶？』妻頓悟，遂止。〔《中洲野錄》。〕」

學者稱石齋先生。崇禎己卯，道周官少詹事時，論楊嗣昌奪情，嗣昌亟購人劾道周。刑部主事張若麒阿嗣昌意，上疏言道周造作言語，虧損聖德，遂貶道周六秩。梅村時已陞南京國子監司業，躬具橐橐，遣太學生涂仲吉入都，訟黃道周冤。仲吉，為道周同邑人也，亦得罪繫獄，嚴詰主使，梅村幾不免，仲吉尋亦得釋。

疏論奸民首復社事

梅村充纂修官時，有奸民陸文聲者，輸貨為監生，求入復社，梅村師張溥與同邑張采峻拒之。文聲因詣闕，言風俗之弊，皆原於士子，溥、采為主盟，倡復社，亂天下。時溫體仁方枋國事，陰主之，欲盡傾東南士，梅村上疏痛論之，無少避。時提學御史倪元琪、兵備參議馮元颺、太倉知州周仲連聞梅村疏論，亦相繼抗疏，言復社無可罪，三人竟以是貶斥。嚴旨窮究不已，而梅村獨不問。

為沈宸荃薦於福王

慈谿沈行人宸荃，福王立，擢御史。疏陳五事，皆切時病。尋薦詞臣黃道周等，梅村與焉。當是時，馬、阮專政，朝事日非，宸荃獨持正論，人多疾之。明年，以年例出為蘇松兵備僉事，約梅村俱行。未赴，南都破，梅村以與馬、阮不合，故早歸里門。獨宸荃從魯王泛海，抵廈門，艤舟某山，遭風，沒於海，梅村招魂哭之。

《孝經圖》

孫北海侍郎家有《孝經圖》一卷，為閻立本所畫，褚河南所書，故明大內物也。相傳東宮出閣，例以此圖為賜。梅村為東宮講讀時，曾見及之，有詩云：「每見丹青知聖孝，累朝家法賜東宮。」後王漁洋又見此圖於宋牧仲齋中。

辭杜弢武以女為繼室

崑山杜弢武，崇禎間署延綏鎮事。御史吳甡劾其殺延川難民買功，給事中張承詔復劾之，下獄。尋用總督楊岳薦，以故官討賊無功，復謝病歸。國變後，歸崑山原籍。適梅村悼亡，弢武欲以女為繼室，梅村辭之。有《送弢武歸浦口》詩云：「非是雋君辭霍氏，終然丁掾感曹公。」蓋用雋不疑辟霍光之婚，及曹操欲以女妻丁儀，因曹丕言而止，皆議婚不成之故事也。可謂典切。

女化男之攷證

梅村以詞人自居，考據之學，亦所不廢。如成進士時，給假歸娶，適華亭人李氏，化為男子。席間有談及此事者，人莫不詫為得未曾有。梅村聞之，手錄一紙以示座客曰：「諸君以此事奇甚乎？自鄙人視之，史冊中所載纍纍也，又何奇焉〔註5〕？試臚舉於後：帝辛四十二年，女子化為丈夫。見《竹書紀年》。魏襄王十三年，魏有女子化為丈夫。見《前漢書‧五行志》。惠帝元康中，安豐有女子周世寧，年八歲，漸化為男，至十七八而氣性成。見《晉書‧五行志》。光啟二年春，鳳翔郿縣女子未齓化為丈夫，旬日而死。見《唐書‧五行志》。正德七年，太平橋有女子化為男子，長鬚後生一子。見《陝西通志》。嘉靖二十六年七月，大同右衛參將馬繼宗舍人馬祿女，年十有七歲，將適人，化為男子，撫按官以聞。見《大政記》。」末附書云：「光州鄉民吳樂娶妻陳氏，數日變而為男。係萬曆末年事。桐城馬氏婦年七十變為男，係天啟五年事。諸君諒有知者，茲不復贅。」座客讀罷，相與歎為博洽不置。按：婦人李氏，泗涇人，崇禎間嫁郡人，歲餘不得於夫婦，忽變為男子，與侍女合而生子，遂為夫婦，具冠服出見親黨。見《松江府志》。梅村所引九則，未聞有生子者，則謂李氏一事為奇，亦無不可。

試卷有名犯時賢者皆被擯

梅村主湖廣試時，有名犯古大聖及時賢諱者，文雖佳不錄。當時如王舜生、劉基輩，悉在擯列，人多訾之。且有以隱帖投者，梅村與同考官曰：「此非自吾作古也。昔者辛稼軒帥長沙時，士人或愬考試官濫取第十七名春秋卷，稼軒察之，信然，索並榜春秋卷兩易之，啟名則趙鼎也。稼軒怒曰：『佐國元勳，忠簡一人，何為又一趙鼎？』擲之地。事見姜南《半野村人閒談》，諸君獨未之聞耶？」眾始釋然。

吳三桂以重幣求去《圓圓曲》

圓圓陳氏，吳下女伶也，轉入田皇親家，吳三桂見而悅之。城破，闖賊取之去。三桂舉兵，實為圓圓也。梅村效《琵琶》、《長恨》體，作《圓圓曲》以刺三桂，中有「衝冠一怒為紅顏」之句，蓋實錄也。三桂知之，賫重幣求去此詩，梅村拒不許。當平西盛時，士大夫稱功獻頌，趨之若鶩，而梅村獨能譏切若此，且卻其賂遺而不顧，梅村亦可謂有先幾之智矣。後圓圓為正妃所妬，削髮入道，不知所終，而此曲遂為一代詩史。

〔註5〕「馬」當作「焉」。

詩史之董狐

梅村之詩，可為一代詩史者，不獨《圓圓》一曲已也。若《永和宮詞》之為田貴妃薨逝，《雛陽行》之為福王被難，《茸城行》之為提督馬逢知，《蕭史青門曲》之為寧德公主，《殿上行》之為黃道周，《松山哀》之為洪承疇，《臨淮老妓行》之為劉澤清故妓冬兒等作，皆極有關係。事與詩本皆易傳，梅村一眼覷定，遂用全力結撰此數十篇，以為不朽計。此梅村之慧眼，善於取題處。說者謂與香山《長恨歌》、元微之《連昌宮詞》、韓昌黎《元和聖德詩》同一用意，洵知言也。陸次云是以有梅村為詩史董狐之稱。

乩仙示日光天子生日當死

崇禎丙子正月，梅村嘗扶乩問壽數，仙判「至日光天子生日當死」，梅村茫然不解也，心恒悒悒，屆期竟無恙。後為清祭酒歸，適鄰人有扶乩者，梅村往觀之，前仙又降，梅村叩以所判無驗，又判曰：「君不死，奈我何？」梅村沉吟久之，不辭去。蓋所判正甲申三月十九日也。按：明末遺老不忘故國，於是以莊烈帝殉國之日為日光天子生日，各寺廟設醮誦經，世俗所傳太陽生日者本此。吾謂國變時，梅村已歸里養親，與偷息人間者似有區別。趙甌北《讀梅村集》所謂「國亡時已養親還，同是全生跡較閒」也。況逾月聞變，梅村曾有就縊之舉耶？是不得以不死目之。

生前一枝筆，死後一條繩

侯官曹學佺弱冠舉進士，累遷廣西參議，以著《野史紀略》削籍。崇禎時，起廣西副便[註6]，力辭不就。梅村屢勸駕，亦不聽。兩京既覆，唐王立於閩中，起授太常卿，進兵部尚書，留守南京。事敗，謁鼓山決休咎，甫拜，一繩自前墮，攜歸，書其壁曰：「生時一枝筆，死後一條繩。」衣冠自縊死。時有徐英者，習賈，折節讀書，城陷，哭學佺屍，噴血數升，不食死。梅村讀「死後一條繩」句，既傷逝者，行自念也。

雪夜飲博達旦

穆苑先與梅村居同里，嘗雪夜過其齋，酒酣，博達旦，梅村大勝。事後有詩記云：「愁燒絳燭消千卷，愛把青尊擲萬錢。」又曰：「相逢縱博且開顏，興極歡呼不肯還。」論者謂梅村於此道夙好，無足怪也。集中《嘲周子俶》詩有「窮賴文章供博飲」，《壽王子彥五十》詩有「縱解摴蒲非漫戲」等句，皆足以

[註6]「便」當作「使」。

為夙好之證。然梅村所好，僅骰子一種耳。苑先一日問梅村何以屢戰必勝，梅村曰：「吾所恃者八字耳。」苑先不解，梅村曰：「盍試之？」少焉，口喃喃不休，逾時擲之，隨心所欲。苑先細詰之，則僅「伊帝彌帝，彌揭羅帝」也。按：此八字係骰子咒，能誦至十萬遍，則六子皆隨呼而轉，試之良驗。《酉陽雜俎》中曾載之。梅村博極群書，宜有此遊戲神通。

貪吏因題西湖聯特薦

同年張天機，字石平，蘭陽人，官糧儲觀察。梅村訪於武林，夜深聽雨，相與談前朝遺事，曰：「往者聞先師西銘云：『浙中有邑令殊貪墨，巡方欲劾之，微行至西湖，見其題一聯於亭間云：四野笙歌，尚有窮黎悲夜月；六橋花柳，渾無餘地種桑麻。巡方見之，以令雖好貨，留心民瘼，遂特疏薦之。前輩之憐才有如是者。』」

崇禎馬錢可治難產

梅村側室二：一浦氏，一朱氏。朱氏臨蓐，往往數日不下，聞其子元朗逾五日始生。未生時，或謂梅村曰：「崇禎馬錢可以治難產催生，以模有馬在，穿下皆作跑形，俗云跑馬。崇禎乃末年所鑄也，盍試之？」梅村曰：「子勿復言，徒令人悲，增切怛耳。子不知先帝以闖賊而殉國，弘光帝以用馬士英而亡國乎？吾不忍復言馬矣。」卒不用，後亦無恙。

壽冒辟疆

如皋冒辟疆襄，以氣節相尚，與陳定生、方以智、吳次尾稱四公子。家有水繪園，園有梅塘、湘中閣、洗鉢池、寒碧塘諸勝。當天下多故時，江左尚宴然，一時高門子第才地自許者，相遇於南中，列壇坫，立名字，義所不可，抗節言之。後與王文簡等修禊於是，梅村《壽辟疆序》中有「品覈執政，裁量公卿，雖甚強梗，不敢有所屈撓」，非溢辭也。事後，辟疆亦寄梅村詩，有「白頭紅豆只悲歌」之句，能道得梅村心事。全詩見《樸巢集》中，茲不贅。

《通天臺》、《秣陵春》

歸莊，一名祚明，字玄恭，崑山人。與同邑顧炎武善，時有「歸奇顧怪」之目。工詩，著《萬古愁》傳奇，梅村讀而善之，謂「痛哭流涕於滄海之際，是《離騷》、《天問》一種手筆。因譜《通天臺》、《秣陵春》、《臨春閣》諸曲，於興亡盛衰之感，三致意焉」。漁洋山人嘗謂梅村之《通天臺》，激昂慷慨，

能使風雲變色,可與徐文長之《漁陽三弄》、沈君庸之《灞陵秋》、尤悔菴之《黑白衛》相頡頏,自是天地間一種至文,不得以小道目之。其推許亦可謂至矣。

箸《綏寇紀略》

順治九年,梅村舍館於嘉興之萬壽宮,倣蘇鶚《杜陽編》、何光遠《鑒誡錄》,輯《綏寇紀略》,以三字標其目:一曰澠池渡,二曰車箱困,三曰真寧恨,四曰朱陽潰,五曰黑水擒,六曰穀房變,七曰開縣敗,八曰汴陽墊,九曰通城擊,十曰鹽亭誅,十一曰九江哀,十二曰虞淵沉。梅村本欲著書以老,越歲,有迫之出山者,遂補國子祭酒,非其志也。綏寇本末,言人人殊,梅村所聞,雖不逮所見之親切,終勝草野傳聞,可為國史之採擇者,端推此種。聞梅村脫稿後,嘗與錢遵王再四商酌,宜《明史》開局時,得上史館也。是書朱竹垞曾抄入《八百八〔註7〕叢書》中。

善醫生楊季蘅

楊季蘅,不知何許人。善醫,與梅村交,稱莫逆。柳敬亭客左寧伯,季蘅亦在焉。左奏攝武昌守,拜為真。未幾去官,仍故業。〔註8〕在南中亦縱橫士,梅村曾言其療病多奇中。江寧孫姓病胃痛,奮擲乞死,季蘅納藥於鼻,俄噴赤蟲寸許,口眼悉具,痛旋止。一嫗有癇疾,手足顫掉,裸而走,或歌或笑,季蘅刺其十指端,出血而瘥。濮某背曲,須杖行,他醫皆以風治之,季蘅曰:「血澀也。」刺兩足崑崙穴,頃之,投杖去。其奇中類如此。

授詩沈受宏

《白漊集》為梅村同里沈受宏所箸。受宏,字臺臣。孝友誠愨,在名場五十年,至老不遇,而心中坦如,所養可知也。詩學親承梅村指授,梅村常謂如臺臣,始可與言詩,以故吐辭淵雅,無志微噍殺之音。

江左三鳳凰

華亭彭師度,字古晉,與吳江吳漢槎、陽羨陳其年齊名。梅村以唐薛元敬等曾有河東三鳳之稱,亦以江左三鳳目之,時人謂為確論。其年年四十餘,尚

〔註7〕「八百八」,當作「百六」。

〔註8〕《梅村家藏稿》卷五十二《柳敬亭傳》:「舊史氏曰:余從金陵識柳生。同時有楊生季蘅,故醫也,亦客於左,奏攝武昌守,拜為真。左因彊柳生以官,笑弗就也。楊今去官,仍故業,在南中亦縱橫士,與余善。」

為諸生，有日者謂之曰：「君過五十，必入翰林。」後果然。少時曾為雷周二公事，代家大人與梅村書，為一時傳誦。〔註9〕

輪菴和尚

明相國文肅弟啟美中翰之子，名果，字園公。其曾祖衡山，為梅村高祖之壻，則啟美與梅村為中表兄弟也。園公能詩善畫，鼎革後，棄家出遊，足跡遍天下。晚至滇南，從事戎幕，臨陣，幾為礮傷，因薙髮參禪。梅村作長聯贈之，淋漓盡致，中有「與君五世通中表」者，蓋自衡山至園公，正五世也。

居賣園

順治中，奉天馬國柱為江督，疏薦梅村，婉辭之。嗣以手書敦迫，不得已而就道，授秘書院侍講。奉勅纂修《孝經演義》，梅村據雲南隱士楊黼《孝經注》增損之。事竣，授國子監祭酒。旋以江南奏銷議處，里居終身，適遂初志。宅故銓部王問伯士騏賣園，在太倉衛西，圖書鼎彝，充牣錯列，與四方士大夫觴詠其間，終日無惰容。性喜獎掖士類，履常滿戶外，片言酬答，莫不當意而去云。園中有梅花庵、交蘆菴、樂志堂、鹿樵溪舍諸勝。

擊節吳漢槎詩

吳江吳兆騫，字漢槎。童時作《膽賦》，累千餘言。長繼復社主盟，才名動一時。性傲岸，不為同里所喜。梅村規之，漢槎大言曰：「焉有名士而不簡貴者！」道旁人側目，梅村益器重之。讀《秋笳集》，輒為擊節不已。順治丁酉，以科場事中蜚語，謫寧古塔二十餘年。驅車北上時，嘗託名金陵女子王倩娘，題詩驛壁，自寓哀怨。迨康熙辛酉，徐健菴等納鍰贖之歸，則梅村已不及見矣，漢槎為痛哭竟日。

〔註9〕《陳迦陵儷體文集》卷二《與吳駿公書〔代家大人〕》：
明公人倫淵岱，風雅鼓吹，當之王茂弘、謝東山也。僕素承家學，訪季長於扶風，捫蔡公於洛下，獨以未得見明公為恨。芳華終絪，裁明月以敘心；玄輝自遯，佇白雲而抽志。中懷蘊結，如何如何？惟是諷詠歌詞，不去口實。昔年白下，洛陽歎羨於舒章；今適吳閶，琵琶服膺於聖野。又何異拍洪厓之肩，把浮丘之袖，符其霞舉乎？僕丁辰不偶，遘遇孔艱。沈約帶圍，自憐憔悴；徐陵宗族，何處飄蓬？然而見銅雀之花飛，不無述作；值南皮之雲散，間著篇章。所望明公，相為賡歎。則彥升之感，不擅曩時；虞翻之傷，永消今日矣。又近者石城諸友，為雷、周二公立祠於正學先生墓側，岩懇名篇，一為碑記。庶幾莫愁湖上，時來墮淚之人；金陵縣前，長種還魂之草。數行仰瀆，筆與神俱。明公義切塤箎，言敦蘭茞。修卞壼之墓，自有深情；答秣陵之書，當為極筆。又無煩覯縷也。

前後《東皋草堂歌》

常熟瞿起田式耜,為錢受之之門人,由進士為戶科給事中。好直諒,疏論楊漣、魏大中、周順昌為清中之清,忠中之忠,三人遂賜諡。後為權臣溫體仁所訐,與其師同罷歸,築室於虞山之下,曰東皋,極遊觀之勝。無何,里中奸民張漢儒希體仁旨,訐謙益、式耜貪肆不法,並逮治。時梅村供職京師,作《東皋草堂歌》,贈式耜於請室,並書致張巡撫國維、路巡按振飛,請力為營救。張、路亦慨然交章白其冤,不聽,梅村盡焉傷之。後數年,梅村再過東皋,知式耜以大學士留守桂林,其子嵩錫懼家門遭禍,為韜晦避難計,故山別墅,萎蕪滿目,因作《後東皋草堂歌》,中有「可憐雙戟中丞家,門貼淒涼題賣宅」者,蓋傷之也。是詩作於順治七年式耜殉於桂林之後。

奇八歲應試之郁大本

與梅村同里,以詩古文鳴者,唐實君、崔不雕而外,又有郁東堂。東堂名植,字大本,八歲入試,作《五經論》,梅村見而奇之。既長,感梅村知己之恩,益肆力古學,又為王漁洋所賞。詩宗盛唐,不落元和以下。以諸生薦鴻博,惜梅村不及見也。

特著同年同官之衛紫岫死難

紫岫,即《明史・高傑傳》中衛允文也。允文與高傑同鄉,傑桀驁甚,偕李自成同起為盜,並與自成妻邢氏通。恐自成覺,崇禎八年,竊邢氏來歸。朝廷以傑為自成所切齒,命隸孫傳庭辦賊。京師陷,傑南下。福王時,傑移駐揚州,以允文監其軍。時允文為左中允,至是兼兵科給事中。《史可法傳》歷載同時死揚州之難者數十人,而無允文姓名。梅村《弔衛紫岫》詩自注:「與余同官同年,死揚難。」此說必非無據,乃正史不載,何歟?豈高傑死後,允文承馬士英指,詆諆可法,修史者因其黨於士英,故並其死事亦削而不書與?抑如陳濟生《紀略》所謂「牛金星以允文既削髮,何又來報名,令人拔其餘毛」,故史不傳歟?今獨賴梅村一詩,得傳死節於後,此則允文不幸中之幸也。

賞宋楚鴻詞曲

華亭宋子建存標,以明經高隱著書。直方、讓木,其兄弟也。讓木為二千石於嶺表,每郵詩寄梅村。梅村老矣,幸藉子建兄弟以不孤。子建擬選唐人數百家,未就而卒。其子楚鴻,於詞曲擅長。陳其年寄子建詩有云:「君不見婁

東太史青門宅，愛度新聲勸賓客。就中令子詞最多，四枝弦鸛聲裂帛。」自注：
楚鴻工詞，為梅村太史所賞。如其年言，是陳大樽所謂三宋而後，又有楚鴻矣。
何雲間文才之多也。

孔四貞

　　山東孔有德，仕明為參將。後歸清，從入關，封定南王。取桂林後，即鎮
守廣西。四貞，其女也。順治九年，為李定國所敗，自焚死。其子亦被擄。四
貞脫歸京師，朝廷念其父功，命照和碩格格食俸，通籍宮禁。《八旗通志》及
瞿昌文《粵行紀事》均載之。後嫁孫延齡，為撫蠻將軍，仍鎮鎮西。梅村《本
事詩》有「遠愧木蘭身手健，替爺征戰去他鄉」，為四貞而發，似甚不滿於四
貞者。不知廷齡從吳三桂反，四貞能勸其反正，亦不可謂非女子中之卓卓者。
惜梅村其時已前卒，不獲親見也。

與楊廷麟相知最深

　　梅村交遊遍海內，而獨與清江楊廷麟為尤善。廷麟字伯祥，別字機部。與
梅村為同年，又同為東宮講讀者也。機部勤學嗜古，有聲館閣間，好直陳，與
黃道周為一時瑜、亮。上書論楊嗣昌失事罪，嗣昌大患，詭薦機部知兵，改兵
部職方主事，贊畫盧象升軍。無何，象升死，嗣昌意機部亦死也，大喜過望。
及聞奉使在外，又為不懌者久之。都城破，機部慟哭，募兵勤王。福王立，用
祁彪佳薦，召為左庶子，不就。過宜興，訪象升子孫，再放舟婁東，與張天如
及梅村會飲十日。嘉定程子陽為畫《髥參軍圖》，梅村亦作《臨江參軍》一章。
時謂梅村此詩，序事最真，論事最當，即謂之詩史，不愧也。蓋梅村與機部交
最深，於其參軍亦周旋最久，故能親切有味如此。南都破，江西諸郡惟贛州存，
唐王手書召之。機部與劉同升至贛，謀大舉，力不支，丙戌十月四日，走西城，
投水死。梅村聞之，為位而哭，為輟食數日。

同林雲鳳聯句於梅花庵

　　長洲林雲鳳，字若撫。當種譚餤張之日，守正不阿，詩篇甚富，惜知音者
希，梅村獨賞之。曾與若撫聯句於鹿樵書屋後之梅花庵，尖叉之鬥，髥幾撚斷。
若撫後竟困阨終身，相如遺草，已不堪復問。而梅花庵自梅村歿後，不數年，
亦為尼菴矣。

願雲僧貽書勸出世

　　願雲，雙溪王氏子，名瀚，受業張采，為諸生，有名。年二十，與梅村遊。

國變後，約梅村入山，諾之。既而梅村以牽帥不果，願雲貽書讓之。尋為僧，號晦山大師，受法於雲門山具德和尚。某年夏，從靈隱來，止城西之太平菴，為梅村言，將遠遊廬嶽。書致梅村，謂兩人年踰不惑，衰老漸至，世法夢幻，惟出世大事，乃為為實，學道一著，不可不勉。梅村感其言，然以高堂垂白，亦不能從也。

太倉學博

順治初，蜀人楊爾緒秉鐸太倉，梅村時與過從。爾緒以蜀方亂，妻子皆在故鄉，心恒邑邑，梅村多方慰之。婁東有盛泰昭者，方釋褐，令陝之略陽，梅村知之，走告爾緒。爾緒束招之至，則以杯酒屬曰：「略陽，故蜀之咽喉也，倘至彼中，得我家消息，片紙賜我，感且不朽。」泰昭頷之。視事後，偶以事出，見一婦匍匐道左，異之，即而詢之，果爾緒婦也。即飛束告爾緒，其婦復齧一指，下附書內。爾緒得之，血殷然，大慟，即以金授來足，便傭車南下。會南宮期近，爾緒束裝且北，舟泊京口，有舟欻然而前，忽中年婦昂首窗外，視之，則其婦也。相失十餘年，而猝遇於兩舟間，不覺相持大哭，謝諸同行者，與其婦買舟面南，自此不復應公車。是夕，冶具延梅村，酒半，爾緒與其婦下拜曰：「非吳先生，何得有今日！」因洗爵為梅村壽，梅村謙讓未遑也。後爾緒升福建連江知縣，初蒞任，海寇來犯，城陷，不屈死，妻亦同日殉節。

五十年老同學

穆苑先，與梅村居同里，梅村十一歲時識之，就苑先書齋讀書，時甚相得。有同時遊處者四人，志衍、純祜、魯岡，皆吳氏，梅村宗也。鄰舍生孫令修亦與焉。十餘年，梅村與四人者先後成進士，苑先猶為名諸生。西銘師之弟號無近，遇苑先特厚。無近由桐廬入為給諫，苑先頻訪之，晚而從純祜於汝寧之碻山。梅村回思少壯時，出必偕，宴必共，垂五十年。一日，灑然就別，不勝悵惘。尋從碻山歸，頭鬉鬖白髮生矣。故舊窮途，倡予和汝。苑先病，梅村雖老，猶親視湯藥，無一日間也。其篤於友誼有如此者。

侯朝宗阻梅村出山

商丘侯朝宗為四公子之一，嘗隨父官京師，歎曰：「天下且亂，所見士大夫無足佐中興者，天殆不救乎！」去遊金陵，與陳定生等為古道交，捐數千金，脫定生於黨禍，時人重之。聞梅村將出山，貽書聞之，略謂：「江南重臣，推轂學士，首以姓名登之啟事。竊謂學士之自處不可出者有三，而當世之不

必學士之出者亦有三。」時謂名言。〔註10〕梅村卒以母在不能用。朝宗死，梅村弔以詩云：「死生終負侯嬴諾，欲滴椒漿淚滿襟。」其悔恨之意，情見乎辭矣。

稱門下士為夫子

孝感嚴方公正矩，梅村丙子主湖廣試時所取士也。梅村送臨海何石湖兼東嚴方公云：「若逢嚴夫子，為報故人安。」稱門下士為夫子，人或疑之，不知陸士衡《周孝侯碑銘》已有「皎皎夫子，奇特播名」之句，固不自梅村始也。且嚴夫子三字，實用「嚴忌當時尊尚，號曰夫子」之典，《漢書‧司馬相如傳》中師古已注之矣。梅村稱方公為夫子，何不可之有？

詩與錢受之並稱

明末詩人，錢、吳二老並稱。受之仕清，猶自託於前朝遺老，趙甌北謂「其借陵谷滄桑之感，以撝其一身兩姓之慚，其人已無足觀」是也。梅村則國變後原欲著書老林下，其就祭酒也，為陳相國素菴推轂，時在順治十年四月。讀其《赴召北行過淮安》詩云：「我是淮王舊鷄犬，不隨仙去落人間。」俯仰身世，悲痛最深。雖當時名位聲望稍亞於錢，而閒日平心論之，梅村詩與國史關係甚大，非受之所能與之頡頏也。王漁洋選梅村詩十二首，陳其年選梅村詩十七首，但就一時意見所及，尚非定評。自趙甌北《題梅村集》一則曰：「國亡時已養親還，同是全身跡較閒。」再則曰：「猶勝絳雲樓下老，老羞變怒罵人多。」而梅村之詩與人始定。

〔註10〕（清）方濬頤《二知軒文存》卷九《書侯朝宗與吳駿公書後》（清光緒四年刻本）：行不顧言，君子恥之。吾不知是書之作，作於兩朝應舉之前乎？抑作於兩朝應舉之後乎？作於應舉之前，猶可曰：吾身未出也。作於應舉之後，己則不貞，而顧嗤東鄰之寡為，西家之健婦，獨不慮其反唇以相稽耶？評者曰：余見學士復侯子書，自矢云：必不負良友。然則是書之作，必在應舉之前無疑也。以二十年文字深交，蓬罹國變，方美其披裘杖藜，棲遲海濱，身隱而道彌彰。乃有重臣推轂之事，因慮出處觀望，自此而分陳三不可、二不必之說，為學士剴切言之，稱為前代遺老，尊為天下哲人，期之以清修重德，萬世瞻仰。生之為學士謀者，可謂忠已。學士得此書，其始未嘗不堅塞兩耳，懼負我友也，而惜乎久而忘之也。或曰：學士之出為其親，侯生之應舉亦為其親，皆不得已而為之者。全孝不能全忠，士固有達節而弗失為士者，後世猶當亮之。曰：學士負侯生，侯生負李香。同一負也，謂從親之命尚可為孝，將以身殉國者舉為不孝之人乎？顧第以文論，矯矯拔俗，娓娓動人，雪苑坫壇，自堪獨步。吾賞其才，吾尤悲其遇也。

詩並元遺山

張如哉曰：「王荆公以少陵詩隸沉著痛快，余亦服膺梅村詩為驚心動魄，殊移我情。人但詫其駿雄，服其宏麗，而不知惟沉著斯能痛快。竊謂梅村詩能追配少陵者，正在此處。因有論詩一首云：『少陵詩格獨稱尊，風雅親裁大義存。繼起何人堪鼎峙，前為元老後梅村。』」元老謂遺山也。梅村之詩，為人所推重如此。

質慎庫

質慎庫圖書百萬卷，皆宣和所藏，金自汴梁輦入燕者，歷元及明初無恙。徐中山下大都時，封記尚在，甲申后散佚無存。梅村嘗於題詩畫中偶及之，蓋有不勝惋惜之意焉。

《明史》於李國禎事，據梅村詩為斷

李國禎，和州人，有口才，嘗召對，指陳兵事甚悉，莊烈帝信以為真。十六年，命總督京畿營，倚任之，而國禎實無他能。明年三月，李自成犯京師，三大營兵不戰而潰，再宿城陷。私家紀載皆不如梅村之直筆，謂國禎自縊者有之，藥死者有之，送至昌平槁葬訖死於陵旁者亦有之。陳濟生《再生紀略》、程源《孤臣紀哭》及不著撰人姓氏之《燕都日記》，皆謂李國禎見自成，要以三事：一，祖宗陵寢不可毀；一，葬先帝以帝后之禮；一，太子諸王不可害。賊皆諾之。及葬畢，國禎即自殺。似皆謂國禎能殉節者。至王漁洋《崇禎遺錄》，謂國禎當城陷後，降於賊將張能，能羈之，令輸金，國禎願至家搜括以獻，而家已為他賊所據，遂被擒，拷掠折足，以荆筐曳回，是夜自縊死。弘光之贈謚，乃門客輩訛傳至南都，得幸邀卹典耳。同一死也，殉節若彼，拷贓若此，不知何說之從。最後讀梅村《遇劉雪舫》詩曰：「寧為英國死，不作襄城生。」而公論始定。英國，謂張輔裔孫世澤也。梅村雖國變未久，即赴召入都，國禎之死，尚在人耳目間。梅村與國禎非有深仇宿怨，固不敢輕為誣衊也。厥後纂修《明史》，亦據梅村詩為證，詩史之目不虛矣。

連舉十三女

梅村得子甚遲，據《柳南隨筆》云：「梅村連舉十三女，而側室朱氏始生元朗。」考之顧伊人所著《梅村行狀》及陳說巖所著《梅村墓表》，皆不類。伊人云：「梅村生九女，朱淑人出者四，浦氏出者二，朱氏出者三。」說巖亦云。始知《柳南》所記者誤也，然亦可謂多矣。郭汾陽七壻不得專美於前。

元朗

梅村子。元朗，名暻。生時呱呱泣不休，有僧過訪，投入僧懷，泣遂止。性聰慧，讀書一目十行。康熙戊辰成進士，與館選，累遷兵科給事中。工詩，近體清穩，尤稱雅音。著有《西齋集》。兩弟暽、暄，亦俱能詩。暽，早卒。暄，壽光知縣，有政績。

戲唐實君與元朗為同年

唐實君孫華，梅村同邑人，勤於學殖。元郎生時，實君年已強仕，以故開湯餅筵，居上座。梅村戲曰：「是子當與君為同年。」實君怫然。後戊辰，元朗舉禮部，而實君果同榜。阮葵生《茶餘客話》至謂梅村晚年精於星命之學，實則梅村一時興到之語，不足為口實。元朗成進士，梅村歿已二十年矣。生前事尚不可知，何死後之足云。

世傳吳中先賢畫像

梅村家中有吳中先賢畫像，共三百餘人，係張蟾手筆。梅村愛如拱璧，易簣時，親授其子元朗珍藏之。後元朗題徐太僕遺像詩，有「獨先元禮彈常侍，共幸林宗免黨人」之句，蓋謂劾魏閹而未被禍也。惜不詳其姓名。

座師李太虛匿秦檜夫人胯下

南昌李明睿，字太虛，為梅村座師。崇禎中為列卿，國變不死，降李自成。清定鼎後，乃脫歸。其年家子徐巨源嘗嘲笑之。一日視太虛，太虛自言病將不起。巨源曰：「公壽正長，必不死。」詰之，則曰：「甲申不死，乙酉又不死，則終無死期矣。以是知公之壽未艾也。」太虛艴然不悅，然亦無可如何。間為梅村道及之，並謂寄語巨源，言人之不善，當如後患何。巨源卒不聽。又撰一劇，演太虛及龔芝麓降賊，為清兵所躪，急遁杭州，匿岳墓鐵鑄秦檜夫人胯下。值夫人方月事，追兵過而出，兩人頭皆血污。此劇民間已有演之者，稍稍聞於太虛，終亦無如何也。會芝麓以上林苑監謫宦廣東，過南昌，亦微聞此事，乃與太虛密召歌伶，夜半演而觀之。至兩人出胯下時，血淋漓滿頭面，不覺相抱大哭，謂名節掃地至此，夫復何言。然為孺子辱，心實不甘，必殺之以洩忿。乃使人俟巨源於逆旅，刺殺之。此事趙雲松得之蔣苕生口述者，《簷曝日記》中記之纂詳。

選婁東十子詩

婁東十子者，黃廷表、周子俶、顧伊人、許九日、王異公、王虹友、王惟

夏、王端士、王懌民、王次谷也。梅村選詩，以廷表為冠。廷表名與堅，五步能誦詩，八歲酷好唐人詩，錄小本攜出入，久之，學殖甚富。錢受之序其詩，謂「《長安》、《金陵雜感》諸篇，纏綿悱惻，在韓致堯、元裕之之間」。且謂「梅村告我，子月不誣也」〔註11〕。十子皆有集，一時風流文采，號稱極盛，皆梅村為之宏獎也。惟夏等又鳳洲司寇之後，太原王氏昆季多才，不啻過江王、謝，在十子中俱錚錚有聲。

以岳忠武比左良玉

詠臨清左崑山良玉詩，當以淄川張篤慶為最。詩曰：「空餘跋扈桓宣武，豈有勤王溫太真。」的是誅心之論。乃梅村《揚州》詩內有「東來處仲無他志」之句，謂良玉跡似王敦，而心非為逆，未免左袒。繼而思之，當京師被陷時，諸將洶洶，以江南自立君，請引兵東下。良玉慟哭，誓不許，眾乃定。福王立，以上流之事專委良玉。時湖廣巡撫何騰蛟、總督袁繼咸皆與良玉善，南都倚為屏蔽。其在武昌，諸營優倡歌舞達旦，良玉塊然獨處，無姬侍，馬士英、阮大鋮陰忌之。會有北來太子一事，良玉因此起兵討馬士英，朝臣無不稱快，梅村亦同此心理也。「無他志」一聯，原非曲護，但良玉死後，其客蘇崑生來江南，梅村又贈以詩云：「西興哀曲夜深聞，絕似南朝汪水雲。回首岳侯墳上路，亂山何地葬將軍。」是梅村竟以忠武比良玉矣。此真儗不於倫之尤者。或曰：時崑生依汪然明於杭州，故有第四語，非指良玉也。此說近之。

詩用《洪武正韻》示不忘先朝之意

《洪武正韻》大旨斥沈約為吳音，一以中原之韻更正其失，並平上去三聲各為二十二部，入聲為十部。歷代韻書至是而一大變。惟此書明代並未通行，後世亦無宗其說者。梅村詩則不然，集中如《遊石山公》，則支、微、齊、魚通押；《遇劉雪舫》，則真、文、元、庚、青、蒸、侵通押。其他類此者甚多，用韻泛濫，並上下平亦不問，未免太失檢點。或謂梅村有意遵用《正韻》，示不忘先朝之意也，想或然歟？

陳墓之變

陳墓在長洲縣東南五十五里，宋光宗妃陳氏葬此，故名。梅村以宗人青房兄弟居其地，久欲過訪，會乙酉五月聞亂，遂倉皇攜百口投之。中流風雨大作，

〔註11〕「子月不誣也」，《牧齋有學集》卷二十《黃庭表忍庵詩序》作「平子目不虛矣」。

扁舟掀簸，榜人不辨水門故處，久之始達。青房延之入，酒肴雜陳，雅意拳拳。尋呼童子掃榻，薄暮漁歌四起，幾疑非在人世。是時姑蘇已送欵兵至，不戮一人，陳湖中尤晏然無慮。梅村擬買田卜築以終老，居無何而陳墓之變作。梅村始不能安居，流離遷徙，幸免於厄。事後將踐前約，又以世故牽挽，流涕登車，一家骨肉，天涯地角。迨以事歸里，青房顧而訝之，謂：「別來無恙耶？何清清一至於此！」兩人相與話昔年奔走提攜事，不覺淚隨聲下，因有《攀清湖》長篇以誌感慨。

比同年左懋第於蘇武

梅村詩善於方人，不特比左良玉於岳忠武也，又比左懋第於蘇武。懋第字蘿石，萊陽人，與梅村同年。遭母喪，三年不入內寢。福王立，擢右僉都御史，巡撫應天、徽州諸府。時清兵連破李自成，朝議遣使通好，而難其人。懋第以母殁於燕，欲因是返匶葬，慨然請行。入都請改葬先帝，不可，則陳太牢於旅所，哭而奠之。清傳令遣去，尋自滄洲追還，館太醫院。順治二年，聞南京失守，慟哭不降死。梅村詩所云「上林飛雁無還志，頭白江南庾子山」，蓋即指懋第也。

長女

梅村有女九，長女適太倉王子彥之子天植。子彥號書城，亦稱菊徑先生，束脩砥行，尚氣義，勵名節，吳門文、姚兩賢皆歡重之。順治丁酉二月，梅村旋里，時子彥猶家居。兩人本夙好，且有葭莩親，一燈話舊，相得甚歡。無何，子彥授廣東增城令，盡室偕行。梅村逢自五羊來者，輒詢之，知子彥為少子事，鬱鬱不得志，梅村竊為扼腕。蓋少子為吳昌時壻，昌時嘉興人，有幹才，周延儒頗用之，尋為御史蔣拱辰所劾，莊烈帝御中左門面鞫，折其齒者也。人謂薛國觀死，實昌時致之，證以魏藻德之言，良信。昌時棄市，家亦被籍。有次女嫁某官子，被物議，歸其獄於子彥之子，坐褫杖，且遷怒於子彥，子彥由此失意。梅村有短歌一篇記之。

仲女

仲女歸陳相國子直方。當相國求婚時，梅村曾難之曰：「物忌太盛，陳氏世顯貴，庸我偶乎？」相國求之殷，梅村無如何，允之。梅村退居田里，直方了不異人也。嗣聞其刻志求學，心為稍釋。直方即於是年舉孝廉，梅村愛之甚，

時稱快婿。相國之戍邊也，用流人法，惟子婦不在遣中。梅村憐其女無依，父子常共守。有從遼東來者，其女常屏後聽之，得平安報，強為為顏，否則愁眉雙鎖，淚涔涔滿襟袖間矣。卒以多愁善病，早亡。

沈旭輪

崇禎丙子梅村所取士有沈旭輪者，湖廣臨湘人也。旭輪庚辰進士，由長洲令遷蘇州府推官。梅村時就祭酒職，郵筒往返，高幾尺許，嘗謂人曰：「予所取士多矣，無如旭輪之誠懇者。」梅村返里，旭輪以事謫深州州判。比作書寄之，而旭輪又陞博興知縣，魚沓雁沉，竟莫得一函。集中所存《送旭輪》詩，猶是謫深州時作也。

王菴看梅

練川城南三十里為王庵，王元翰著書地也。元翰，上海籍，官湖廣提學僉事，拜分陝之命，即請終養。二歸松江之濱，種梅萬樹，目曰梅花源。仰屋著書，門闥皆安研席，世所傳《續文獻通考》、《三吳水利考》，皆元翰書也。梅村以春日過其廢園，徘徊樹下，一望如雪，視鄧尉山之香風不絕，無多讓焉。沈雨公聞之，攜尊而往，不值，蓋梅村是時已放舟還也。越日，始遇於樂志堂。

有愧錢曼修

錢增，字曼修，與梅村同邑，又同科進士，以行人轉刑科給事中。未期年，乞終養歸。其從子受明，即梅村季弟孚令之婿也。曼修於順治壬辰，按撫交章薦，以母老辭。梅村則以當道勸駕清廷，且有北山之移，不得已，重行出山，居常以有愧曼修為言。說者謂曼修高尚其志，因不可及，乃其母亦賢者也，勝於梅村之二老人流涕辨嚴多矣。

陳壻知四世事

陳直方為梅村之壻。陳氏家方隆盛時，其子弟厚自封殖，及難作，而室中阿堵物皆為在南者分持去。相國母夫人於武林聞之，曰：「四郎無私財，如妻子何？」言已，為欷歔泣下。直方有廢疾，本不在遣中，後竟與兄弟同戍，可慨也。直方與梅村言，能知四世事。初為蜀通判，子苦嫡母嚴，商於外，母死，乃得歸。再世為王孫，三世為京師竹林寺僧。一日放參，有婦女過，偶一目之，遂墜落至此。今雖為宰相，子孫後世愈下矣。梅村戲之曰：「卿目眇眇以愁予，或亦放參時你目婦女之罪孽耶？」直方笑而不答。

徐湘蘋

吳縣徐燦，字湘蘋，陳相國素庵配也。能屬文，工書翰，詩餘得北宋風格。順治癸巳，素庵賄結內監魏良輔，盡室戍邊。梅村贈詩，有「百口總行君莫難，免教少婦憶遼西」。少婦，即湘蘋也。湘蘋事母至孝，手寫大士像五千四十有八，以祈母壽。晚年遂皈依佛法，更號紫管氏，曾為梅村畫水墨觀音。

墨癖

石昌言嘗寶李廷珪墨，不許人磨。或告之曰：「子不磨墨，墨將磨子。」今昌言墓木拱矣，墨猶無恙，可為好事者戒。此說曾見《仇池筆記》。不謂數百年後，又有一墨癖之周櫟園。櫟園，祥符人，世居金谿之櫟下，因以自號。清初官閩臬，迂道訪梅村，後為安邱劉相國所構，幾陷大辟，尋以贖論，復官廣東參政。平生有墨癖，嘗蓄墨萬種，歲除以酒澆之，作《祭墨詩》。梅村之友人王紫崖話其事，因賦二律以紀之。紫崖，梅村同邑人。以材武定州亂，授游擊。告身後，為仇人所構，出家為僧。

感朱氏畫樓

去洞庭山十八里，有莫釐山，以其居洞庭山東，俗稱東洞庭山後為最勝，有朱珩璧者居焉。家有縹緲樓，教家姬歌舞。珩璧歸自湖中，不半里，令從者據船屋，作鐵笛數弄，家人聞之，魚貫出。樓西有赤闌干，累丈餘，諸姬十二人，豔豔凝睇，指點歸舟於煙波出沒間。既至，即洞簫鈿鼓，詼諧雜作，見者幾疑非人世也。梅村家居時，微聞之，擬遊不果。嗣有指索其所愛者，珩璧不樂，遣去，無何竟卒。梅村偶以春日過其里，雖河山無恙，而物是人非，為感慨繫之。珩璧之宗人某，為梅村言，珩璧愛花如命，疾革時，猶扶而瀝酒，再拜致別。平時見花落溷間，每恨穢褻，誓化身為無量數錦茵，徧承無量數花，不使墮人間不潔處，人以花癡目之，不顧也。諸伎中有紫云者，為感其意，至老不嫁。梅村聞之，悲切不自勝，亦題五言詩於壁上，末云：「傷心關盼盼，又是一年春。」即指紫雲也。

以車迎倩扶女郎

倩扶為華亭妓女，善畫花鳥，多寫意，工詩。雲間諸進士勿庵，嘗於重陽後作神山之會，即彭仙人棲神處也。時梅村亦在座，連覓女郎倩扶不得。夜分，滬上張弘軒刺史來赴，投刺後，梅村命以己車迎入。使者傳復需兩車，人竊竊怪之。比至，則挾一衣冠少年，光艷射人目，座客皆屏息，不敢詢姓氏。乃移

煙煙之，則倩扶也，相與大笑。蓋是時倩扶已與弘軒定情久矣。弘軒有詞紀其事。

紀明末災異太略

有明一代，災異甚多，尤以末造為最。梅村所著《鹿樵紀聞》一《虞淵沈》一篇，專紀明末災異事。如崇禎七年二月，海豐雨血。黃梅縣天雨黑子如栗。九年，松江秀野橋雨毛。十年八月，山東雨血。黃州天雨蟲，色黑，大如菽，蠕蠕動，食苗俱盡。十一年，新鄉雨黑水。十三年，德安府天雨魚。吳郡雨麥。關中渭南郡天雨蕎麥。十六年，秀野橋雨血。仲夏，京師大雨，沾衣如血。統觀上載，雨血為多。以予所聞，尚不止此。崇禎二年七月二十日，興化府雨血。七年四月，京山雨血。一見《福建通志》，一見《湖廣通志》，梅村均未之及，未免太略。

宿破山崇

梅村之及門顧伊人，居雙鳳里。其先人麟士，長於毛、鄭之學，海內稱織簾先生。梅村嘗訪伊人於其里，茅齋三楹，地無纖塵。步至後圃，則曰：「此吾先人在日，某先生所嘗過而憩焉者也。」丹黃遺帙，插架如新。梅村深歎麟士有子。一日，偕伊人遊維摩寺，楓林絕勝。有名華通者，為通隱具德弟子，出新詩示梅村，以故踰嶺已薄暮，遂宿破山興福寺。隔林樵語，隱約入耳。寺傍多古蹟，鶴如上人年踰六十，梅村往年曾贈以詩。

詩與陳臥子齊名

有明一代詩人，自高青邱〔註12〕後，竟無人繼起。前後七子，衣冠優孟，至今笑齒已冷。至末造而有陳臥子出，其詩沉雄瑰麗，實未易才。時有與梅村並稱者，不可謂不當也。顧臥子意理粗疏處，尚未免英雄欺人。嘗與梅村宿京師，夜半謂梅村曰：「卿詩絕似李頎。」又誦梅村《洛陽行》一篇，謂為合作。梅村曰：「卿詩固佳，何首為第一？」臥子自舉「苑內起山名萬壽，閣中新戲號千秋」一聯，梅村讚歎久之。王漁洋亦謂「近代作者未見其比。一時瑜、亮，獨有梅村」〔註13〕。後事福王於南京，屢諫不聽，乞終養。晚歲與夏允彝相期死國事，允彝投淵死，臥子念祖母年九十，不忍割，遁為僧。尋以受魯王部院職銜，結太湖兵欲舉事，事露被獲死。

〔註12〕「邱」當作「邱」。
〔註13〕見王士禎《香祖筆記》卷二。

詩為杜少陵後一人

王弇州《四大部稿》獨推少陵為千古之豪，以安史煽凶，肅宗播越，非少陵一老，則唐代紀事終嫌缺陷也。梅村之詩亦然。當是時，大盜移國，天王死社，關係何等重要，求能征詞傳事，篇無虛詠者，獨有梅村一人耳。太倉程穆衡迂 [註14] 亭謂梅村為少陵後一人，可謂特識。

劉理順獨與梅村友

杞縣劉復禮理順，與梅村同充東宮講官。當甲戌廷對第一時，莊烈帝回回喜曰：「今日得一耆碩矣。」拜修撰，益勤學，非其人不與交，獨與梅村如膠漆。楊嗣昌奪情，理順昌言於朝，嗣昌怒，奪其講官，梅村以不得常聚首為恨。薛國觀、周延儒迭用事，理順一無取，附麗出溫體仁門，言論不少徇，梅村嘗以真狀元目之。賊犯京師，急捐家資犒守城。卒，僚友問進止，正色曰：「存亡視國，尚須商酌耶！」城破，理順大書曰：「成仁取義，孔、孟所傳，文信踐之，吾何不然！」書畢投繯。後有避兵南下者，與梅村言，梅村放聲大哭曰：「喪吾良友！」其人又曰：「理順殉難後，群盜見之曰：『此吾鄉劉狀元也，居鄉厚德，何遽死！』」羅拜號泣去。梅村聞之，益放聲大哭，不知涕之何從也。

周延儒、馬士英聯

乙酉，梅村為南中召拜少詹事。越兩月，知大事不可為，且與馬士英、阮大鍼不合，遂拂衣歸。嘗語人曰：「國事一誤於延儒，再誤於士英，遂致中原灰燼，神州陸沉。」王季重讓士英一書，激切唾罵，雖為士林傳誦，尚未為痛快也。當時草野因傳有周、馬聯語為梅村手筆者，以予觀之，雖能概括二人生平行逕，然尖巧俚俗，決非梅村手筆。聯云：「周延儒，字玉繩，先賜玉，後賜繩，繩擊延儒之頸；馬士英，號瑤草，家藏瑤，腹藏草，草貫士英之皮。」

應詔過淮之濡滯

梅村之出，世人每為曲諒，非阿私所好也。梅村如果存富貴利達之心，則四月到金陵，不待六月宣速過淮矣。乃讀《病中別孚令弟》詩云：「昨歲沖寒別，蕭條北固樓。關山重落木，風雪又歸舟。」是過江已在秋晚矣。又《贈淮撫沈清遠》詩有「秋風杖節」之句，《過宿遷晤同年陸紫霞》詩又有「如此沖寒緣底事」句，則知過淮非六月也。梅村何濡滯若此，蓋不得已也。

[註14]「迂」當作「逝」。

新河夜泊遇盜

新河在淮安府清河縣西北四十五里，黃河分流也。梅村自別陸紫霞後，崎驅道上，益無聊賴。某日，泊新河旁，忽有數盜執炬露刃入，眾皆蜷伏屏息。時同舟者有數人，其一為宿遷籍，攜妻子入都。一盜拽其子起，長跪曰：「願乞一物，爾勿驚。」言已，弛下衣，出利刃，去其勢，血如注。其子痛徹心肝，號跳欲絕，父亦無如何也。未幾，盜即登岸，復返，袖中出藥敷之，並以巾裹其頭，囑曰：「一月內勿受風，勿下水，結癥自愈也。」遂與群盜呼嘯去。梅村為驚怖累日，繼而詢其父曰：「疇昔之盜固稔耶？」曰：「否。」曰：「然則何以僅取勢去？以為仇耶，不殺不淫；以為盜耶，未刧一物；既不殺不淫不刧矣，而僅去其勢；既去其勢矣，而又贈以良藥，是專為取勢來也。取勢果何意耶？左右思維，終不得其辭。」會舟子進茗來，大言曰：「此或採生折割之黨，取以煉藥也。」梅村沉思良久，曰：「似或近之。」

推張青調〔註15〕長歌為不可及

梅村詩「才華豔發，吐納風流」，國變後，「閱歷興亡，激楚悲涼」，風骨更嚴駿日上，趙甌北推為高青丘後一人，洵非溢辭。「集中歌行一體，尤所擅長。格律本乎四傑，而情韻為深；敘述類乎香山，而風華為勝。」〔註16〕宜乎流播詞林，推為絕調也。梅村似可俯視一切矣。乃於張青琱詩，獨推其長歌為不可及，吾謂即此一語，梅村已不可及矣。按：青琱名宸，華亭人，遷部郎。汪鈍翁序其詩集，亦謂梅村推重之。青琱卒，轗軻困頓以歿。其女夫金生名定者，《排菅遺稿》若干卷，乞鈍翁序之。

與杜茶村有師生之誼

黃岡杜茶村濬工詩，閻百詩稱為詩聖。生平論詩極嚴，於時人多所詆訶，用此叢忌嫉，獨梅村以國士遇之。茶村受知於梅村，歲在庚辰，其時梅村司業南雍，而茶村以貢入北雍。舊制，南北雍相為一體，故茶村與梅村有師生之誼，梅村忘形爾汝，殊相得也。以北祭酒歸，遇茶村益厚，餐館之費，行李之乏，無不始終資給。論者謂自茶村而外，得此於梅村者蓋寡。梅村不但無德色，且於詩推重茶村甚至。某年，梅村遊梁溪，客有稱其五言近體者，梅村謝曰：「吾於此體，自得杜于皇《金焦詩》而一變，然猶以為未逮若人也。」梅村位高名大，而能為此言，復乎其不可及已。

訪同年吳永調於錫山

梅村同年進士，其在無錫者，有馬素修、唐玉乳、錢凝庵、王畹仲、吳永調。已而素修殉節死，玉乳以病，凝庵以兵，皆死。畹仲任南韶憲副，聞寇難，自經死。所存者惟永調一人。永調由蘇州府教授官南京國子監助教。順治庚子，梅村聞永調足疾蹣跚，大有行不得也哥哥之概。梅村訪於錫山，席次，談及在京時諸知己為真率會，何等愉快，今其人已零落殆盡，不可復覿，相與泣下。所云「廿載京華共酒樽，十人今有幾人存」，即在此時作也。

《琵琶行》之所指

距梅村里許，潮音菴之北，有南園在焉，王太常煙客之別墅也。某年，梅花盛開，梅村散步過之，歘聞琵琶聲出短垣叢竹間，循牆側聽，不覺歎為妙絕。會主人啟關，肅之入，梅村問彈者為誰，則在湄子或如也。在湄，南通州人，為琵琶第一手。其子或如，流落太倉，亦善琵琶，好為新聲。時花下置酒，白生為梅村朗彈一曲，乃莊烈帝十七年以來事，敘述亂離，豪嘈淒切。坐中有舊中常侍姚某，避地江南，因言神宗初選近侍三百餘名於玉熙宮，學習官戲，歲時升座則承應。莊烈帝猶幸之，作過錦、水嬉諸戲於乾清宮西暖閣。齎鏤金曲柄琵琶，彈清商雜調，傾聽不倦。一日宴次，報汴梁失守，親藩被害，遂大慟而罷，自此不復幸矣。梅村聆之，為哽咽不成聲，因作長歌記其事，凡六百餘言，仍命之曰《琵琶行》。

嘲張南垣老遇雛妓

秀州張南園，本華亭人。少學畫，好寫人像，兼通山水。以其意疊石，故他藝不甚著。其疊石最工，他人亦莫之及。與梅村相遇時，亦垂垂老矣。顧風流甚，枇杷卷中，足跡殆遍。晚遇雛妓，尤戀戀不捨，憐我憐卿，一若非此無以娛老者。梅村以詩調之，有「莫笑韋郎老，還堪弄玉簫」之句。南垣讀之，為掀髯一笑。

拙政園

婁、齊二門間，有拙政園。嘉靖中，王御史獻臣因大弘寺廢地而營別墅也。文待詔徵明為圖記，以志其勝。後其子以摴蒲一擲，償里中徐氏。海昌陳相國素庵得之，重加修葺，珠簾甲帳，煊赫一時。中有寶珠山茶三四株，交枝連理，鮮妍無匹。素庵身居政府，十載未歸，園中一樹一石，僅於圖中見之。尋以結交近侍，譴戍尚陽堡，此園已籍沒為將軍府矣。梅村回思出山之舉，實為素庵

推轂。素庵之意，本欲虛左以待，比至京師，素庵已得罪去，梅村實有難言之隱。仲女又適其子直方孝廉，直方眇一目，於律，廢疾者贖罪兩月，竟與諸兄弟同戍遼左。梅村感喟蒼涼，更難自已，集中《拙政園山茶歌》及《贈遼左故人》皆為素庵而作。此外《遣悶》詩有「一女家破歸間關，良人在北愁戍邊」，亦指仲女與直方也，讀之使人酸鼻。

晚與田髴淵善

「窮老無相識，如君得數過」，梅村《送田髴淵》詩也。髴淵，華亭人，舉丁酉孝廉，屢試南宮不第，授新城知縣，亦不赴。有勸之歸者，慨然曰：「居鄉抑鬱無所得，留邸中一交天下長者，不亦可乎？」於是出入龔合肥、魏柏鄉、王宛平諸人之門，一時文人無出髴淵右者。尋倦遊歸，築水西草堂，藏書萬卷，梅村為娛老計，日就髴淵處借書檢閱。髴淵觴詠無虛日，梅村雖被酒輒醉，然席上無梅村，髴淵即邑邑不樂。髴淵亦間日一往梅村家，西窗剪燭，抵掌而談，往往達旦。「老子於此，興復不淺」，即梅村與髴淵之謂矣。

黃媛介

秀水黃媛介，字皆令，與乃姊媛貞均有才名，世尤盛傳皆令之書畫。俞右吉非之，謂皆令青絲步障，時時載筆朱門，嫌近風塵之色。毛奇齡左袒之，謂皆令因病流離，不得已而寄跡書畫之間。梅村則道其逸事，謂其夫楊世功聘之，貧不能娶，流落吳門。皆令詩名日高，有以千金聘為名門妾者，其兄堅持不肯。梅村《題鴛湖閨詠》第二首有「夫婿長楊須執戟，不知世有杜樊川」，即指其事也。皆令卒歸於楊。乙酉城破家失，乃客於虞山柳夫人絳雲樓中。

題董小宛像

秦淮董白，字小宛，一字青蓮，才色擅一時。隨如皋冒辟疆過惠山，歷澄江、荊溪，抵京口，陟金山絕頂，觀大江競渡以歸。後卒為辟疆側室，事辟疆九年，以勞瘁死，年僅二十七也。辟疆作《影梅菴憶語》二千四百言哭之，同人哀辭甚多。三山余澹心謂祇有梅村數絕，可傳小宛也。詳載《板橋雜記》中。

聽女道士卞玉京彈琴

卞賽，一名賽賽，白門人也，字雲裝。明慧絕倫，後為女道士，自稱玉京道人。善畫蘭，能詩，嘗題送梅村之兄志衍，梅村謂書法逼真黃庭。年十八，

居虎丘，尋歸秦准〔註17〕。遇亂後，遊吳門。梅村有《聽女道士彈琴歌》及《西江月》、《醉春風》填詞，皆為玉京作也。梅村之得見玉京，始於順治辛卯。往年在東潤遺老席上，思欲見之，東潤亦慨然呼與往迎，似不致交臂失之矣。乃以癃疾驟發，卒不得見。至次年初春，乃扁舟見訪，共載橫塘，蓋見美人若斯之難也。梅村作四章贈之，東潤讀梅村詩有感，亦贈四律，一時傳誦殆遍。

鬼能知天錫詩

梅村初字駿公，晚年乃自號梅村。梅村二字，乃得王銓部貴園而改也。歸隱後，與許九日等時在梅花庵盤桓。某夜，月明如晝，與九日婆娑樹下。梅村曰：「少時見某詩，有『今日歸來如昨夢，自鋤明月種梅花』之句，此情此景，似曲曲為予寫照，惜不記其姓名矣。」九日沉思未對，聞樹旁有人語曰：「此元薩天錫詩也。」趨視無一人。九日悚然曰：「鬼耶？如此良宵何？」梅村微笑曰：「有如是鬼，見亦大佳，但恐不肯相見耳。」就樹三揖而行。歸檢《雁門集》，果有些二語。

觀《蜀鵑啼》劇

蘇州邱嶼雪善歌曲。甲申十一月二十五日，張獻忠破成都，梅村之兄志衍全家遇害。嶼雪作《蜀鵑啼》歌劇，蓋劇中志衍已兵解仙去，蓋擬葛洪《神仙傳》郭璞得兵解之道，為水仙伯也。梅村觀之，破涕為笑，詩中所謂「雙淚正垂俄一笑，認君真已作神仙」者是也。原志衍全家被害，實因誤託雅州守王國臣。國臣素與賊通，凡王府薦紳官屬在境內者，盡為賊囚送成都。志衍家三十六口，悉在行中，能踰垣得脫者，僅一事衍弟耳。梅村作序記之，略謂：「志衍一官遠宦，萬里嚴裝，愛弟從行，故人遠別。上游梗塞，盡室扶攜。既捨水而登山，甫自滇而入蜀。北都覆沒，西土淪亡。身殉封疆，家罹鋒鏑。嗚呼！三十六口，痛碧血之何存；一百八盤，招遊魂而莫返。無兄可託，有弟言歸。竄身荊棘之林，乞食猿猱之族。望蠻煙而奔走，脫賊刃以崎嶇。恥趙禮之獨全，赤眉何酷；恨童烏之不免，黃口何辜。爰將委巷之謳，展作巴渝之舞。庾子山之賦傷心，時方板蕩；袁松山之歌行路，聞且唏歔」云云。至今讀之，猶為之淚隨聲下也。

喜與糜菴話舊

糜菴，湖廣嘉魚人，熊姓，名開元，號魚山。以行人司副言事，廷杖，遣戍

〔註17〕「准」，當作「淮」。

杭州。福王召起原官,不赴。唐王連擢至隨征東閣大學士,乞假歸。汀州破,棄家為僧,隱匡廬、南嶽間。弘儲招致靈巖,復住三峯、華山諸寺。檗菴住三以時,梅村時相過從。西銘、復社、漢月、禪燈,皆檗菴令吳江時興造,舊事重提,恍若隔世。梅村懼世人不識檗菴本有心人,特於題檗菴畫像中,表而出之。

贈李笠翁詩

武林李翁翁,能為唐人小說,兼以金、元詞曲知名。梅村嘗贈詩云:「江湖笑傲誇齊贅,雲雨荒唐憶楚娥。」蓋實錄也。乃華亭董閬石所著《蓴鄉贅筆》,謂笠翁性善逢迎,士林不齒,所作一家言,大抵皆壞人倫、傷風化語。竊謂閬石詆謨笠翁,未免太甚,今讀其書,誠有如閬石取云者。又有尺牘一冊,干謁公卿,多作乞憐之語,尤為庸鄙。惟史論二卷,稍有見地。不知梅村當時何以推崇若是,至有「前生合是元真子」之句也。

逸詩

《西堂雜俎》中,有梅村《題尤展成水亭垂釣圖》云:「長楊苑里呼才子,孤竹城邊話使君。移作魚幾便垂釣,故山箕踞一溪雲。」「遂初重把畫堂開,故相家聲出異才。莫向盧龍夢關塞,此生何必畫雲臺。」此逸詩也。或謂梅村詩集,係手自刪定,當時去取,必有灼見,是或然歟?展成又有《梅村蜀鵑啼詩跋》,附錄於後。跋云:「易水和歌,壯士為之慷慨;山陽吹笛,故交所以歔歟。況乎國破家亡,一門鬼錄;生離死別,萬里人琴。楚些有甚於招魂,虞挽倍纏於思舊。在昔延陵公子,官落珠江;成都府君,身糜玉壘。遭黃巾之搶攘,致墨綬之流離。丹膏杜宇之詞,碧化萇弘之墓。滄桑既隔,汙簡無傳。爰有丘生,聞之累息。問弱弟之奔喪,傷心唳雁;弔孤臣而流涕,染血啼鵑。摭遺事於西川,譜新聲於南部。梅村先生每懷禾黍之悲,兼抱鶺鴒之痛。危乎蜀道風煙,重話瞿塘;愴矣梨園簫鼓,如聞天寶。陸士衡之哀永逝,腸斷三生;桓子野之喚奈何,情深一往。白頭反袂,青管題襟。僕本恨人,感茲樂句。讀曲而歎,今人對此茫茫;賦詩以興,正自不能已已。」

逸詞

尤展成於梅村推許特至。《梅村詞序》及《祭吳祭酒文》,傾慕之意,溢於言表。贈梅村詞有「杜陵野老,風流獨數詩傑」之句,並謂《物幻》八詩頗極工巧,曾作小詞足之。乃梅村詞中無題展成詞者,向頗怪之。今讀《西堂餘集》,始知實未嘗無詞也,特集中不載耳。其《和展成生日自題小影》曰:「納納乾

坤，問才子、幾人輕許。人爭道、北平司李，騷壇宗主。碣石空傾北海酒，令支塞卷西風雨。更翩然、解組賦歸來，雲深處。 三毫頹，平添與。虎頭筆，神相佇。似元龍百尺，樓頭高踞。鷸蚌利名持璧壘，觸蠻智勇分旗鼓。只莊周、為蝶蝶為周，都忘語。」

柳敬亭傳之失當

夫各有能有不能。少陵詩冠千古，而無韻之文，卒不可讀。梅村雖彼善於此，然所作古文，每參以儷偶，殊非正格。黃太沖嘗詆其集中有柳敬亭一傳，謂參寧南軍事，比之魯仲連之排難解紛，實倒卻文章架子。太沖此論最當。敬亭本曹姓，秦州人，以技走江湖間，與廣陵張樵等各名其家，敬亭獨以能稱。大司馬吳橋范公、相國何文瑞，皆引為上賓。後參寧南軍事，詼諧調笑，旁若無人。江上之變，亡失累千金，敬亭視之蔑如也。復走吳中，與梅村談寧南故事，每欷歔不已。後遊松江馬提督軍中。

哭同學吳志衍

吳繼善，字志衍。長梅村三歲。梅村年十四，始識之。兩人同學，推襟送抱，志衍每心許梅村文，謂可侔古人。家本貴盛，性又愛客，每日具數人饌，賓至，無貴賤，必與均。梅村過其家，志衍必強之飲，苦之，時以逃席聞其成進士也。後梅村六年，尋為成都令，闓達有謀，見賊之據秦躪楚也，痛哭於蜀王之朝，以書諫，終弗從。甲申冬，獻忠以巨礮攻城，城陷，志衍罵不絕口，賊臠面割之。一門三十餘口，同日並命。有子曰孫慈，賊將憐而匿之，後亦遇害。逾三年，其弟事衍，徒跣逃歸，為梅村縷述之，梅村哭之以詩，有「後來識史事，良史曾誰確」之句。予閱《明史》，未見有所謂吳繼善者，祗沈雲祚死事與此事絕相類耳。

馬逢知伏法之由來

馬逢知，本名進寶，起家群盜，降後，改今名。順治乙未，由浙移滇雲間，貪橫僭侈，民殷實者，械至，倒懸之，以醋灌其鼻，人不能堪，無不傾其所有，死者不可僂指計。柳敬亭客於軍中，明知其必敗，苦無以自脫，時年已八十餘矣。梅村與蘇崑生遊，因崑生渡江，作《楚兩生》以送之，並以寓敬亭，俾敬亭知客於逢知之危也。海寇未清，逢知密使往來。江上之變，先期約降，要封王爵，反形大露，為成御史所糾。朝廷恐亟則生變，溫旨徵入，繫獄，妻子發配象奴。未幾，與二子俱伏法。當逢知之入覲也，珍寶三十餘船，金銀數百萬，

他物不可勝計。及死，無一存者。梅村《暮城行》，即為逢知而作，沉鬱蒼涼，必傳無疑。惜逢知劣跡未詳，予故表而出之，以儆世之貪者。

慶娘

慶娘，即楚雲也，故姓陸，雲間人。梅村以壬辰上巳，為朱子葵、於葆、子蓉兄弟招飲鶴洲。座有畹生者，亦妓也，與慶娘同小字，而楚雲尤明慧可喜。梅村口占八絕贈之，其七云：「記得錢唐兩蘇小，不知誰個擅傾城。」謂南齊、南宋皆有蘇小小，以比慶娘，抑何雅切乃爾。

《撫膺錄》據《綏寇紀略》而成

常熟吳修齡，本與梅村同邑，因贅崑山，為常熟人。王漁洋少時即友之，謂今日善學西崑者，無如吳修齡。惟修齡著《正錢論》以駁牧齋，為漁洋所不喜，已於《居易錄》中詳言之。修齡論詩甚精，著有《圍爐詩話》，今不復見。獨見其與友人書云：「詩之中須有人在。」余為歎賞。〔註18〕至《撫膺錄》四卷，為世所稱，實則據梅村所著之《綏寇紀略》也，《崑山新陽合志》中曾載是說。

過太白亭聞樵夫吟詩

康熙戊申，梅村偕吳園次過孫山人太白亭，偶憩息於歸雲菴東。道中有樵夫肩濕薪來，行甚駃，至菴旁小立，朗吟曰：「書生不律難驅敵，何處秦廷可借兵？祇有東津橋下水，西流直接汨羅清。」梅村怪樵者那得作此語，凝思欲問，則笠影出沒於檜間，已距半里許矣。園次曰：「此十年前鄞人趙天生詩也，君忘之耶？天生有節概，聞江上兵潰，題此詩於幾，走城東，躍入水，漁者拯之，奔歸，不語不食，家人共為計，匿之太白山中。天生有病，使食不可，乃詭曰：侍郎李長祥入紹興。或曰：黃斌卿自舟山至。或曰：張名振大捷於石浦。或曰：寧波義旅，且入慈谿。凡若此者，即喜進食。閱半年，說漸窮，天生病亦少愈。間出山中，詢樵者，以明亡告，且示以髮，則已薙矣。天生大慟而踣，遂絕粒死。此吟詩之樵者，或即當年與天生立談之樵者耶？是未可知已。」

〔註18〕（民國）徐世昌輯《晚晴簃詩匯》卷三十八（民國十八年退耕堂刻本）：
吳殳，字修齡，崑山人。有《好山詩》。
詩話：修齡詩效西崑，好談藝，著《圍鑪詩話》，臧否諸家。又作《正錢論》，專詆牧齋，為漁洋所不喜。秋谷因取其「詩中須有人在」一語入《談龍錄》，以譏漁洋，遂成詩家門戶標幟。歸愚謂其自作獺祭而未能自然，與平日議論不相照，蓋篤論也。

夢中與張同敞語

康熙壬子，梅村挑燈閱近人詩，朦朧欲睡，恍惚有四五人來，梅村蕭之坐，各展姓氏，語皆咽嗚不可辨。祇見此四五人，咸手執一書，梅村一就讀。首座者曰：「鍾山之氣，赫赫洋洋。歸於帝側，保此冠裳。」次坐者曰：「與死乃心，寧死乃身。一時迂事，千古完人。」又次者曰：「為臣死忠，為子死孝。而今而後，庶幾無愧。」梅村讀竟，知皆殉國難者，因面熱汗下。俄有一自稱長沙女子者，揖而前，授詩八首。梅村諷詠至再，至末首句：「簪纓雖愧奇男子，猶勝王朝共事臣。」梅村讀，幾不成聲。未幾，又有衣冠而前者，手一卷詩，有《御覽傷心吟》五字題其端，中載絕命詩曰：「一月悲歌待此時，成仁取義有誰知。衣冠不改生前制，姓氏空留死後詩。破碎河山休葬骨，顛連君父未舒眉。魂兮嬾指歸鄉路，直往諸陵拜舊碑。」梅村瞿然曰：「君莫非張別山乎？世傳《囚中草》，即此也。何為以《御覽傷心吟》名？」別山曰：「生前詩四十餘卷，歿後零落殆盡，惟此《囚中吟》得達行在，永曆帝覽而悲之，下部梓行，題此五字耳。」梅村曰：「是固然矣。彼與君偕來者，果為誰耶？」別山曰：「題『鍾山之氣』者，為戶部郎中劉成治也。成治見趙之龍入封府庫，奮毆之。已聞多鐸呼人降，乃曰：國家養士三百年，無一忠義報朝廷耶？因題十六字，自縊死。」曰：「然則題『與死乃心』者誰耶？」曰：「六合諸生馬純甫也。六合未被兵，純甫聞永曆帝亡，獨礪節自題橋柱死。」曰：「題『為臣死忠』者誰耶？」曰：「重慶知府何某也。賊索印，民迫與之，紿以作冊，竣，親獻。乃集家眾痛飲，大書壁上詩，盡室焚死。」梅村一慰之。無何，雞鳴膠膠，驀然而醒，汗猶涔涔流浹背也。自此無意人世，竟於是年冬卒。

晚年問史事於周瓚

周元恭瓚，太倉人，熟史事。梅村晚年優游林下，招與讀書，或事有疑誤，輒就問之。梅村自謂經學不甚研究，惟歷代史書，事淺義顯，頗便瀏覽。間有裨〔註19〕官小說，亦搜入賈園，時一寓目，有所得，輒札記別紙。嗣以此等紀載，當時史局棄而不書，必有難以徵信之處，今遽矜為得間，未免貽譏有識，以故與元恭互相商搉之書，集中無一存者。

鬼唱《燕子箋》

晉時有鬼歌子夜事，李義山因有「空聞子夜鬼悲歌」之句。至李昌谷「秋

〔註19〕「裨」當作「稗」。

墳鬼唱鮑家詩」，則以鮑參軍有《蒿里行》，特幻窅其詞耳。然世固往往有此事。康熙庚戌，梅村過鄧尉，哭剖石和尚，遇大雪，夜宿還元閣。甫就枕，恍惚聞有唱《燕子箋》者，聲悽愴，不類常人。梅村體雖羸弱，膽頗壯，殊不惴，側耳靜聽者久之。忽憶去歲與剖石和尚同飯小閣，豈其一靈未泯耶？然阮大鋮之姦邪，剖石與予同切齒者也，何得至此？閣後又係白衣閣，人跡罕至，此曲何自而來？披衣起，開戶視之，惟面湖環山，松風謖謖而已。

夢上帝召為泰山府君

康熙辛亥，梅村年六十三。初，六旬時，屢夢有衣冠甚偉者來，書稼軒二字去。梅村醒而異之，謂稼軒為式耜之號，渠殉難將二十年矣，何以屢入夢來？或者辛稼軒，未可知也。辛為六十一，果爾，則明歲吾其已矣。後竟無恙。至是元旦，忽夢至一公署，主者王侯冠服，降階迎揖，出片紙，非世間文字不可識，謂梅村曰：「此位屬公矣。」心嫌不祥。然元夕猶與毛亦史書招陪吳園，次同余澹心、許九日等讌集樂志堂也。無何，意忽忽不樂。至十二月，夢又如之，遂就枕不起。臨歿有詞云：「故人慷慨多奇節。為當年、沉吟不斷，草間求活。脫履妻孥非易事，竟一錢不值、何須說。」至今讀之，猶為之淒然傷懷也。

臨終時疑詩不足傳

梅村文章，人有以彷彿班史目之者。梅村謙讓未遑，嘗謂尤展成曰：「若文則吾豈敢，於詩或庶幾焉。」味其言，似於詩有深得者。當疾革時，又謂同邑顧伊人曰：「吾於此道，雖為世士所宗，然鏤金錯采，未到古人自然高妙之極地，疑其不足以傳。」梅村之虛懷若谷如此，即此一言，已足傳於不朽。

水月僧能知梅村前事

時有浙僧名水月者，能前知，與尤展成善。梅村病臥時，展成來視疾，偶道及之。梅村沉吟床笫，正索解人不得，拏舟迎之。水月至，熟視無他言。梅村詢之，曰：「公元旦夢告之矣，何必更問老僧。」

遺命立詩人吳梅村墓石

梅村易簀時，遺命殮以觀音兜長領衣，是欲返其初服也。又曰：「吾性愛山水，擇靈巖、鄧尉之間隙地三畝，立一圓石，題曰詩人吳梅村之墓。」蓋梅村退然以詞人自居矣。陶潛欲為晉處士而不可得，誠可痛也。

絕命辭

梅村身逢鼎革，已退閒林下。入清，迫於徵辟，實異降表簽名，心與跡應，為世人所諒。今試即梅村詩觀之。《投贈馬都督》云：「慚愧薦賢蕭相國，邵平只合守瓜丘。」《自歎》云：「誤盡生平只一官，棄家容易變名難。」《將至京寄當事諸老》云：「自是璽書修盛舉，此身只合伴漁樵。」

附錄四：《吳詩集覽》相關評論

一、（清）周中孚《鄭堂讀書記》〔註1〕

《吳詩集覽》四十卷附《談藪》二卷《補注》五卷原刊本

　　國朝靳榮藩撰。榮藩字介人，號綠溪，黎城人。乾隆戊辰進士。官至大名府知府。綠溪以梅邨詩迄無注本，因取原集之詩十八卷、詩餘二卷，纂其典故，稽其出處，參伍其平生行事，師友淵源，州次部居，句櫛字比，以成是注。以其卷帙重大，每卷各分上下。凡古詩排律分段處，及律詩絕句篇尾，略以己意疏通詩義。注典則列於圈外，評跋則附於詩後。至原板鏤校甚工，或漶漫及譌寫者，亦附識焉。總題曰《吳詩集覽》者，以詞乃詩之餘，故不別立其目。冠以高宗純皇帝御製題詩一首，附以梅邨曾孫枋《恭》紀，次以榮藩《恭和聖製元韻》四首，及顧伊人湄所撰《行狀》，陳說巖廷敬所撰《墓表》，又附錄序論題詠，為《談藪》二卷，並《拾遺》四則。其注自六經子史百家之言，下逮稗官說部，凡足以發明梅邨之詩者靡不收。其於勝國之事，則惟奉《御撰資治通鑑綱目三編》，及頒行《明史》，詳為注釋。他如野史小說家言，概從芟削，以示有徵。年經國緯，轢古切今，知其必能信今而傳後無疑也。書成於乾隆庚寅，自為之序及凡例，又有王西沚鳴盛、潘皆山應椿二序。越七載丙申，又仿仇注杜詩之例，輯為《補注》五卷。凡辯證及更訂者，亦並見焉。其用心誠可謂深至矣。顧吳縣嚴少峰榮跋吳枚庵《梅邨詩注》，尚詆及此編，以為瑣碎蕪雜，詳略失宜，且

〔註1〕（清）周中孚《鄭堂讀書記》卷七十，上海書店出版社 2009 年版，第 1133～1134 頁。

多穿鑿附會之處，未為善本云云。此則欲揚枚庵所注之美，故作此不滿之詞，不足憑也。

二、（清）劉聲木《萇楚齋五筆·吳偉業臨終詞》

太倉吳梅村祭酒偉業《梅村集》中，有《詩餘》一卷，最末為《病中有感調寄賀新郎》，云：「萬事催華髮。論龔生天年竟夭，高名難沒。吾病難將醫藥治，耿耿胸中熱血，待灑向西風殘月。剖卻心肝今置地，問華陀，解我腸千結。追往事，倍淒咽。　故人慷慨多奇節。為當年沉吟不斷，草間偷活。艾炙眉頭瓜噴鼻。今日須難決絕。早患苦重來千迭。脫屣妻孥非易事，竟一錢不值何須說。人世事，幾完缺。」云云。聲木謹案：此詞為祭酒絕筆。後人因其語皆悔恨，屢見於記載，成為悔事兩朝之故實，但人多載其後段。余因閱《吳梅村先生編年詩集》箋注本，故錄之。《編年詩集箋注》十二卷，為太倉程穆衡迓亭原箋，楊學沆匏堂補注。後附《詩餘》一卷，為程氏一人所箋。復附《梅村詩話》一卷、《詩詞補鈔》一卷。後有嘉善戴松門光曾跋，中有云：「原集分體，此則編年，一善也。靳氏注應詳者多略，此則詳簡得宜，二善也。靳氏書晚出，且竊取他人語附會之，此箋成於康熙戊午，去梅村時未遠，又同里，見聞多確，三善也。」云云。竊謂黎城靳價人太守榮藩撰《吳詩集覽》廿卷、《談藪》一卷，句疏字釋，極為精鑿，雖小有罅漏，無傷大體，而戴氏謂其且竊取他人語附會之，恐未必然也。綿州李觀察調元《雨村詩話》云：「黎城靳榮藩菉溪，字價人，有吳梅村詩箋，名《集覽》，博引群書，最為賅核。」云云。余意以觀察之言為允。

三、張爾田《遯堪書題》 〔註2〕

錢唐張爾田撰

門人王鍾翰錄

跋《吳注梅村詩集》 坿補箋五十三條

余年十五，從先君行篋探得《吳詩集覽》舊槧本，愛玩永日，先母憐之，命恣所閱。生平治史，尤熟於明季故實，自茲始也。我生不辰，晚遇艱屯，改朔移朝，草間偷活，而斯編乃若豫為之兆者。歲在癸秋，應聘蘭臺，白鶴東來；空餘華表，銅駝北望。還見長安，身世之感，異代同符，今又十五年矣。老革

〔註2〕王繼雄整理《遯堪書題》，《歷史文獻》2017年第二十輯，第375～386頁。

騰騫，纖民熾盛，寄身已漏之舟，流涕將沈之陸，舊集重溫，緣縷霑臉，不知淚之何從也。丁卯七月邏堪居士題記。

陵谷貿遷，桑海一概，梅村易簀之命，茹苦含悲，殆不欲作第一流想矣。余生晚季，遭逢世革，早歲彈冠，委贄人國，今茲抱甕，屈跡泥塗，十七年中為口奔走，鳩史東華，授經北冑，存遺獻於皇餘，庶斯文於聖滅，欲標靈預同物之勞，不潔子容詭對之跡，靜言身世，與先生其何以異？所不同者，未面閏朝耳。昔姚察《陳書・序儒林傳》云：「衣冠殄盡，寇賊未寧，雖博延生徒，成業蓋寡。今之採綴，蓋梁之遺儒也。」每諷斯言，悲積陳古。異時知舊倘不死我，立一圓石，題曰「有清遺儒某某之墓」，足矣。息壤在彼，用敢附書。戊辰四月張爾田記。

聞之吾鄉邵蕙西先生言，曾見史可法奏報北都降賊諸臣有吳偉業名。《墓表》但云「丁嗣父艱」，《行狀》云「甲申之變先生里居梅村」，《年譜》於是年事亦語焉未詳，若有所諱者。然梅村南中曾登朝一月，解學龍所定逆案亦不及梅村，豈已湔雪歟？當時道路阻隔，擾攘之際，相傳有誤，容或有之，然亦南燼俟聞也。丁卯七月十八日燈下記。

《靳氏集覽》引古多舛，而搜香本事實較詳備。程迓亭《箋》遺聞墜掌，尤資津逮，惜但有稿本未刊，後歸黃蕘圃、汪閬原兩家，近年流落坊市，余曾見之。此《注》未免太求雅簡，故世間仍行《集覽》，有以也。頗思取二注及梅村家藏稿本《年譜》重治一通，而世亂方殷，經籍道熄，蟄居窟室，絕學孤危，視古人炳燭之明，用志不紛者，又一時矣。念之輒復慨然。丁卯七月邏堪再記。

生平於國朝詩極耆梅村、漁洋二家，吳詩於先母帷中讀之，故尤纏綿於心，集中名篇略能背誦。所蓄為《集覽》本，枚庵《箋注》徵引詳塙，遠軼靳氏，可媲惠氏《精華錄訓纂》。舊得一本，旋復失去，今年於海上乃復收之。天方喪亂，小雅寖微，麥秀之感，豈獨殷墟黍離之悲？信哉周室，屬車一去，如聞黃竹之謠；華屋何存，空下雍門之泣。追懷曩緒，都成悲端，雖長歌不能當哭矣。丁卯六月張爾田記。

丁卯秋觀我生室重讀一過。集中諸作要以長慶體為工，風骨不逮四傑，聲情駘宕，上掩元白，而蒼涼激楚過之，或疑其俗調太多，實則此體正不嫌俗，但視其驅使何如耳。陳雲伯輩傚之，遂淪惡下，於此見梅村真不可及。五古若《清涼山》諸詩亦堪繼武，七律未脫七子窠臼，絕句則自檜以下矣。赤祲稽天，息影窮藪，輒復書之。

《吳梅村先生行狀》

「乙酉南中召拜少詹事」

談遷《北遊錄》：「順治乙未八月乙酉，是日御試詹翰四十八人，表一，疏一，判一。其表目上親征朝鮮，國王率其臣民降，群臣賀表。丙戌過吳太史所，太史口誦其表，極贍麗。」案梅村表文亦載《北遊錄・紀聞》。

「雅善書，尺蹏便面，人爭藏弄以為榮」

談遷《北遊錄》：「過吳太史所。昨夕上傳吳太史及庶吉士嚴子餐沅、行人張稚恭恂各作畫以進。太史方點染山水，明日共進。時朝廷好畫，先是戶部尚書戴明說、大理寺卿王先士、程正揆各命以畫進。」案觀此則梅村又善畫，不獨善書也。

「葬吾於鄧尉、靈巖相近」

談遷《北遊錄・紀聞》：「駿公先生又工詩餘，善填詞，所作《秣陵春》傳奇今行。嘗作《賀新郎》一闋：『萬事催華髮。論龔生、天年竟夭，高名難沒。吾病難將醫藥治，耿耿胸中熱血。待灑向、西風殘月。剖卻心肝今置地，問華佗解我腸千結。追往恨、倍淒咽。　故人慷慨多奇節。為當年、沉吟不斷、草間偷活。艾炙眉頭瓜噴鼻，今日須難決絕。早悲若、重來千疊。脫屣妻孥非易事，竟一錢不值何須說。人世事，幾完缺。』」案孺木以順治十一年甲午入都見梅村，《錄》中所記皆其時事，則《賀新郎》詞蓋早作，世以為絕筆，非也。

《吳門遇劉雪舫》

五古長篇鋪敘如《北征》、《南山》皆風骨高騫，主賓凝互，故意境最高。梅村大都平衍，不過微之《昔遊》之比耳，然而宛轉含淒，靡靡入妙，使傷心人讀之涕下，真情真景亦後來所難追步者。此首與《遇南廂叟》一篇在集中皆入妙，亦可謂異曲同工矣。

《送何省齋》

頹放冗蔓，長慶之遺。

「君家好兄弟」

《明季南略》：「何亮工南真，桐城人，宰相何如寵孫也。亮工少有逸才，為史道鄰幕賓，史答攝政王書乃其手筆。順治丁酉舉孝廉，家南京武定橋。」

《清涼山讚佛詩》

此為董鄂貴妃作也。妃薨於順治十七年八月，翌年正月世祖賓天，王文靖

實親承末命，見於韓菼所作《行狀》。陳其年《詠史詩》：「玉柙珠襦連歲事，茂陵應長並頭花。」此紀實也。梅村此詠，鼎湖寓言，或當時傳聞之異，然詩特工麗。近有言於內閣舊檔發見順治二十一年題本者，余猶疑之。

近人陳援庵據《茆溪和尚語錄》證明世祖及董鄂貴妃皆火葬，茆溪即當時下火之一僧也，吳詩疑案得此乃定。火葬本滿洲舊俗，日本傳抄《三朝實錄》：「順治元年八月甲子，小祥，以國禮焚化大行皇帝梓宮。丙寅葬大行皇帝，中宮太后率眾妃及公主等詣焚所，舉哀畢，捧龍體安窀穸內，由中階升陵殿。葬畢，名昭陵，是太宗已火葬。」國初諸王如多爾袞等亦皆火葬，故外間有「焚骨揚灰」之謠。當時本不以為嫌。後來修《實錄》書，以其與中國禮教有礙，始諱之也。

「陛下壽萬年」

世祖信佛，當時必有傳為不死之說者。木陳和尚有《骨菴侍香記》一書，乾隆間以其妖言詔燬之。梅村所詠，或具其中，恨不能一證也。

「從官進哀誄，黃紙抄名入」

徐健庵《憺園集》「送程周量出守桂林」詩注：「周量官內秘書撰文，曾進《端敬皇后誄》，為孝陵所賞。」據此詩「從官進哀誄，黃紙抄名入」句，是當時進誄者不祗程可則一人也。

「微聞金雞詔，亦由玉妃出」

《世祖實錄》：「順治十七年十一月，諭端敬皇后彌留時，諄諄以矜恤秋決為言，朕是以體上天好生之德，見在監候各犯，概從減等；應秋決者，今年俱停止。」「微聞」二句指此。

「南望倉舒墳」

倉舒墳謂董鄂貴妃所生皇四子榮親王。王生甫四月，順治十五年正月薨，見《世祖實錄》。

「寄語漢皇帝，何苦留人間」

漢武學仙，章皇信佛，身局九重，神遊八極，瑤池黃竹之謠，蒼梧白雲之想，寫來疑是疑非，滿紙俱化煙霧矣，不得作實事解也。

「房星竟未動，天降白玉棺」

觀「房星」二句，蓋謂乘輿未出而遽賓天也。前段假道安銜命勸其脫屣人寰，故以此兩句作轉捩，所謂「惜哉善財洞，未得誇迎鑾」也。第四首「色空兩不住」亦以此意作結，所云寓言，信矣。

「惜哉善財洞，未得誇迎鑾」

善財洞當在清涼山。此二句明言神遊而非親到矣，是全詩點睛處，奈何解者不察，尚謂此山曾駐蹕耶。惜吳氏未注所出，容當詳考。《集覽》引《甬東遊記》，未是。

《集覽》「房星」注引《晉書‧天文志》：「房四星為明堂，天子布政之宮也。房星明則王者明。」考《晉書‧天文志》但云：「房為天駟，亦曰天廄，主開閉畜藏。房星明則王者明。」其「明堂，布政之宮」乃指角外三星，不知《集覽》何以合而為一，宜後人誤據解作帝星不動，而有法王行遯之疑也。吳注引《史記》注房星「主車駕」，得之。

房星近心，心為明堂，故宋均注《詩緯記曆樞》云：「房既近心，為明堂，又為天府及天駟也。」《晉書‧天文志》：「房四星為明堂，天子布政之宮。」實本此，但非本誼，本誼仍以主車駕為正訓耳，注家未能分析。

「色空兩不住」

此首寫其陟降，所謂「翠華想像空山裏」也，而以「色空兩不住」一點，何等超妙。若以鴻都方士之寓言，解作西山老佛之疑史，恐非詩人本旨。

《琵琶行》

集中七古，此為第一。中段寫琵琶聲激楚鬱盤，古音錯落，殆駕元、白而上之，近人學長慶體者所不能為。

《王郎曲》

此是長慶體之卑卑者，著語淡宕，故不惡，若更刻畫，便入魔道矣。奈何近人專喜此種。

談遷《北遊錄》：「過吳太史所，太史近作《王郎曲》。吳人王稼，本徐勿齋歌兒也。亂後隸巡撫土國寶，怙勢自恣。國寶死，逃入燕。今再至，年三十，而江南薦紳好其音不衰，強太史作《王郎曲》。先是，太史善病，每坐晤對，今病良已，詩繪自娛，因曰：『文詞一道，今人第辨雅俗似矣，然有用一語似雅實俗，有出於俗而實雅，未易辨也。』余聞之，瞿然有省。」案梅村此詩似雅實俗，孺木所記，其殆善於解嘲歟？

「古來絕藝當通都，盛名肯放優閒多」

都、多，唐韻不通，此用俗音取協。梅村詩用韻往往可議，蓋漸染明季填曲家不學之病也。

《蕭史青門曲》

「神廟榮昌主尚存」

今內閣舊檔有順治二年十二月二十四日養臣榮昌大長公主揭帖，是榮昌入本朝始薨也。

「盡歡周郎曾入選，俄驚秦女遽登仙。青青寒食東風柳，彰義門邊冷墓田。」

談遷《北遊錄》引孫承澤《春明夢餘錄》曰：「公主名徽媞，甲申年十五，傷右臂肩際。明年九月成婚。丁亥卒。公主葬周氏宅旁，今地賜豐盛王，垣之不可入。在廣寧門內。周世顯，父國輔。」

《通玄老人龍腹竹歌》

通玄老人，湯若望也。談遷《北遊錄》：「入宣武門稍左天主堂訪西人湯道未若望，大西洋歐邏巴人，萬曆戊午，航海從江浙入燕。故相上海錢文定龍錫以治歷薦。今湯官太常寺卿，領欽天監事，敕封通元教師，年六十有三，霜髯拂領。」《疇人傳》作「敕賜通微教師」，誤，當據此訂之。

彭孫貽《客舍偶聞》：「利瑪竇精天文律曆，以西洋曆法論改曆事，湯若望等續成之，名《崇禎曆書》。世祖定鼎北京，遂用之，名《時憲曆》，賜若望號通玄國師，賜一品服。」

《田家鐵獅歌》

談遷《北遊錄》：「入宣武門大街，久之道側鐵獅二，元元貞十年彰德路造，先朝都督田弘遇賜第，獅當其門。今門堙而獅如故也。吳駿公嘗作歌。」

「盧溝城雉對西山，橋上征人竟不還。枉刻蹲獅七十二，桑乾流水自潺潺。」

《北遊錄·紀聞》：「盧溝橋石獅兩行，共三百六十有八。」

《題崔青蚓洗象圖》

《北遊錄》：「過吳太史所，云往時大興孫清隱有高節，畫山水人物，追蹤古人，亡子。甲申遭亂，餒死。其畫多傳。太史題其洗象圖。」孫清隱即崔青蚓音訛，孺木殆聽之未審也。

《臨淮老妓行》

談遷《北遊錄》：「午遇吳太史所，太史作《臨淮老妓行》甫脫稿，云良鄉妓冬兒善南謳，入外戚田都督弘遇家。弘遇卒，都督劉澤清購得之，為教諸姬

四十餘人，冬兒尤姝麗。甲申國變，澤清欲偵二王存否，冬兒請身往，易戎飾而北至田氏，知二王不幸，還報澤清，因從鎮淮安。澤清漁於色，書佐某亡罪殺之，收其妻。明年澤清降燕，而攝政王賜侍女三人，皆經御者，澤清不避也。居久之，內一人告變，攝政王錄問，及故書佐之妻，澤清謂書佐罪當死，故妻明其非罪，且摘澤清私居冠角巾諸不法事。澤清誅，下冬兒刑部。時尚書湯嘗飲劉氏，識之，以非劉氏家人，原平康也，得不坐，外嫁焉。吳太史語訖，示以詩云云。」此梅村口述也，較注家為詳，宜附載之。

《七夕即事》

帷簿之事，跡涉曖昧，無從證明，史多不書，乃其慎也。詩則不妨，或一事之偶聞，或一時之託興，悱惻纏綿，而以微語出之，褻事秘辛，未嘗不可與正史同傳。若欲取以證史，以若明若暗之詞，易共聞共見之實，則繆矣。箋梅村詩者當知此意。

江陰夏閏枝語余此詩詠孝莊下嫁事也。細味此詩，實無下嫁之事，乃因多爾袞納肅王妃而傳訛者，余撰《清后妃傳稿》已辨之，且其時乃順治七年正月，非七夕事也，惟順治十一年靜妃廢，旋聘孝惠為妃，六月冊立為后，與詩「重將聘洛神」相合，所謂「祇今漢武帝，新起集靈臺」也。多爾袞未正位，安得以漢武為比。第四首「花萼」四句當有本事，今無可考，要之必非指孝莊也。

湯若望《日記》：「世祖一寵妃乃一親王亡妻，此親王□辱其妻，為世祖所責，氣憤而死，世祖遂納其妻。」寵妃不知所指何人，似可與花□□相印證，但湯若望日記乃近日德人重譯，其真贗尚須待考耳。

程迓亭箋謂此詩詠董鄂貴妃事。第四首「淮南」二句指貴妃先喪皇子也，然董鄂妃薨逝在順治十七年八月，似與七夕無涉，仍當闕疑。

又案孝莊無下嫁事，而宮中秘事容或有之。亡友王靜安曾見舊檔案審訊多爾袞黨與，有一供詞涉及無禮太后事，惜未全記。此詩所詠，殆指是歟？「重將聘洛神」謂納肅王妃也。「沉香」二句其新孔嘉之感。三首極寫深宮望幸之意，而以「夜如何」作結，所謂詩人微詞也。第四首則多爾袞薨逝，南內無人，牽牛誰候，正頂淮王兩句也。如此解之，詩意全通。首句「西王母」一點透出作詩本旨，正不必作下嫁解也，似亦可備一說，然宮禁深嚴，外間傳聞豈能盡實。嘗見《北遊錄》載梅村談論，按之事實，亦多有未碻者，終不如就詩論詩，泛作宮怨，較無穿鑿耳。

《雜感》

「聞說朝廷罷上都，中原民田未全蘇。」

《甌北詩話》云：「順治七年攝政王以京師暑熱，欲另建京城於灤州，派天下錢糧一千六百萬。是年王薨，世祖章皇帝特詔免此加派，其已輸官者准抵次年錢糧。」所謂罷上都，正指此事也。

「珠玉空江鬼哭高」

《甌北詩話》云：「張獻忠亂蜀時聚金銀寶玉，測江水深處，開支流以涸之，於江底作大穴，以金寶填其中，仍放江流復故道，名之曰『水藏』，所謂『珠玉空江鬼哭高』也。」

「取兵遼海哥舒翰」

哥舒翰無取兵遼海事，聞之故老，「哥舒翰」乃「桑維翰」之訛。詩以桑維翰通使契丹比吳三桂之請兵我朝，當時或有所諱也，亦烏桓作烏瓛之類矣。

《國學》

「伏挺徒增感遇心。」

《梁書》：「伏挺少有盛名，又善處當世，朝中勢素多與交遊，故不能久事隱靜。時徐勉以疾假還宅，挺致書以觀其意。」梅村之出，由海寧、溧陽二相所薦，故詩用挺事。注引《南史》，未詳詩意。

《江上》

全謝山《定西侯張名振墓表》：「癸巳，公以軍入長江，直抵金、焦，遙望石頭城，拜祭孝陵，題詩慟哭。甲午，復以軍入長江，掠瓜、儀，深入侵江寧之觀音門，時上游有蠟書，請為內應，故公再舉，而所約卒不至，乃還。」癸巳為順治十年，甲午順治十一年，此詩所詠者是也，非指十六年鄭成功陷鎮江事。

《李退庵侍御奉使湖南從兵間探衡山洞壑諸勝歸省還吳詩以送之》

聞之故老云，侍御之先開藥肆於洞庭東山，侍御即山居讀書，應試則仍回原籍，故注云「吾吳之洞庭人」。

《太湖備考‧選舉志》中載：「東山李敬，順治二年乙酉科舉人，四年丁亥呂宮榜進士，江寧籍。」

《送趙友沂下第南歸》

談遷《北遊錄》:「求吳太史書二綾,蓋方庵二南所懇太史昨秋送趙生南歸詩:『趙氏只應完白璧,燕臺今已重黃金。』二南甚愛其句,特書焉。」

《即事》

談遷《北遊錄》:「先是,傳詞林十四人修《順治大訓》於外宅,吳駿公太史與焉。」又云:「初正月末,太史召入南苑纂修《內政輯要》。在南苑時再被召,知其抱疴,放歸,則二月之八日也。」此詩蓋梅村召赴南苑修書時所賦。

《北遊錄》又一條云:「吳太史家幹至,云昨召入南海子纂修《孝經衍義》,同官六人,總裁者涿州也。」

《長安雜詠之二》

順治九年,達賴喇嘛入覲,世祖敕居黃寺。此詩所詠是也。

《思陵長公主輓詩》

《北遊錄》引張宸《記事》云:「甲申春,上議降主,時中選者兩周君,其一即都尉也。其一人內臣糾家赧失謹,即掖群內侍環都尉,讙曰:『貴人貴人,是無疑矣。』順治二年詔故選子弟,都尉君應詔赴。是時有市人子張姓者冒選應。既得之矣,召內廷,給筆札,各書所從來。市人子書祖若父皆市儈,則大叱去,曰:『皇帝女配屠沽兒子?』命都尉書,則書父太僕公,祖儀部公,高、曾以下皆簪纓。遂大喜,曰:『是矣!』即故武清侯之第,賜金錢斗車,莊一區,田若干頃,具湯沐,成吉禮焉。時乙酉六月上浣事也。公主喜詩文,善針飪,視都尉君加禮。御臧獲吳語,隱處即飲泣,呼皇父皇母,泣盡繼以血,以是坐羸疾。懷娠五月,於丙戌八月十八日薨,淑齡十有七耳。都尉藏所遺像,右頰三劍痕,即上所擊也。老內侍見輒拜,曰眉似先帝云。」

《讀史偶述》

此數首皆我朝入關後襍詠,金鑾祕事,都市瑣聞,懷舊話今,咸有故實,非為前朝捃逸也。

其十二「寂寂空垣宿鳥驚」

《癸巳存稿》:「今世襲墨爾根王府在東單牌樓石大人胡同,乾隆時所立也。其舊府據《恩福堂筆記》在東安門內之南明時南城(今瑪哈噶喇廟)。吳梅村《讀史偶述》詩其地址俱合。」蓋撤封以其女及養子家產人口給信王,故詩曰「空垣」也。

「七載金縢歸掌握，百僚車馬會南城」

《甌北詩話》云：「南城本明英宗北狩歸所居，本朝攝政王以為府第。朝事皆王總理，故百僚每日會此。」順治七年王薨，故云「七載金縢」也。

彭孫貽《客舍偶聞》：「墨勒根王初稱攝政王，次稱皇父，繼而稱聖旨，適大同堅守，九王親赴，行間道病而殂，其事甚秘。胡良輔與索尼、蘇克撒哈等合謀，盡誅九王子孫，焚王骨，揚灰，世祖始克親政。」案焚骨揚灰事亦見吳三桂反時上聖祖書。睿王實薨於哈喇城，非大同。姜瓖之役，胡良輔即內監，吳良輔其時尚未攬權，皆傳聞之誤。

《讀史有感》

《讀史》八首亦為董鄂貴妃作，可與《清涼山讚佛詩》參觀。

其五

此首分明寫出胭脂山畔女兒狀態。近有妄人以董小宛強附會董鄂貴妃，俗語不實，流為丹青。無論年不相及，而南人嬌弱，亦豈有射雕好身手耶？陳其年水繪舊客，其《讀史》詩亦云：「董承嬌女拜充華。」無一語涉及如皋，可以互證也。

《偶得》之二

《甌北詩話》云：「此首乃順治九年拏獲京師大猾李應試、潘文學二人正法之事。」

《題冒辟疆名姬董白小像之八》

「墓門深更阻侯門。」

結句蓋言零落之悲甚於攀折之苦耳。若果生入天家，死留青冢，復室永蒼，又豈侯門之足擬耶？梅村最講詩律，不應用典不倫，固知捫龠之談不可信也。

《古意》

《古意》六首，蓋為世祖廢后博爾濟吉特氏作。后於順治十年八月降靜妃，改居側宮，見《世祖實錄》。此詩殆世祖崩后作，其時靜妃當尚在也。

《仿唐人本事詩》

《世祖實錄》：「順治十三年六月，諭定南武壯王女孔氏，忠勳嫡裔，淑順端莊，宜立為東宮皇妃，候旨行冊封禮。」第一首指此，《古意》六首則為靜妃作也。

四、《四部備要書目提要》

《吳詩集覽》二十卷附《談藪》

〔著者小傳〕吳偉業，清太倉人，字駿公，一字梅村。崇禎進士。官至少參事，與馬士英、阮大鋮不合，假歸。康熙時，有司力迫入都，累官國子祭酒。尤長於詩。少時才華豔發。後經喪亂，遂多悲涼之作，論者方之庾信。畫山水清疏韶秀，得董、黃意。有《梅村集》、《綏寇紀略》、《太倉十子詩選》。　靳榮藩，清黎城人，字介人。

〔本書略述〕《吳詩集覽》二十卷，清吳偉業撰，靳榮藩輯注。其詩詞均入四庫著錄，略稱：「其少作大抵才華豔發，吐納風流，有藻思綺合、清麗芊眠之致。及乎遭逢喪亂，閱歷興亡，激楚蒼涼，風骨彌為遒上。暮年蕭瑟，論者以庾信方之。其中歌行一體，尤所擅長。格律本乎四傑，而情韻為深；敘述類乎香山，而風華為勝。韻協宮商，感均頑豔，一時尤稱絕調。其流播詞林，仰邀睿賞，非偶然也。至於以其餘技度曲倚聲，亦復接跡屯田，嗣音淮海。王士禎詩稱『白髮填詞吳祭酒』，亦非虛美。」以上《四庫提要》語。此本卷數仍四庫著錄之舊，惟每卷分為上下，以便檢閱。所注考訂詳密，繁簡得當。凡指事類情之處，均能注明本事原委，使讀者諷詠涵濡，而其義自見，絕無附會穿鑿之弊。平心而論，似勝吳翌鳳注，故張文襄《書目答問》特以靳氏注本著錄。

〔卷目〕一上至三下，五言古詩。四上至七下，七言古詩。八上至十下，五言律詩。十一上至十五下，七言律詩。十六上十六下，五言排律。十七上，五言絕句、六言絕句、七言絕句。十七下至十八下，七言絕句。十九上至二十下，詩餘。附《談藪》。

五、鄧之誠《吳偉業》〔註3〕

吳偉業，字駿公，號梅村，太倉州人。崇禎四年進士高第第二人及第，授編修。少受學於張溥，溥為復社黨魁，操縱朝局。偉業初登第，溥令上疏劾溫體仁，偉業謝不敢，而別劾體仁之黨蔡琛，忌者側目，遂祈假歸。八年始入都補官。溥益與體仁構釁，而有陸文聲訐告復社結黨亂政之事，擾攘數年，至體仁罷政，其事始稍已。十年偉業復嚴劾輔臣張至發，翌年與楊士聰共劾吏部尚書田惟嘉、太僕寺卿史蓳。至發傳體仁衣缽，而田、史為至發鷹犬。十二年出為南京國子監司業，翌年升中允轉諭德，以請養不赴。南都立，起補少詹事。

〔註3〕鄧之誠《清詩紀事初編》卷三，中華書局 1965 年版，第 392～395 頁。

時馬、阮當權，赴官二月復辭歸。入清杜門不出，然猶主持文社，數為十郡大會，會於虎丘，聲名益重。順治十年，陳名夏、陳之遴同為大學士柄政，與馮銓、劉正宗爭權。名夏社盟舊人，而之遴與偉業兒女姻親，思借偉業文采以結主知，因屬江南總督馬國柱具疏力薦偉業，敦促就道。阻其行者甚眾，經年不能決。終於就道。比入都補官弘文院侍講，轉國子監祭酒，僅委以修書，所謂虛相位以待者，竟無其事。未幾，名夏誅死，之遴發盛京居住，禁社盟，興科場之獄，皆黨爭報復。十四年，偉業以奔繼母喪得南歸，自後家居者十四年。《與子曝疏》云：「每東南有一獄，長慮收者在門。及詩禍史禍，惴惴莫保。奏銷以在籍部提，牽累幾至破家。既免，而又有海寧之獄。無何，陸鸞告訐反坐，吾祖宗之大幸，亦東南之大幸也。」所謂詩禍，當指《啟禎詩選》。史禍如是莊史，不應列在閉戶十年之時。奏銷事嘗見偉業與所親書，怖畏幾死，賴門人盧紘為糧道而免。海寧之獄，疑之遴抄沒，追究寄頓。陸鸞事見杜登春《社事始末》云：陸鸞枋人，借江上（順治十六年，鄭成功率師陷鎮江攻南京）以傾梅村而擊兩社（慎交社、復聲社），上書告密，首及梅村。云係復社餘黨，興舉社事，大會虎丘，將為社稷憂。發外查審。當事力雪之，置陸鸞於法，士心始安。因自謂一生遭際，萬事憂危，然猶以其間成《春秋地理志》、《春秋氏族志》、《復社紀聞》、《綏寇紀略》。《紀略》薈萃眾事，較戴笠、彭孫詒之書為備。乃身後幾以之破家，又偉業之所未料者也。卒於康熙十年，年六十三。事具《貳臣傳乙編》及顧湄《吳梅村先生行狀》。遺命以僧服斂，題「詩人吳梅村之墓」，蓋悔之也。其詩竟風行一代。初，婁東與雲間分派，皆取徑唐賢。偉業謂陳子龍始崇右丞，後擬太白，子龍謂偉業詩似李頎。所不同者，偉業漸涉宋人藩籬而已。其詩以七言歌行自成一體，事固足傳，而吐辭哀豔，善於開合，讀之使人心醉。然以擬元白，則不免質薄而味醇。喜用口語，亦是一蔽。錢陸燦指《蕭史青門曲》「自家兄妹話酸辛」句云：「可付盲女彈詞也。」七絕頗有佳篇，五古學杜有率爾者，七律只謀佳句，五律則陸燦所謂直布袋。《清涼山讚佛》詩，世祖出家，事本存疑，乃去天萬里，遽作勘定語，為世口實，致淺薄者捃摭及於董宛，殊可閔笑。絕句所詠時事，或見小報，或歸客所述，以讕語括之。熟悉清初事者，一見即知，其不能知者，雖揣測無益也。《讀史偶述》三十二首：其三翻譯經書，四詠世祖讀書室曰孚齋，徐元文為作說者，五賜翰林官裘及官服，十一范文程薦其婿生員盧景入直翰林，十二詠攝政王多爾袞，十三世祖常幸天主堂，十五致歎其時禁用萬曆年號，十七禮烈親王，十

九洪承疇金魚池賜園，二十二世祖幸查園，二十五世祖工繪事，二十六攝政王病時，衛輝進竹瀝，為一方之累，二十七禮部徵高僧十九人，焚修西苑蕉園。《讀史有感》八首：一二言世祖之崩，三言後，四言以後無奪人妻者矣，六董鄂傷子而死，七八疑帝非真死。《偶得》三首：一旗債，二黃臕李五，三帝姊下嫁蒙古王。《古意》六首：一廢后，二三四五宮人失寵者，六季開生諫買揚州女子。其文於歸唐王李外，別成一體，雄厚遜於錢謙益，而委曲條鬯，亦有可取。世乃譏其不駢不散，此讀茅鹿門書而未通者之言也。紀事之文，心存畏忌，不敢表章滄桑間事，然所述者皆身經目擊，較傳聞失實者固有間矣。《梅村先生詩集》刻於順治十七年，託之門人所編。首載謙益序及書，偉業聲望輩行在謙益後，故倚之為重；而謙益以偉業復社黨魁，亦頗推之。及謙益既沒，宋徵璧乃述偉業之言，以謙益所修史及《列朝詩集》盡出程嘉燧手。朱長孺作書詰之，偉業不答，是果有其語矣。競名或心有不滿，二者必居——於此。然其言甚誣，未足取信於人也。《梅村集》四十卷，當是晚年自定，盧綋為之刻於康熙九年，猶及觀成。別有《梅村家藏稿》五十八卷，近人以其詩文多溢出本集而刻之，不知十卷本尚有六十餘首，為《藏稿》所無。《江左三家詩》中亦有絕無僅有者，靳榮藩始為之作注。《吳詩集覽》二十卷，刻於乾隆四十年，稱為詳贍，頗徵舊聞，唯滄桑間事，諱莫如深。吳翌鳳繼之有《梅村詩集箋注》二十卷，刻於嘉慶十九年，益徵用典所出。翌鳳搜求清初往事甚力，不應此獨闕如，或有所避，臨時抽出耶？程穆衡《梅村詩箋》十二卷、詞一卷、補一卷，成書於嘉慶三年。自序唯貴核今，無煩徵古。穆衡素以博洽聞，留心鄉邦文獻，著《婁東耆舊傳》、《鳥吟》，他所撰著甚眾。此箋注事，十已得其五六，可謂難能。改分體為編年，雖未能毫釐不失，而大體無誤。唯據錢陸燦批本題曰《錢箋》，錢批不傳，世遂以貴錢者貴程。昔年予求得曹炎過錄本，有炎手題一行云：「康熙甲午（五十二年）夏日，得錢湘靈先生閱本，殊有開益，故臨是本。」炎字彬候，號鶴溪主人，常熟人。客洞庭席氏。嗜手鈔書，有鄉先輩陸敕先、馮定遠之風。孫淇《市肆藏書歌》「一廚連屋當屏風，一匱遮門充閤皮」，即為炎作。詳見葉昌熾《藏書紀事詩》。批語有朱筆，當出陸燦。藍筆不知何人，自謂丁酉（順治十四年）北闈副榜，於陸燦所舉「潦倒」二字出於《晉書》，頗有是正。穆衡所引有出於藍筆者，混然無別，疑所見亦過錄本。《蘆洲行》引錢批云：「詩多文移案牘語，蓋自為一體。」此本無此二語，但云「幾於張靜軒」矣，或過錄有未盡耶？錢批多糾彈詩之累句，能證舊事者甚罕，且不免

微誤，穆衡無所別白，非是。《詩箋》未刻，只流傳鈔本。稱吳翊為偉業曾孫。翊字振西，繼善孫，嘗興修《一統志》。康熙五十一年進士，侯補內閣中書，卒年六十。見《州志》。穆衡與翊交好，不應有誤。必傳鈔者誤以草書侄字為曾字，校者未審，遂至貽誤。又楊學沆以所作注名為《詩箋補注》，與穆衡作注之旨，大相刺謬。傳鈔者不察，竟以與《詩箋》合併，亟宜裁正。印光奇《吳詩校正》二十卷，似注非注，云擇詩二十首，附以辨正，多駁靳注，亦有見地。頗詆顧師軾《年譜》之誤，學官刻書，疑與年譜爭閒氣耳。

六、袁行雲《清人詩集敘錄》〔註4〕

梅村家藏稿詩前集八卷詩後集十四卷　宣統間誦芬室刻本

吳偉業撰。偉業字駿公，號梅村，江蘇太倉人。復社首領，受業於張溥。明崇禎四年一甲二名進士，授編修。官國子司業。弘光時召拜少詹事，甫任兩月，與馬士英、阮大鋮不合，謝歸。入清，杜門不與世通者十年。主持文社，聲名籍甚。順治十年，應召入都。阻行者甚聚，終於扶病出山。初授秘書院侍講，尋升國子監祭酒。十四年歸里。十七年，以奏銷事議處，幾至破家。著有《春秋地理志》、《春秋氏族志》、《復社紀聞》、《綏寇紀略》及樂府雜制二種。卒於康熙十年十二月二十四日，年六十三。自編詩文集四十卷，周肇、王昊、許旭、顧湄校，盧綋、陳瑚序，生前已有刻本。清末董康德吳氏舊鈔《家藏稿》六十卷，內《詩前集》八卷，《詩後集》十四卷，錢謙益序，較舊刻多得七十三首，刊版又將舊刻所多詩文附於後，世以為後來者居上矣。清朝初立，詩壇門戶全仗明季漢族士夫。入仕者，則以錢、吳為首推。吳詩詞芊麗縣，富有日新，於雲間詩派外，別樹一幟，稱婁東詩派。集中五七古歌行，胎息初唐，尤所擅長。《臨江參軍》、《闐州行》、《遇南廂園叟》、《殿上行》、《永和宮詞》、《松山哀》、《雁門尚書行》、《臨淮老妓行》、《楚兩生行》、《蕭史青門曲》、《雒陽行》、《田家鐵獅歌》、《圓圓曲》、《思陵長公主輓詩》、《讀吳匏菴手鈔宋謝翱西臺慟哭記》諸篇，走筆敘事，長歌當哭，皆志在以詩存史。《贈蒼雪詩》、《避亂六首》、《攀清湖》、《聽女道士卞玉京彈琴歌》、《闐州行》、《捉船行》、《馬草行》、《汲古閣歌》、《後東皋草堂歌》、《木棉行》、《王郎曲》、《瀘洲行》、《海戶曲》、《打冰詞》、《畫中九友歌》，多以滄桑親歷，寓之於歌，感歎無窮。近體七言高華精整，唯五言律稍傷率直，世以譏之。方其入都前，仍稱明代為昭代，寄

〔註4〕袁行雲《清人詩集敘錄》，文化藝術出版社1994年版，第68～70頁。

懷故國，與遺老無具。受官後，既而悔之，以為誤盡平生，祇可草間偷活，一篇之中，三致志焉。喜詠史。《識史雜感十首》，皆詠南渡後事。又多詠時事，《清涼山讚佛詩》，謂世祖出家，最為牽強。後人據詩中曰雙成，曰千里草，傅會為董妃，益不可索解矣。《讀史偶述三十二首》、《行路難十八首》，實指當道，亦不徒辭章之工也。偉業身仕二朝，人多比之庾信。胡介句云：「歸心更度桑乾水，伏櫪重登郭隗臺。」吳祖修句云：「悲歌自覺高官誤，讀史應知名士難。」王藻句云：「百首淋漓長慶體，一生慚愧義熙民。」沈德潛句云：「蓬萊宮裏舊仙卿，自別青山悔遠行。」無不寄以悔恨之意。乾隆間修《四庫全書》，下旨查錢謙益詩文，於偉業特為優宥。《梅村集》既著錄《四庫》，復有御製題詩。未幾靳榮藩作注，成《吳詩集覽》二十卷。嘉慶間，程穆衡撰《梅村編年詩箋》十二卷，吳翌風撰《梅村詩集注》二十卷，吳詩風行一代矣。嘉、道時，詩人忠君，於錢、吳貳臣指責最多。如柯振岳《書吳梅村詩集》云：「問他君父倫常外，更有詩書氣韻無。」《蘭雪集》。甚至成媚世之言，亦不足據耳。林昌彝《論詩絕句》云：「三家江左非同調，只在衙官屈宋間。」《衣䎻山房詩集》。褫錢、吳正統矣。然偉業究竟清初大家，《梅村集》似亦應有匯注本問世。楊鳳苞《秋室集》卷三有《某氏讀梅村豔詩書後箋》〔註5〕，沈丙瑩《春星草堂集》

〔註5〕（清）楊鳳苞《秋室集》卷三《某氏讀梅村豔詩書後箋》（湖州叢書本）：《南渡錄》，《逸史》已採附《聖安紀略》中。舊箋某氏詩，附錄於此。《讀梅村宮詹豔詩有感書後》四首序云：「余觀楊孟載論李義山《無題》詩，以為音調清婉，雖極其穠麗，皆託臣不忘君之意，因以深悟風人之旨。若韓致光遭唐宋末造，流離閩越，縱浪香奩，蓋亦起興比物，申寫託寄，非猶夫小夫浪子沉湎流連之云也。頃讀梅村宮詹《豔體詩》，見其聲律妍秀，風懷悱惻，於歌禾賦麥之時，為題柳看桃之作，旁皇吟賞，竊有義山、致光之遺恨焉。雨窗無俚，援筆屬和，秋蛬寒蟬，吟噪咽晰，詎堪與間關上下之音，希風說響乎？河上之歌，聽者將同病相憐，抑或以為同牀各夢而顉然一笑也。時歲在庚寅玄冥之小月二十有五日。」箋曰：「梅村集中豔詩，皆庚寅以後之作，悉有本事可考，亦無故國之感。某氏所讀之詩已佚矣，其云同牀各夢，某氏感陪京，梅村思北都與？」第一章云：「上林珠樹集啼烏，阿閣斜陽下碧梧。博局不成輸白帝，聘錢無藉貰黃姑。投壺玉女知天笑，竊藥姮娥為月孤。淒斷禁垣芳草地，滴殘清淚到蘼蕪。」箋曰：「此章指福王採選淑女事。按史，甲申八月庚寅，命選淑女。十月丙寅，命杭州選淑女。乙酉二月甲寅朔，命嘉興、紹興選淑女。四月丁卯，選淑女於元暉殿。先於二月乙丑，命蘇州織造造大婚冠服，未至婚期而南都下，王北去矣。此詩所以作也。上林珠樹，鸞鳳所棲，今乃集啼烏矣，喻小人之當國，猶《魯頌》所云『翩彼飛鴞，集于泮林』也，蓋謂馬、阮輩。阿閣碧梧，宜如《卷阿》所云『梧桐生矣，于彼朝陽』者，方是隆盛氣象，今乃斜陽下之，喻國之將亡。當時陪京岌岌之勢，一言寫盡，博局不成，謂通問

使被羈，和議已廢，而安能遏本朝之南下？王於此當嘗膽臥薪，徐圖恢復，而惟以中宮未正，急於採選，不亦慎乎？然王雖偏安南服，猶奉正朔，故曰無藉賫聘錢也。玉女謂中山上公之女，備中宮之選者，故云投壺知天笑也。姮娥謂王故妃童氏南來，王以為假，下錦衣衛獄，故云竊藥為月孤也。曾未幾時，而王遜太平矣。禁垣之地鞠為茂草，彼故人新人蘼蕪之詠可不作也，祇令故國遺臣對之而隕涕耳。」箋又曰：「來元成《南行載筆》云：據邸報，欽天監奏，奉旨：淑女六人在於十月初十日午時送進選擇，還宜博訪細選，以光大典。司禮監奏，奉旨：淑女一時乏人，在於杭州等處選擇。前旨所云六女者，嬪御之類，後二旨則淑女也，而江浙之地騷然矣。南京選定七十人，內擇一阮淑女；浙江所選五人，內擇一王淑女；又輦下一周淑女，其父夤緣自獻，亦擇取之。三宮已定，六禮未成。於西華門外設廠供奉，懸彩於門，每日女奴演習，彩輿於路。禮官方擇日大婚，而鼙鼓動地，驚破霓裳羽衣矣。初十日傳旨，三淑女放歸母家。梅村《聽女道士卞玉京彈琴歌》云：『玉京與我南中遇，家近大功坊底路。小院青樓大道邊，對門恰是中山住。中山有女嬌無雙，清眸晧齒垂明璫。曾因內宴值歌舞，坐中瞥見塗鴉黃。問年十六尚未嫁，知音識曲彈清商。歸來女伴洗紅妝，枉將絕伎矜平康，如此才足當侯王。萬事倉皇在南渡，大家幾日能拄梧。詔書忽下選蛾眉，細馬輕車不知數。中山好女光裹回，一時粉黛無人顧。豔色知為天下傳，高門愁被旁人妬。盡道當前黃屋尊，誰知早被紅顏誤。南內方看起桂宮，北兵早報臨瓜步。聞道君王走玉驄，犢車不用聘昭容。幸遲身入陳宮裏，恰早名填代籍中。依稀記得祁與阮，同時亦中三宮選。可憐俱未識君王，軍府鈔名被驅遣。漫詠臨春瓊樹篇，玉顏零落委花鈿。當時錯怨韓擒虎，張孔承恩已十年。但教一日見天子，玉兒甘為東昏死。羊車望幸阿誰知，青冢淒涼竟如此。』又，《過錦陀林玉京道人墓詩序》云：『玉京忽至，取所攜琴，為生一鼓再行。泫然曰：吾在秦淮，見中山故第有女絕世，名在南內選擇中。未入宮而亂作，軍府以一鞭驅之去。吾儕淪落，分也，又復誰怨乎？坐客皆為流涕。』按：此與《南行載筆》所記大異，惟所云阮淑女同爾。鄙意玉女正指中山上公之女，他常女子不敢當此。故箋據梅村詩也。」第二章云：「靈璈森沉宮扇回，屬車轔轆殷輕雷。江長海闊欺魚素，地老天荒信鴆媒。袖上唾看成紺碧，懷中泣忍化瓊瑰。可憐銀燭風前淚，留取胡僧認劫灰。」箋曰：「此章指福王如北京也。靈璈森沉，言君既出亡，皇居帝闕，闃其無人。平時扇影開合，得瞻龍顏者，今安在哉？惟聞殷雷之響起，疑象君王之車音爾。原所以致此禍者，由於和議不成，如通問副使陳洪範輸欵本朝，所謂欺魚素也。江長海闊，則釁隙自生，亦由於宵小煬蔽，如馬、阮表裏作奸，而王偏任之，所謂信鴆媒也。地老天荒，則悔恨何極，又田雄之挾王降也。劉良佐、劉澤清爭以為功，無異趙家姊妹之爭寵，故以唾袖為比。乙酉九月，王北去。明年五月，與潞王等皆被害。故以聲伯瓊瑰之占為比，言欲歸不得也。故宮燭淚已付劫灰，誰復問胡僧辨之乎？」第三章云：「摘鼓吹簫罷後庭，書帷別殿冷流螢。宮衣蛺蝶晨風舉，畫帳梅花夜月停。衒壁金釭憐綺旎，翻階紅藥笑婷婷。水天閒話天家事，傳與人間總淚零。」自注：蛺、衣梅帳皆寓天寶近事。箋曰：「此章言福王不邇聲色，與《長干塔光集》中『一年天子小朝廷』一首意同。首言王無音樂，次言無妃嬪之娛，三言宮中衣履之陋，四言王服御之儉，五六以漢唐之奢侈作襯。末聯天家事三字，使微者顯之，並上二章亦收拾在內矣。蛺衣，

喻衣之敝者，如蝶之翻飛，猶所謂衣如縣鶉者，衣如雞棲者，又所謂鳳尾衫者。注引明皇蝶幸，大非。梅帳，即梅花紙帳也。」第四章云：「銀漢依然戍玉清，竹宮香爐露盤傾。石碑衡口誰能語，棋局中心自不平。褵日更衣成故事，秋風紈扇又前生。寒窗擁髻悲啼夜，暮雨殘燈識此情。」箋曰：「某氏別抱琵琶，不能自諱，故以梁玉清之奔太白自比。銀漢依然戍者，言為本朝所羈繫，如玉清謫北斗下當春也。竹宮爐，露盤傾，言國亡矣。於是口不能言，則如衡石碑也。心不能平，則如彈棋局也。褵日句，言弘光時王之寵，已如衛子夫之得幸於武帝。秋風句，言崇禎時，帝之棄，已如班婕妤之見疎於成帝。結句，言己負有明一代史事，而甲乙之際，宗社再墟，朝端近局，皆身親而目睹之者，故述之於詩。是詩即史，如樊通德親侍趙飛燕，而述之于伶元，作為《外傳》。然寒窗靜夜，擁髻悲啼，有誰知者哉？庶幾暮雨殘燈，或識此情耳。此二語不特收束本首，實四章結穴也。」

（清）溫睿臨《南疆逸史》附楊鳳苞《東澗讀梅村豔詩書後箋》（清傅氏長恩閣鈔本）與此有異，逐錄於下，以備比勘：

《南渡錄》，《逸史》已採附《聖安紀略》中。舊箋東澗詩，附錄於此。《讀梅村宮詹豔詩有感書後》四首序云：「余觀楊孟載論李義山《無題》詩，以為音調清婉，雖極其穠麗，皆託臣不忘君之意，因以深悟風人之旨。若韓致光遭唐末造，流離閩越，縱浪香奩，蓋亦起興比物，申寫託寄，非猶夫小夫浪子，沉湎流連之云也。頃讀梅村宮詹《豔體》詩，見其聲律妍秀，風懷悱惻，於歌禾賦麥之時，為題柳看桃之作，旁皇吟賞，竊有義山、致光之遺恨焉。雨窗無俚，援筆屬和，秋螯寒蟬，吟噪咽唶，詎堪與間關上下之音，希風說響乎。河上之歌，聽者將同病相憐，抑或以為同牀各夢，而軒然一笑也。時歲在庚寅元冥之小月二十有五日。」箋曰：梅村集中豔詩，皆庚寅以後之作，悉有本事可攷，亦無故國之感。東澗所讀之詩已佚矣，其云「同牀各夢」，東澗感陪京，梅村思北都與？第一章云：「上林珠樹集啼鳥，阿閣斜陽下碧梧。博局不成輸白帝，聘錢無藉貰黃姑。投壺玉女知天笑，竊藥姮娥為月孤。悽斷禁垣芳草地，滴殘清淚到蘼蕪。」箋曰：「此章指福王採選淑女事。按史，甲申八月庚寅，命選淑女。十月丙寅，命杭州選淑女。乙酉二月甲寅朔，命嘉興、紹興選淑女。四月丁卯，選淑女於元暉殿。先於二月乙丑，命蘇州織造造大婚冠服；未至婚期而南都下，王北去矣。此詩所以作也。上林珠樹，鸞鳳所棲；今乃集啼鳥矣，喻小人之當國。猶《魯頌》所云『翩彼飛鴞，集于泮林』也；蓋謂馬、阮輩。阿閣碧梧，宜如《卷阿》所云『梧桐生矣，于彼朝陽』者，方是聖朝氣象；今乃斜陽下之，喻國之將亡。當時陪京岌岌之勢，一言寫盡。博局不成，謂通問使被羈；和議已廢，而安能遏本朝之南下！王於此當嘗膽臥薪，徐圖恢復；而惟以中宮未正，急於採選，不亦慎乎！然王雖偏安南服，猶奉正朔；故曰無藉貰聘錢也。玉女，謂中山上公之女，備中宮之選者；故云投壺知天笑也。姮娥，謂王故妃童氏南來，王以為假，下錦衣衛獄；故云竊藥為貝孤也。曾未幾時，而王遜大平矣。禁垣之地，鞠為茂草；彼故人、新人蘼蕪之詠，可不作也。祇令亡國遺臣，對之而隕涕耳！」箋又曰：「來元成《南行載筆》云：據邸報，欽天監奏：奉旨，淑女六人，在於十月初十日午時送進選擇；還宜博訪細選，以光大典。司禮監奏：奉旨，淑女一時乏人，在於杭州等處選擇。前旨所云六女者，嬪御之類。後二旨則淑女也。而江浙之地騷然矣。南京選定七十人，內

擇一阮淑女。浙江所選五人，內擇一王淑女。又輦下一周淑女，其父夤緣自獻，亦擇取之。三宮已定，六禮未成。於西華門外設廠供奉，懸彩於門，每日女奴演習，彩輿於路。禮官方擇日大婚，而鼙鼓動地，驚破霓裳羽衣矣。初十日傳旨，三淑女放歸母家。梅村《聽女道士卞玉京彈琴歌》云：『玉京與我南京中遇，家近大功坊底路。小院青樓大道邊，對門恰是中山住。中山有女嬌無雙，清眸皓齒垂明璫。曾因內宴值歌舞，坐中瞥見塗鴉黃。問年十六尚未嫁，知音識曲彈清商。歸來女伴洗紅妝，枉將絕伎夸平康，如此才子當侯王。萬事倉皇在南渡，大家幾日能枝梧。詔書忽下選蛾眉，細馬輕車不知數。中山好女光裏回，一時粉黛無人顧。豔色知為天下傳，高門愁被旁人妒。盡道當前黃屋尊，誰知早被紅顏誤。南內方看起桂宮，北兵早已臨瓜步。聞道君王走玉驄，犢車不用聘昭容。幸遲身入陳宮裏，恰早名填代籍中。依稀記得祁與阮，同時亦中三宮選。可憐俱未識君王，軍府鈔名被驅遣。漫詠臨春瓊樹篇，玉顏零落委花鈿。當時錯怨韓擒虎，張孔承恩已十年。但教一日見天子，玉兒甘為東昏死。羊車望幸阿誰知，青塚淒涼竟如此。』又《過錦陀林玉京道人墓詩序》云：『玉京忽至，取所攜琴，為生一鼓再行，泫然曰：吾在秦淮見中山故第，有女絕世，名在南內選擇中，未入宮而亂作，軍府以一鞭驅之去。吾儕淪落，分也，又復誰怨乎？』坐客皆為流涕。」按：此與《南行載筆》所記大異，惟所云阮淑女同爾。鄙意玉女正指中山上公之女，他常女子不敢當此，故箋據梅村詩也。第二章云：「靈璅森沉宮扇廻，屬車輕轆殷輕雷。江長海闊欺魚素，地老天荒信鳩媒。袖上唾看成紺碧，懷中泣忍化瓊瑰。可憐銀燭風前淚，留取胡僧認劫灰。」箋曰：「此章指福王如北京也。靈璅森沉，言君既出亡。皇居帝闕，闃其無人。平時扇影開合，得瞻龍顏者，今安在哉？惟聞殷雷之響起，疑象君王之車音爾。原所以致此禍者，由於和議不成，如通問副使陳洪範輸款本朝，復縱南歸，所謂欺魚素也。江長海闊，則釁隙自生，亦由於宵小煬蔽，如馬、阮表裏作奸，而王偏任之，所謂信鳩媒也。地老天荒，則悔恨何極，又田雄之挾王降也。劉良佐、劉澤清爭以為功，無異趙家姊妹之爭寵，故以唾袖為比。乙酉九月，王北去。明年五月，與潞王等皆被害。故以聲伯瓊瑰之占為比，言欲歸不得也。嗟乎！故宮燭淚已付劫灰，誰復問胡僧辨之乎？」第三章云：「摘鼓吹簫罷後庭，書帷別殿冷流螢。宮衣蛺蝶晨風舉，畫帳梅花夜月停。衒壁金釭憐旖旎，翻階紅藥笑娉婷。水天閒話天家事，傳與人間總淚零。」自注：蛺衣梅帳皆寓天寶近事。箋曰：「此章言福王不邇聲色，與《長干塔光集》中『一年天子小朝廷』一首意同。首言王無音樂，次言無妃嬪之娛，三言宮中衣履之陋，四言王服御之儉，五六以漢唐之奢侈作襯，末聯天家事三字，使微者顯之，並上二章亦收拾在內矣。蛺衣喻衣之敝者，如蛺之翻飛，猶所謂衣如縣鶉者，衣如鶉棲者，又所謂鳳尾衫者，注引明皇婕妤，大非。梅帳即梅花紙帳也。」第四章云：「銀漢依然戒玉清，竹宮杳爐露盤傾。石碑合口誰能語，棋局中心自不平。襪日更衣成故事，秋風紈扇又前生。寒窗擁髻悲啼夜，暮雨殘燈識此情。」箋曰：「東潤別抱琵琶，不能自諱，故以梁玉清之奔太白自比。銀漢依然戒者，言為本朝所羈繫，如玉清謫北斗下當春也。竹宮爐，露盤傾，言國亡久矣，於是口不能言則如衒石碑也，心不能平則如彈棋局也。襪日句言弘光時王之寵已如衛子夫之得幸於武帝，東潤於乙酉三月三日拜禮部尚書，故云襪日更衣，而今則已成故事矣。秋風句，言崇禎時，帝之棄，已如班婕妤之見疏於成帝。東

附刻《讀吳詩隨筆》二卷，於梅村詠史詩，多為索隱，猶不失為研究吳詩之參考品也。

七、金開誠、葛兆光《歷代詩文要籍詳解》〔註6〕

吳偉業集

吳偉業（1609～1672）字駿公，號梅村，太倉（今江蘇）人，明崇禎四年（1631）進士，歷官編修、東宮講讀官、左庶子。南明弘光中，授少詹事，後乞假歸里。清順治十年（1653），被詔至北京任秘書院侍講，後升任國子監祭酒；順治十四年（1657）初，他因母親病逝告歸返鄉，此後便再未復仕，康熙十年冬（1672）卒。傳見《清史稿》卷四八四。

潙於二年秋，罷禮部侍郎，故云秋風紈扇，而今則又屬前生矣。結句言己負有明一代史事，而甲乙之際，宗社再墟，朝端近局，皆身親而目睹之者，故述之於詩。是詩即史，如樊通德親侍趙飛燕，而述之于伶元，作為《外傳》。然寒窗靜夜，擁髻悲啼，有誰知者哉？庶幾暮雨殘燈，或識此情耳。此二語不特收束本首，實四章結穴也。」箋又曰：「崇禎元年戊辰，十一月初三日庚申，會推閣臣，列吏部侍郎成基命等七人進。禮部尚書溫體仁訐奏東潙浙闈舊事，不宜濫入枚卜，禮部右侍郎周延儒嗾之也。初六日癸亥，帝御文華殿，召對廷臣，令體仁與東潙質問，於是罷東潙。二年己丑五月，閣訟結，枚卜不允行。六月南還，《舟行》詩有『世事悲紈扇』之句。又有《團扇篇》云：『碧天一夜秋如水，炎涼盡在君懷裏。不怨秋風坐棄捐，恰愁明月長相似。』又云：『奉君清署為君容，莫道恩情中路空。蛛絲蟲網頻垂淚，還感君恩在篋中。』蓋記枚卜既罷，終不忘君之意，可云怨而不怒矣。『秋風紈扇又前生』者，追憶之也。」〔汪曰楨曰：「太倉唐實君部曹孫華《東江詩集》有《談金陵舊事》詩云：『金陵昔喪亂，炎運值摽季。忽從大梁城，倉皇走一騎。偶竊藩邸璋，自言業王嗣。貴陽一奸人，來時思射利。奇貨此可居，何暇論真偽。卜者本王郎，鐫誣據神器。逐修代來功，超躐登相位。權門輦金帛，掖庭陳祕戲。江表張黃旗，王氣銷赤幟。偷息僅一年，傳聞有二異。北米黃犢車，天表自英粹。雜問聚朝官，瞠目各相視。遙識講臣面，備言宮壺事。諸臣媚新君，誰肯辨儲貳。車效雋不疑，競指成方遂。泉鳩無主人，束縛乃就吏。復有故官妃，飛蓬亂雙髻。自言喪亂時，仳離中道棄。生子已勝衣，壯發猶可數。不望昭陽思，不望金屋置。願一見大家，瞑目甘入地。上書欲自通，沉沉九閽閟。詔付掖廷獄，見者為垂淚。不如屬王母，銜憤早自刺。祗緣當壁假，翻招故劍忌。城恐相見非，泄此蹤迹秘。減口計未忍，對面諒餘愧。鳥獸有伉儷，射虎知乳摯。豈獨非人情，捐豪思與義。嬴呂及牛馬，秦善潛改制。皆從胎孕中，長養崇非類。未聞妄男子，僭盜出不意。龍種乞為奴，狐假得暫恣。茲實眾口傳，曾見遺老記。疑事終闕如，庶聽來者議。按此詩亦以福王為偽，而以不肯一見童氏為的。據其說，似非無因。』楊氏跋中引全謝山說，但稱《所知錄》及林太常《異菴集》，未及此詩。故附錄跋後，以備攷焉。」〕

〔註6〕金開誠、葛兆光《歷代詩文要籍詳解》，北京出版社1988年版，第690～697頁。

　　吳偉業是清初最著名的詩人之一。他的詩風格多樣，既工麗精巧，情采華茂，又氣勢開張、蒼勁悲涼；他的近體詩和古體詩都寫得很好，尤其是歌行體，如《圓圓曲》、《楚兩生行》、《永和宮詞》等，都是膾炙人口的名篇。正如李慈銘《越縵堂日記》所說：「梅村長歌，古今獨絕，制兼賦體，法合史裁，誠風雅之嫡傳，非聲韻之變調。」趙翼《甌北詩話》卷九曾把他與高啟相比，認為高啟是明初第一大家，吳偉業則是清初第一大家，「若論其氣稍衰颯，不如青丘（高啟）之健舉；語多疵累，不如青丘之清雋；而感僋時事，俯仰身世，纏綿淒惋，情餘於文，則較青丘覺意味深厚也。」

　　吳偉業的詩文集《梅村集》四十卷，是康熙七年（1668）即他六十歲時，由他的學生顧湄（伊人）編定的，共分詩十八卷（五古三卷、七古四卷、五律三卷、七律五卷、五排一卷、絕句二卷）、詞二卷、文二十卷（序七卷、記二卷、神道碑銘二卷、墓誌銘五卷、墓表塔銘一卷、傳一卷、書銘贊一卷、雜著雜文一卷）。需要注意的是以下兩點，第一，這個本子的詩集部分雖分體排列，但各體詩內大致按年編次，可以考訂寫作的日期；第二，這個本子過去大多數人認為是康熙七年（1668）所刻，如顧師軾《吳梅村先生年譜》、董康《梅村家藏稿跋》，其實不然。這個本子康熙七年編定後並沒有馬上付梓，面是隔了一些時候才刻印行世的；在這一段時間內，又在各體詩文後補入了一些康熙七年之後的作品。由於目錄是原來編定的，所以沒有後加篇目，如卷七末《題劉伴阮凌煙閣圖》、《白燕吟》二首，卷十末《許九日顧伊人和元人齋中雜詠詩成持示戲效其體八首》等二十七首，卷十五末《庚戌梅信日雨過鄧尉哭剖石和尚遇大雪夜宿還元閣》等六首，卷三十四末《吳郡唐公合葬墓誌銘》、《太學張君季繁墓誌銘》等二篇，目錄中就沒有。

　　這個四十卷本除康熙間原刻本外，只有清官修《四庫全書》抄本。大概是因為一般人只重吳詩而不重吳文的緣故，所以，後來吳詩單行本較多，如康熙末年刊本、靳榮藩注本、程穆衡注本、吳翌鳳注本、光緒二十五年弇山鐸署本《吳詩校正》等；而文集二十卷單行本，我們只看到宣統二年（1910）鄧實所編《風雨樓叢書》排印本一種。

　　很長的一個時期裏，流傳的吳偉業詩文集都是上述這個四十卷本系統的本子。而清末宣統二年（1910），董康突然在北京購得一部《梅村家藏稿》抄本，其中有朱筆校注，稱「先大夫」云云，乃吳偉業之子的手筆，可見這個本子的來源甚早。此本共六十卷，卷一至八是詩前集，卷九至二十二是詩後集（包

括詞二卷），卷二十三至五十九是文集，卷六十是詩話。其中四十卷本有而此本所缺的只有文八篇、詞一首、詩八首；此本有而四十卷本缺的，計詩七十三首、詞五首、文六十一篇及詩話一卷，顯然比四十卷本要完整得多。於是董康便將此本整理一過，將卷五十六、五十七、五十八、五十九等四卷並為二卷，成為詩前集八卷、詩後集十四卷、文集三十五卷、詩話一卷，共五十八卷的本子，並將四十卷本所多的詩八首文八篇詞一首編為《補遺》一卷、與顧師軾所作《吳梅村先生年譜》一起，附在書末，刻印問世，這就是誦芬室叢刊本《梅村家藏稿》。後《四部叢刊》影印的就是這個本子，這是目前最完備的一種本子。

以上是四十卷本《梅村集》和五十八卷本《梅村家藏稿》兩大系統的流傳情況，現存吳偉業詩文集基本不出此二系統之外。但這兩種本子之外，卻還有吳偉業不少逸詩遺文，如程穆衡《梅村先生詩編年箋注》卷十二便從朱槐《明詩平論》中輯出三首（《山水間想》、《雜詩二首》）、從抄本中輯出一首（《句章并行》）；抄本《吳越詩選》中也有各本所不載的《讀楊參軍悲鉅鹿詩》（見黃裳《藏書題跋》，載《中華文史論叢》八二年三輯）等數詩；殘本《吳梅村詩抄》中還有吳偉業《詠物幻詩》七律八首（見端木薪良《吳偉業佚詩八首》，載《文匯報》一九五七年四月一日），可見還可以進一步輯佚整理。

吳偉業的詩歷來很受重視，據說錢謙益曾親自為吳詩作箋評，但今已不存，只有一些箋評文字還保存在其他注本裏。現存的吳詩注本有三種：（一）靳榮藩《吳詩集覽》二十卷、補注二十卷附《談藪》二卷；（二）程穆衡原注、楊學沆補注《吳梅村先生編年詩箋注》十二卷《詩餘附箋》一卷；（三）吳翌鳳《吳梅村詩集箋注》十八卷。下面分別談談它們的特點及版本。

（一）靳榮藩《吳詩集覽》。這部注本成書於乾隆四十年（1775），它的編排仍按康熙年間原刻本前二十卷的排列方法，即五言古詩三卷、七言古詩四卷、五律三卷、七律五卷、五言排律一卷、絕句二卷、詞二卷；但每卷又各分上下，在每卷之後，又附補注一卷（乃靳榮藩箋注完稿後，對一些詩還有話說，便摘字各為補注）。這個注本的特點很明顯，一是注得詳細，二是不僅注釋典故字詞，而且還在注釋之前對詩意及藝術構思略加評論。如卷十五《庚戌梅信日雨過鄧尉哭剖石和尚遇大雪夜宿還元閣》詩：

符輿沖雨哭參寥，宿鳥啾鳴萬象凋，北寺九成新妙塔，南湖千頃舊長橋。雲堂過飯言猶在，雪夜挑燈夢未消，最是曉鐘敲不寐，半天松柢影蕭蕭。

靳榮藩先在題下注「庚戌，康熙九年」，然後又引《荊楚歲時記》、《東皋雜錄》注「梅信日」，又引《一統志》注「鄧尉山」，又引《蘇州府志》注「剖石和尚」，最後又注明「以下六首原目不載」，把詩題注得幾乎滴水不漏。然後在詩末評：「通首俱就梅村自己說，方見情致。」最後一一引書注釋「筍輿」、「沖雨」、「參寥」、「宿鳥」、「北寺」、「九成新妙塔」、「南湖」、「長橋」、「雲堂」、「挑燈」、「曉鐘」、「半天松括」等十二個典故詞語（有的因前面已注，便不再重複，而只標明注見某卷某詩），可謂詳細極了。有的詩注之後，還附有一些資料，如卷一上《吳門遇劉雪舫》注後，附了《明史·功臣年表》、《大清一統志》及宋荔裳詩；有的詩不僅詳細注了，還在本卷之後所附的那一卷補注裏再注，如卷十三《送同官出牧》「臣子何心道換官」句，注云：「『換官』本《漢書·薛宣傳》『宣奏粟邑令尹賞與穎陽令換縣而兩縣俱治。』」在補注中又注：「《宋史·職官志》：『換官尚右。』」且不論是否注得貼切，但的確可以稱得上「詳細周密」了。此外，還有一些詩後，靳榮藩還附了大段的評論分析，如卷一《贈蒼雪》後論押韻，《毛子晉齋中讀吳匏菴手抄宋謝翱西臺慟哭記》後論此詩藝術結構，《松鼠》詩後論讀詩不可穿鑿，都很有參考價值。

靳榮藩注釋的缺點除了有的地方詳盡到了近於繁瑣的地步之外，還有一些不夠貼切的毛病。這一毛病在清代箋注家中較為常見，但靳榮藩似乎更明顯一些，如卷八下《座主李太虛師從燕都間道北歸尋以南昌兵變避廣陵呈八首》之一首句「風雨間關路，江山故國天」，靳注引了《詩》「間關車之輯兮」注「間關」一詞，表面上看是不錯，可是《詩·小雅·車舝》中的「間關」是形容車磨擦的聲音，而吳詩中的「間關」乃是山路崎嶇貌，《後漢書·鄧騭傳》：「遂逃避使者，間關詣闕。」李賢注；「間關，猶崎嶇也。」這才是吳詩中「間關」的含義。靳榮藩注顯然沒有考慮字詞在詩句中的具體含義，只顧字面相同而機械引徵。像這樣的不夠貼切之例在靳注中還有不少。

《吳詩集覽》有靳氏凌雲亭乾隆四十年（1775）刻本，還有《四部備要》依原刻排印本。

（二）程穆衡、楊學沆《吳梅村先生詩編年箋注》。程穆衡字惟惇，號迓亭，安徽休寧人，移居太倉，乾隆二年（1737）進士，程穆衡原注本成書於乾隆三年（1738），比靳榮藩《吳詩集覽》還早幾十年，但它一直沒有刊行，只是以抄本形式流傳，所以很罕見。靳榮藩注《吳詩集覽》時曾採用過它的一些說法，如卷九《送楊懷湄擢臨安令》題下注引「程迓亭先生曰」便是一例。乾

隆四十六年（1781），楊學沆得到這個注本，便為之補注若干條，又採靳榮藩注以增注若干條，編成了一個新的《吳梅村先生編年詩箋補注》，仍為十二卷附詩餘附箋一卷，題程穆衡箋注、楊學沆補注。它有嘉慶二年（1797）退軒鈔本藏北京大學圖書館，有嘉慶十六年（1811）士禮居鈔本藏北京圖書館，二本稍有異同，後者是從戴光曾嘉慶十一年（1806）抄本轉抄的，據說乃「迂亭晚年定本」。後來《太昆先哲遺書》，即據從此本又轉抄的一個本子排印。

這個本子的特點主要在於編年，它把吳偉業的詩，起明崇禎初年，至清康熙間吳偉業去世，一一排次。吳偉業的詩集本來在各體中大體有年代可循，這個注本把它們重新編年也本非難事，值得稱讚的是他們在編年之外，能廣探載籍史冊如《明史》、《一統志》、《實錄》及各種方志，對各詩創作的背景材料及人物、地理等作出很好的交代，特別是他們往往能以吳偉業本人的詩與詩互證、文與詩互證，所以結論往往更有說服力。如卷三《後東皋草堂歌》題下注引《梅村詩話》，卷四《楚兩生行》注引吳偉業《柳敬亭傳》等，都能對讀者瞭解詩歌的意旨、本事有很大幫助。後來顧師軾作《吳梅村年譜》，就從此書中找到不少材料，得到很大啟發。此書的缺點是對字詞典故的注釋較少而且不精，程氏《凡例》說：「是編惟箋詩旨，不及詩詞。」可能這本來就是程氏的本意，詩後的摘字之注則為楊學沆所補，其抄自靳榮藩注本者，也往往良莠不分，缺乏辯證。

（三）吳翌鳳《吳梅村詩集箋注》十八卷。吳翌風，字伊仲，號枚庵。據《凡例》說，此書是吳氏在乾隆二十九年（1764）時便開始著手編撰的，一直反覆修訂，直到嘉慶十九年（1814），才由嚴氏滄浪吟榭刻印問世。

這十八卷完全按照四十卷本《梅村集》前十八卷詩的編排次序，先五言古詩，次七言古詩，次五言律詩，次七言律詩，次五言排律，次絕句。吳翌鳳在《凡例》中批評靳榮藩《吳詩集覽》說：「每字必詳出處，繁瑣無當，而於引用史傳，反寥寥一二語，略無端緒，余故深矯其弊，庶乎詳略得宜。」今天看來，吳翌鳳注典故字詞的確比靳榮藩簡略，以幾首名詩為例，如卷五《董山兒》，吳注僅「董山」、「將軍下一令」、「喂遊魚」、「略賣」四條注釋，而靳注則多達四十餘條；卷八《過聞果師園居》，吳注僅「茶槍」、「道人」兩條注釋，靳注則多達十條；而且吳翌風注一般沒有題下小注，也沒有評論分析。但問題是過簡則疏，過疏則對讀者閱讀多有不便，以卷八《贈劉虛受》之二為例：「識面已頭白，論心惟草元。孝標三世史，摩詰一門禪。獨宿高齋晚，微吟細雨天。

把君詩在手，相慕十年前。」吳注僅注了三、四、七句，而「論心惟草玄」是什麼意思，一般讀者就不很清楚。靳榮藩則引了溫飛卿詩和杜詩對此作了注釋，雖不很明白，總比不注要強。簡略過甚，反而是吳注的一個缺點。

但吳注也有它的優點，就是注釋比較貼切，徵引比較謹嚴。吳注引文不大刪改，引書篇目也比較完整，注釋時比較注意解決實際問題，以卷四《聽女道士卞玉京彈琴歌》為例，如「玉京與我南中遇，家近大功坊底路。小院青樓大道邊，對門卻是中山住」四句，靳注曰：「賈公閭詩：有風適南中，終日無歡娛。……唐茂業詩：小院無人夜。曹（植）詩：青樓臨大路。《古東飛伯勞歌》：誰家兒女對門居……」雖注了四個詞「南中」、「小院」、「青樓」、「對門」，但實際上只是引出字面相同的出處，並沒有注明白。而吳注則集中注了一個「青樓」，他除了引曹植詩外，還引了《板橋雜記》，具體指出了青樓所指的地方，這就比靳注管用得多了。又如「細馬輕車不知數」每，何謂「細馬」？靳注；「李（白）詩：胡姬十五細馬馱。」仍沒有說明「細馬」為何物，而吳注則除引李白詩外，另引《唐六典》：「凡馬有左右監，以別其麤良，細則稱左，麤則稱右。」我們就可以明白「細馬」的含義了。此外，這首詩中靳注與吳注所引出處相同者，往往靳注比較簡略、多有刪改，篇題也往往省略，而吳注則比較完整，篇題也清楚，又如本詩中「卞玉京」注引《板橋雜記》，「鴉黃」注引虞世南詩、「玉兒」注引蘇軾詩等，都是明證。

此書除嘉慶十九年滄浪吟榭原刻本之外，還有光緒十年（1884）湖北官書處刊本、一九三六年上海世界書局排印本和中華圖書館影印滄浪吟榭原刻本。

附錄五：《吳詩集覽》錢陸燦、翁同書、翁同龢批註[註1]

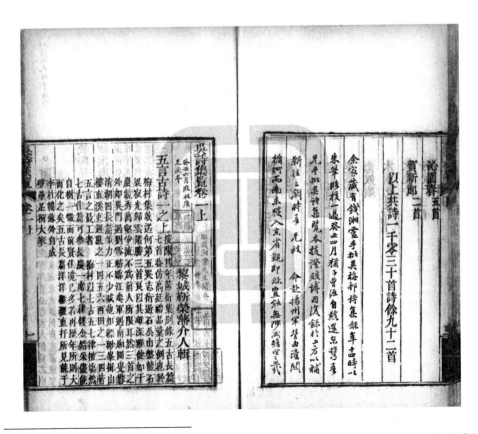

〔註 1〕此本藏國圖，分八冊，內容與底本同，但補注在後。卷首依次為牌記、封頁（無
　　　「乾隆四十年春鐫」）、靳榮藩序、凡例、陳廷敬墓表、顧湄行狀、靳榮藩和詩
　　　四首、目錄。

第一冊

顧湄《吳梅村先生行狀》

【書批】吳偉業，江南太倉人。明崇禎四年一甲二名進士，授編修。八年，大學士溫體仁罷，張至發柄國，極頌體仁孤執不欺。偉業疏言體仁性陰險，無經術，狎暱小人，繼之者正宜力變所為，乃轉盛稱其美，勢必因私踵陋，盡襲前人所為，公忠正直之風，何以復見？海宇福患，何日得平？疏入，不報。尋充東宮講讀官，又遷南京國子監司業，轉左庶子。福王時，授少詹事。與大學士馬士英、尚書阮大鋮不合，請假歸。本朝順治九年，兩江總督馬國柱疏薦偉業來京。十年，史部侍郎孫承澤疏薦偉業學門淵深，氣宇凝定，東南人才無出其右，堪備顧問之選。十一年，大學士馮銓復薦其才品足資啟沃。俱下部知之。尋詔授祕書侍講。十二年，恭纂《太宗聖訓》，以偉業充纂修官。十三年，遷國子監祭酒。丁母憂歸。康熙十年卒。

【龢批】不及其畫，何也？

目錄後

【龢批】余家藏有錢湘靈手批《吳梅邨詩集》，龢年十四，時以朱筆臨校一過。癸丑四月，猶子曾源自黔還京，攜吾兄手批《吳詩集覽》本，援證賅博，因復錄於上方，以補靳注之闕。時吾兄被命赴揚州軍營，由潼關循河而南，未獲入京省觀。即龢豈能無陟岡瞻望之思哉！

卷一上

【書批】臨錢湘靈先生閱本。叔平。

【龢批】癸丑六月，臨祖康兄閱本。

贈蒼雪

【書批】此詩尚是明季所作。

「同學有汰公」句

【書批】汰公以崇禎十三年示寂。

「洱水與蒼山」句

【書批】點蒼一名靈鷲，為阿育王故封，曾建八萬四千塔。

塗松晚發

【陸批】收。

毛子晉齋中讀吳匏庵手抄宋謝翱西臺慟哭記

【陸批】收。

【書批】以下皆入本朝後作。

「扁舟訪奇書」句

　　【陸批】起句好。

「婦翁為神仙」句

　　【陸批】婦翁，梅福也。

「即今錢塘潮」節

　　【陸批】入宋末。

　　撫今思古。

壽王鑑明五十

「伏勝謝生徒」節

　　【書批】伏勝、桓榮並遭世亂，而仕隱不同，非遂以伏、桓比鑑明。

「當世數大儒」節

　　【書批】鑑明蓋有意於用世者。

「下士豈聞道」節

　　【書批】諷以知命知足，蓋願其終於肥遯也。

松鼠

　　【陸批】收。

「屋角欹斜疾」句

　　【陸批】杜詩欹斜疾，說舟帆則可。

「兩木夾清漳」句

　　【陸批】漳，漳河也。此似作泛然水用。

「溪深獺趁魚」節

　　【陸批】出入吏部、工部之間。

吳門遇劉雪舫

　　【陸批】收。

　　【陸批】紀新樂侯劉文炳殉難之事，嘉其不負國也。

　　此詩韻：十一庚、十二真、十三青、十四蒸、十七文、十九元、十五侵，跨七韻，古通用。

「亡姑備宮掖」節

　　【平批】孝純太后弟劉效祖封新樂伯。崇禎七年，子文炳嗣。未幾，晉新

樂侯。上每瞻太后畫像，左右輒云不似，乃命太后之母瀛國太夫人口授畫工。時文炤尚幼，面頤肖太后，乃令文炤出，指授某似，某處不似。畫成，具鹵簿迎入大明門，上俯伏道左，安奉內殿。

甲申三月，太夫人八十，時寇氛甚惡，上日夜焦勞，猶遣司禮賜金幣。

祀於奉慈殿。

「亡姑備宮掖」【書批】孝純太后。

「吾父天家婚」【書批】劉效祖。

「長兄進徹侯」【書批】文炳。

「次兄拜將軍」【書批】文曜。

「兩宮方貴重」【書批】周后、田妃。

「周侯累纖微」【書批】周奎。

「田氏起輕俠」【書批】田弘遇。

「長戈指北闕」節

【陸批】以下逢亂死難。

【陸批】長戈以下須敘賊事詳。

【陸批】帶敘周遇吉之忠勇及諸將之恇怯。

錢文炳與鞏都尉同殉甲申之難。

三月十八日，文炳偕鞏永固謁帝，帝曰：二卿所糾，家丁能巷戰否？文炳以眾寡不敵對，帝愕然。永固奏曰：臣等已積薪第中，當闔門焚死，以報皇上。十九日，城陷，文炳歸家，家人已焚樓，火烈不得入，投井死。叔繼祖弟文燿亦投井死。死者四十二人。

「寧武止一戰」【書批】周遇吉。

「我兄聞再拜」【書批】文炳。

「烈烈鞏都尉」【書批】鞏永固。

「寧同英國死」【書批】張世澤。

「不作襄城生」【書批】李國棟。

【書批】魏叔子《贈北平劉雪舫序》節：方甲申三月之變，君年才十有五歲，又生長貴戚，宜縱心聲色，自驕倨，不學問，乃其所紀殉難本末，於天子孝思劉氏先世，所以與母若兄捐軀殉國之大節，都城之所以破〔註2〕，雖〔註3〕

〔註2〕「破」，魏禧文原作「陷敗」。
〔註3〕「雖」下魏禧文有「倉皇急遽中」。

一言一事，莫不條理委悉，使讀者如目見耳聞，而悲憤感激，勃然作其忠義之氣。嗚呼！若劉君者，豈常人哉！

叔子遇雪舫於秦郵，其時避地廣陵者二十年矣。雪舫工詩，其遊燕也，有《燕遊艸》以寓黍離之感。

「君曰欲我談」節

【書批】《野獲編》：海淀地頗幽潔，李武清新搆亭館，大數百畝，穿池疊山，所費已鉅萬，尚屬經始耳。

又云：張惠安園獨富芍藥，至數萬本。春杪，貴遊分日占賞。又，萬瞻明都尉園芍藥亦繁，迴廊麴室，出自翁主指授。

「君曰欲我談」【書批】又敘劉語。

「舊時白石莊」【書批】萬駙馬。

「海淀李侯墅」【書批】李偉。

「博平有別業」【書批】郭維城。

「惠安蓄名花」【書批】張麒。

尾評

【書批】論之國之彰癉，不如詩人之衰鉞。良是。

李國楨降賊，為賊考掠，兩脛俱折，乃自縊。

臨江參軍

【書批】臨江參軍者，楊廷麟也。此詩之作，痛盧象昇之死。

「臨江髯參軍」節

【書批】崇禎十一年，大清兵入牆子嶺，時本兵楊嗣昌奪情視事。盧公亦衰絰臨戎，兵敗，死之，年三十九。

象昇既死，我兵破濟南，俘德王。明年二月北還。

是年，我大清兵下畿輔城。四十八，前大學士高陽孫承宗死之，京師戒嚴。

「予與交十年」節

【書批】廷麟有聲館閣間，與黃道周善。

「去年羽書來」節

【書批】象昇字建斗，宜興人。膊獨骨，負殊力。天啟二年進士，授戶部主事，歷員外郎、大名知府。崇禎初，晉右參政，治兵，號天雄軍。擢按察使，屢破流賊。八年，以右副都御文巡撫湖廣，進兵部侍郎，賜尚方劍。丁外艱，

十疏乞奔喪，不許，進兵部尚書。時大兵入牆子嶺，詔督天下援兵，與楊嗣昌議不合。

　　編修楊廷麟上疏言「南仲在內，李綱無功；潛善秉成，宗澤殞命」，嗣昌大怒，改廷麟兵部主事，贊畫行營。奪象昇尚書，以侍郎視事。

「先是在軍中」節

　　【書批】以下敘兵潰鉅鹿事。

　　時大同總兵王樸徑引兵去，中官高起潛擁兵不救。

「是夜所乘馬」節

　　【書批】象昇好畜駿馬，嘗逐賊南漳，敗，追兵至，沙河水闊數丈，一躍而過，即所號五明驥也。

　　寫盧公死事有生氣。

「詔下詰死狀」節

　　【書批】廷麟得盧公尸於戰場，具言其死狀。

　　又寫廷麟之不負楊公。

「此意通鬼神」節

　　【書批】此言伯祥於尚書沒後存問其家。

　　南都亡，尚書弟象觀赴水死，象晉為僧。

　　機部過宜興，訪盧公子孫，放舟婁中，與張天如及梅邨會飲。見《梅邨詩話》。

　　廷麟貶官後，黃道周獄起，當逮而事已解。十六年，薦授職方主事，未赴。順治二年，起兵贛州，唐王用為兵部尚書兼東閣大學士。三年十月，兵敗，投水死。

　　魏禧曰：乙酉，楊公將入閩，過贛，見處督萬公元吉獨支巖城，遂留贛。丙戌十月，城破，公死清水塘池中。

卷一下　五言古詩十四首

避亂　其一

　　【陸批】收。

其二

　　【陸批】起數語如律。

　　此齊梁半格詩。

其五

　　【陸批】收。

西田詩　其一

　　【陸批】收。

　　【龢批】龢嘗以為煙客是世外高人，及得見其與子書，則憂讒畏譏，與復社諸公亦頗不滿意。後以漕糧賠販萬金，至手無一錢，日用不給。里居日又通款於當軸巨公，蓋明季貴遊結習，往往如此。

　　嘗見煙客自畫歸村圖，又農廒堂讀書圖，梅村為之記。

其二

　　【陸批】收。

「徙倚良有悟，閒房道書讀」兩句

　　【陸批】竟以上二句結，佳。

哭志衍

「煌煌張夫子」節

　　【書批】張溥，字天如，太倉人。伯父輔之，南京工部尚書。溥讀書，必手鈔六七次，以七錄名齋。與同里張采齊名。崇禎元年，以選貢入都。采方成進士，兩人名徹都下。乙而采官臨川，溥歸倡復社。四年成進士，改庶吉士，乞假歸。噉名者爭走其門，盡名為復社。聲氣通朝右。所品題甲乙，頗能為榮辱。執政惡之。里人陸文聲，入貲為監生，求入社不許詣闕言：「風俗之弊，皆原於士子。溥、采倡復社，亂天下。」溫體仁方柄國事，下所司。提學御史倪元璐、兵備參議馮元颺、太倉知州周仲連言復社無可罪。三人皆貶斥。閩人周之夔訐溥把持計典，並及復社恣橫狀。章下所司。巡撫張國維等言之夔去官，無預溥事，亦被旨譙讓。崇禎十四年，溥卒，事猶未竟。會侍郎蔡奕琛繫獄，訴溥遙執朝權，采結黨亂政。采疏辯。是時，周延儒當國，溥座主也，延儒再相，溥有力焉，故采疏上，即得解。明年，以姜埰等言徵溥遺書，錄上三千餘卷。溥詩文敏捷，不起草。

　　張采官臨川，移疾歸福王時，起禮部主事，遷員外郎。國破後三年卒。

「會值里中兒」節

　　【書批】烏程、淄川、韓城相繼秉鈞，皆不喜東林，故陸文聲刊章構陷。

　　【龢批】同龢見王煙客與其子家書云：志仍在彼任，為其面前說話尤非可拉輕出者。子細。子細。

又云：里中閒話可與志仍言之，他□乃一大中證也。

「射覆猜須著」句

　　【陸批】俗。

「背後若有節，此輩急斬斬」兩句

　　【書批】《南史・王敬則傳》：見背後有節，便言應得殺人。

「此志竟迤邐」節

　　【陸批】收。

　　吾欲刪落前半，單留「六載養丘園」以下為一首。

閬州行

「四坐且勿喧」節

　　【書批】紀楊爾緒夫婦重逢事也。

「悠悠彼蒼天」節

　　【書批】明季蜀中被兵最慘，故因閬州而推言之。

讀端清鄭世子傳

　　【陸批】收

「昭代無遺憾」節

　　【書批】嘉鄭世子載堉之讓國也。

詩末

　　【書批】道光丁未四月二十一日。

第二冊

卷二上　五言古詩二之上

　　【書批】以下被徵後作。

讀史雜詩　其一

「無須而配帝」句

　　【陸批】不文。

　　曹操奄宦，曹騰養子，本夏侯嵩子，冒姓曹氏。

「子孫為皁隸」句

　　【陸批】湊。

其二

　　【陸批】積威約之漸也。

又詠古　其一

　　【書批】記唐花而引呂信臣傳及宋時馬塍遺法，具見典核。

遇南廂園叟感賦八十韻

　　【陸批】收。

「高帝遺衣冠」節

　　【書批】據此則先生嘗兼攝南京太常。

「前此千百年」節

　　【書批】承上言之，言治亂無常，而人理不容滅。今之百姓乃伐孝陵之松，孰非畊桑之民而忍為此乎？忘長養之恩，人理滅矣，宜講舍之荒也。

下相懷古

「所以哭魯兄」句

　　【陸批】以魯公禮葬，不聞稱兄也。

夜宿阜昌

「我來古昌國」節

　　【陸批】魯連射書一事，吾最不喜。此似所見同。

贈家侍御雪航

　　【陸批】收。

卷二下　五言古詩六首

送何省齋

　　題目【書批】採。

「哲人尚休官」節

　　【陸批】公為芝岳相國辛未總裁會元門生，省齋之祖也。此長詩中宜及之。國恩家恤，似未盡致。

「我昔少壯時」節

　　【書批】自敘為南京少司成時，即與省齋兄弟往還。

「憑闌見溢口」節

　　【書批】先生生於萬曆三十七年。乙酉，年二十三，登崇禎四年辛未科進士。十三年庚辰，先生年三十二，由南京司業晉中允、諭德。至癸未，晉庶子。與此不甚合。

　　《傳》、《狀》俱言崇禎朝官庶子，而陳澤州《墓表》僅云遷中允、諭德。

「讀書入中秘」節

【書批】自崇禎庚辰至我朝順治十三年丙申，凡十六年。

「明年春水滿」節

【陸批】以下言何省父於官。

「三載客他鄉」節

【陸批】收到自己身上。

送宛陵施愚山提學山東　其二

【書批】齊黨知開詩教等，固為橫議。駿公嘗疏攻淄川，故有宿嫌。乃至易代後猶存門戶之見，則傷於褊矣。

其三

【陸批】收。

【書批】李攀龍，字于鱗，歷城人。日讀古書，里中目為狂生。舉嘉靖二十三年進士，由刑曹遷順德知府，擢陝西提學副使，謝病歸。隆慶改元，薦起，仕至河南按察使。

【陸批】此引恰好。

【書批】先是正德中，李獻吉夢陽、何仲默景明以復古自命，言「文必秦漢」，言「詩必盛唐」，譏之者謂得史遷、少陵之似而失其真。迨嘉靖朝，攀龍與王世貞復奉李、何以為宗。

尾評

【書批】婁水指王弇州。

礬清湖

【陸批】收。

【書批】以下南歸後作。

「居兩月而陳墓之變作」句

【書批】陳墓之變，據此當在乙酉七月。

「吾宗老孫子」節

【陸批】以上敘湖之來歷。

「嗟予遇兵火」節

【陸批】以上敘得簡。

「漁灣一兩家」節

【陸批】以上湖郊景畢。

以下傳城邑消耗而以湖村之居為樂。

「世事有反覆」節

　　【陸批】以下陳墓之變。

　　白頭湖兵。

「天意不我從」節

　　【陸批】以下出仕宦。

　　省。

　　【書批】靳氏謂公配郁淑人以順治四年卒，見公《亡女權厝誌》。以追悼詩編次考之，良合。此詩語意又似被徵後悼亡。

「秋雨君叩門」節

　　【陸批】以下青房過訪。

卷三上

清涼山讚佛詩　其一

　　【龢批】佟妃上仙，未幾遂有鼎湖之事。世人不知，妄說傷悼所致，其實非也。

　　世尊示見，有「天下叢林飯似山」之偈，至今父老能誦之。

　　佟訛傳曰董，故云千里草。

其二

「傷懷驚涼風」節

　　【龢批】妃以十七年八月壬寅薨，追封后號。九月辛酉毗荼。此紀其事也。

「孔雀蒲桃錦」節

　　【陸批】此殉節之記事。

　　【龢批】殉節蓋殊誤也。

「黑衣召誌公」節

　　【龢批】是年十一月，刑囚減等，引妃矜恤秋決遺言。

其四

「漢皇好神仙」節

　　【陸批】落葉衣蟬，思李夫人。

「羊車稀復幸」節

　　【龢批】並及十八年矣。

石公山

　　【書批】忽以縣區雲濤作盆盎觀，落想奇絕。

縹緲峰

【陸批】收。

林屋洞

「我行訪遺跡」節

【書批】山神猶愛佝僂，則直道之難，行可知矣。

送周子俶　其一

【書批】《西堂雜組》：《招蕩子》注云：代周寶鐙，招李雲田也。按：周炤字寶鐙。江夏女子見陳其年《婦人集》。

蕩子失意行贈李雲田

尾評

【書批】此等尚須瑣屑耶？真失之冗。

卷三下

廿五日偕穆苑先孫浣心葉予聞允文遊石公山盤龍石梁寂光歸雲諸勝

「重陳累瓶甀」句

【陸批】累甀陳見《〈詩·公劉〉疏》。

「秦皇及漢武」節

【書批】具區三萬六千頃，煙濤渺冥，群峰出沒，真吳中巨觀。北人不知，每謂吳山皆培塿，傖父議論之謬如此。

「再拜告石公」節

【書批】先生健筆，足為此山增色。

遊石公歸是夜驟雨明晨微霽同諸君天王寺看牡丹

【書批】梅邨五古學杜，時有《選》理，或近韋、柳。

【陸批】牡丹竟不及，何也？

鹽官僧香海問詩於梅村村梅大發以詩謝之

【書批】此詩有悟境。

卷四上　七言古詩一之上

【書批】梅邨以七古擅場，而所存皆入本朝以後之作。其在明季所作者，僅《清風使節圖》《送志行入蜀》《悲滕城》數詩。其餘如《臨江參軍》《殿上行》諸詩亦皆追賦舊事，非甲申以前所作。蓋梅邨天才既高，遭時多故，發為歌行，尤極沉雄之致。悔其少作，都就芟削，如《前東皋草堂》之不存，亦其

證也。梅邨詩大略以編年為序，獨七古頗多紊亂。然如此卷，大抵皆鼎革後家居時所賦也。

行路難　其二

　　【陸批】此為京師燈市而作。

其三

　　【陸批】此為靖節王紹武紛紛爭立而作。

其四

　　【陸批】收。

其五

　　【陸批】收。

　　此為昌平十二陵而作。

尾評

　　【書批】我朝入關定鼎，即改葬明懷宗於思陵，而當流賊竊據之時，容有殘毀。

其六

　　【陸批】收。

其七

　　【陸批】此為流寇決黃河灌汴城之事。

其十一

　　【陸批】收。

其十二

　　【陸批】收。

「帶甲持兵但長揖」句

　　【陸批】雖用細柳事，未妥。

　　「烏瓅」【書批】桓。

「還君絳衪兩當衫，歸去射獵終南山」兩句

　　【陸批】不耐煩妙。

其十三

　　【陸批】收。

「復壁埋名二十年」句

　　【書批】之田。

其十五

　　【陸批】收。

其十六

　　【陸批】收。

其十七

　　【陸批】直而少味。

　　全襲《行路難》句法。

永和宮詞

　　【陸批】收。

　　永和宮為東宮所居，向南則興龍宮，皇太子居焉。周國母賜皇太子茶果，道經東宮，宮人推倒石獅子，以為笑樂，驚貴妃寢，幾搆兩宮之釁。（《唐亭雜記》）

「揚州明月杜陵花」節

　　【陸批】湊泊。

　　【書批】詠田妃失寵復召之事，而兼寓鼎湖弓劍、玉盌冬青之感也。

「君王宵旰無歡思」節

　　【穌批】嘉興吳吏部者，吳昌時也。

「綠綈小字書成印」節

　　【陸批】得情。

「有司奏削將軍俸」節

　　【穌批】田戚畹爭馳鼓訟，御史臺以法處之。貴妃脫籍，求解，上怒曰：祖宗之法，不可以私。擯居永巷。久之，中宮召看花，承恩如故。《唐亭雜記》

「兩王最小牽衣戲」節

　　【陸批】喪子。

　　【書批】按《明史·田妃傳》云：嘗以有過，謫居別宮省愆。所生皇五子薨於別宮，妃遂病。十五年七月薨，葬昌平天壽山，即思陵。

　　「獨將多病憐如意」句【書批】慈煥。

　　「豈有神君語帳中」句【書批】言見九蓮菩薩。

　　「已報河南失數州」句【書批】李自成陷南陽等處。

尾評

　　【穌批】田妃能書，甚有機智，誕日在四月。丁丑遇旱，上方齋宿武英，

至是欲暫還宮，妃遣人力辭曰：正為誕日，不宜還也。庚辰、辛巳間，大璫曹化淳輩於南京、揚州購歌舞女子數人，上甚寵之，即辛巳冊立為嬪者也。緣是累月，未與妃相見，妃乃手繕諫疏，上批數月不與卿相見，學問視昔大進，歌舞一事，祖宗朝皆有之，非自朕始也。此疏在田弘遇家。

右常熟趙某《唐亭雜記》。

楊嗣昌之柄用，實借徑於田妃。是時妃與中宮不相得，上亦久不見中宮，故嗣昌因變上疏，陰含譏刺。未幾而入相矣。後有悼靈王一事，嗣昌在楚中，疏請持誦華嚴，相隔僅旬月耳。異哉，桴鼓之相應也！同上。

琵琶行

序

【陸批】收。

【書批】盛舊也，猶少陵之遇李龜年也。

「琵琶急響多秦聲」節

【書批】對山、美陂二太史俱以北調擅名，並不染指於南。琵琶重北調。

伯龍雅善詞曲，邑人魏良輔能喉轉引聲，變弋陽、海鹽故調為崑腔，伯龍填《浣紗記》付之。王元美詩：吳閶白面冶遊兒，爭唱梁家雪豔詞。

「對山慷慨稱入神」句【書批】康海。

「同時渼陂亦第一」句【書批】王九思。

「里人度曲魏良輔，高士填詞梁伯龍」兩句【書批】皆崑山人。

「北調猶存止絃索，朔管胡琴相間作」兩句【書批】歸重北調。

【書批】秀水沈景倩云：梁伯龍所作盛行於世。若以《中原音韻》律之，則門外漢也。

又云：自吳人重南曲，皆祖崑山魏良輔，而北調幾廢。今惟金陵存此調。南教坊有傅壽者工北曲。

北曲用絃索。南教坊頓仁者，曾隨明武宗入京，得其傳。嘗云：南曲簫管謂之唱調，不入絃索，不可入譜。

頓老又云：絃索九宮皆有定則，若南九宮無定則可依，且笛管稍長短，其聲便可就板。若絃索，多一彈，少一彈，即奔板矣。

又云：《琵琶記》無一句可入絃索。南曲全本可上絃索者，惟《拜月亭》耳。

「今春偶步城南斜」節

【書批】敘出獨遊南園，聞白生彈琵琶。

「偶因同坐話先皇」節

【書批】以下載朗彈一曲，有十七年以來事在內。

「忽焉摧藏若枯木」節

【陸批】此處叢漫，而於先帝十七年來事不敘，於題敘無情。

「坐中有客淚如霰」節

【書批】《金鰲退食筆記》：明時立春日進鮮蘿蔔，名曰咬春。

燕九亦作淹九，亦曰煙九，謂十八收燈。或以煙火得名，或以淹留為義者。舊又云：邱真人以是日就閹，故名閹九。其言荒謬。俱見《野獲編》。

「先皇駕幸玉熙宮」節

【書批】明沈德符《野獲編》云：內廷諸戲劇隸鍾鼓習，皆習相傳院本，沿金元之舊，與教坊相通。至今上始設諸劇於玉熙宮，以習外戲，如弋陽、海鹽、崑山諸家，皆有之，不復屬鍾鼓司，頗採聽外間風聞，以供科諢。如成化間阿醜之屬，以故怙上寵，頗幹外事。又有過錦之戲，聞之中官，必須濃淡相間，雅俗並陳，全在結局有趣，如人說笑話，只要末語解頤。

據此則玉熙演劇始於萬曆時。

「白生爾盡一杯酒」節

【書批】杜詩：江湖滿地一漁翁。楊廉夫因之，入《南鄉子》詞。

尾評「《大清一統志》」條

【書批】此條可刪。

卷四下

雒陽行

「詔書早洗雒陽塵」節

【書批】愴福藩之慘禍而因追敘其就國始末也。

福恭王常洵，神宗子，鄭貴妃所生。以母寵，幾得立。久之，始立光宗為太子，而遣常洵之國。崇禎十四年，流賊李自成破洛陽，王遇害，世子由崧南奔，其後自立於金陵，即弘光也。

秀水沈德潛《萬曆野獲編》云：東宮生母初止封恭妃，而德妃鄭氏乃特加皇貴妃，孫如法、姜應麟輩力諫，為慮雖遠，不知聖主乾斷，非臣下所能蠡測，其時姑假名號，以慰翊坤，而長幼之序，久已定矣。直至元孫誕生，恭妃進封皇貴妃，而聖心至是大白。蓋主上於定名正分，究竟無爽云。

　　又曰：今上專寵鄭貴妃，因有疑福王懷奪宗之計者。不知上神斷素定，非庸主溺衽席者可比。但侍婢左貂之徒，未免妄測，以冀非常，即稱謂不無踰僭。猶記遊效外一寺，亦敕建者，凡上並列三位，中曰「當今皇帝萬歲景命」，左曰「坤寧宮萬歲景命」，右曰「翊坤宮萬歲景命」。翊坤，則鄭妃所處宮也。予為吐舌駭汗。蓋彼宮大璫所為。時福王之國已久，然不免並嫡之嫌矣。因思昔年王都諫德完一疏，有功宗社不細。

　　又曰：今上眷鄭妃，幾於憲宗之萬貴妃矣。然防維則甚峻。一日，文書房缺員，偶指內臣史賓，以為可補，妃力贊。帝震怒，笞賓，逐之。妃待罪，久而始釋。

「骨肉終全異母恩」節

　　【書批】明萬曆二十九年始立皇太子，即光宗。

　　三十一年冬，妖書事起。

　　四十二年，福王常洵之國。

　　四十三年，男子張差持梃入慈慶宮，伏誅。

　　四十四年，皇太子出閣講學。

　　四十六年秋七月，光宗嗣位，稱泰昌元年。八月，帝有疾，李可灼進紅丸，帝崩。熹宗即位。楊漣等爭移宮事。

　　崇禎十四年，李自成陷河南，殺福王常洵。

「嗟乎龍種誠足憐」節

　　【書批】《續憂危竑議》，即妖書也。亦云母愛者子抱。

「今皇興念繐帷哀」節

　　【書批】由崧不思復福祿酒之仇，而以小朝廷自安，無復人理。

宮扇

　　【陸批】收。

「宣皇清暑幸離宮」節

　　【書批】宣瓷酒杯多畫芳草，鬥雞其上，謂之雞缸。

　　【陸批】扇上畫。

　　【書批】《野獲編》記川扇云：正龍、側龍、百龍、百鹿、百馬之屬，尤宮掖所貴。

　　按：川扇，聚骨扇也。歲貢萬一千五百餘柄。嘉靖中，增二千一百，又增細巧者八百。

　　嚴分宜《西苑賜川扇》詩曰：太液池邊暑氣生，海榴英簇絳霞明。蜀王新貢金花簟，御苑傳呼賜禮卿。

　　嘉靖中，蜀王別貢川扇，亦以千計。

「芙蓉水殿琉璃徹」節

　　【書批】明宣宗六言《撒扇》詩有「招回天上清涼」之句。

　　與末句「不堪袖掩班姬月」對看，方顯此段之妙。

「遭逢召見南薰殿」節

　　【書批】明沈德符《野獲編》：京師最重午節。內廷自龍舟之外，則修射柳故事。惟閣部大老及經筵日講詞臣，得拜川扇、香藥諸賜，視他令節獨優。

　　《董其光傳》：光宗立問舊講官董先生安在。

「自離卷握秋風急」節

　　【書批】轉入遇亂後，情事急管繁絃，十分淒緊。

　　【陸批】涉川扇。

　　【書批】明孝宗在御日，遇午節，曾於便殿手書桃符，云：綵線結成長命縷，丹砂書就辟兵符。

　　注言暗用楊愔事，是。

　　此詩之左徒，不必泥蘿石。

「雨夜床頭搜廢篋」節

　　【書批】「不堪袖掩班姬月」，如《永和宮詞》、《蕭史青門曲》皆在其中，反應上芙蓉水殿一段。此作詩微旨。

　　「珠衣五翟悲秦女」句【書批】應公主昭容。

宣宗御用戧金蟋蟀盆歌

　　【陸批】收。

「宣宗在御升平初」節

　　【書批】此是到京後作，編詩以與《宮扇》類，故置於此。

　　歎明季之無將才也。羽林伙飛，昧致果之義；沙蟲蠻觸，失應敵之機。於篇終致意也。

　　沈德潛《野獲編》云：賈秋壑所著《蟋蟀經》最為纖細詳覈，其嗜欲情態與人無異。當蒙古破樊襄時，賈尚與群妾據地鬥蟋蟀，置邊遞不問也。我朝宣宗最嫻此戲，曾密詔蘇州知府況鍾進千個，一時語云：「促織瞿瞿叫，宣德皇

帝要。「蘇州武弁有以捕蟋蟀比首虜功，得世職者。近日宣窯蟋蟀盆甚珍重，其價不減宣和盆也。

「坦纛長身張兩翼」節

　　【陸批】《史記・漢功臣年表》：蟲達，一名非蟲達也。

　　【平批】以開國時立論，譬張士誠、陳友諒於螟蛉，借蟲達字引起徐、常。

「大將中山獨持重」節

　　言徐中山、常開平之戰功。

　　【平批】用士誠、友諒以比闟、獻二賊。用中山、開平以慨失律諸將。

　　「大將中山獨持重」句【平批】徐達。

　　「僄突彷彿常開平」句【平批】遇春。

　　「黃鬚鮮卑見股栗」句【平批】影切。

「二百年來無英雄」節

　　【平批】灌、莽微軀，即下所言戰骨，皆指死事諸臣，如汪高年、孫傳庭、蔡懋德諸人及戰死諸將。蟻賊指自成也。蓋嘉其致身之烈，而惜其應敵之短，與諸王何與？

「樂安孫郎好古癖」節

　　【平批】欞星門在金鰲玉蝀橋之西。

　　宣宗時，廠器終不逮前，工屢被罪，因私購內藏盤合，磨去永樂鍼書細款，用刀刻宣德大字，濃金填掩之，故宣德欵皆永器也。

聽女道士卞玉京彈琴歌

　　【陸批】收。

　　【平批】時卞僑寓虎丘。

　　據《觺帨卮談》，則中山女乃弘光所選之後。

「駕鵝逢天風」節

　　【陸批】起四語學盧江小吏妻詩。

「玉京與我南中遇」節

　　【平批】明太祖命有司即徐達舊第前治甲第，表其坊曰大功。

　　帝嘗曰：受命而出，成功而還，不矜不伐，婦女無所愛，財寶無所取，中正和平，昭乎日月，大將軍一人而已。

　　【陸批】玉京，見中山女。

「萬事倉皇在南渡」節

　　【陸批】入選女。

「聞道君王走玉驄」節

　　【平批】所謂軍府以一鞭驅之去也。

　　【陸批】簽解北庭。

「我向花間拂素琴」節

　　【陸批】玉京正感中山女之北行也。

「此地縣來盛歌舞」節

　　【陸批】自南入吳。

　　【平批】《野獲編》：今有所謂十樣錦者，鼓笛螺板大小鈸鉦之屬，齊聲振響，吳人尤尚之。明末有盛仲文，善打十番鼓。

「坐客聞言起歎嗟」節

　　【陸批】一篇大意在此二句。

後東皋草堂歌

　　【書批】歎瞿留守式耜之在粵也。

　　式耜與騰蛟崎嶇危難，百折不回，《明史》以二人殿列傳之末，所以彰養士之報也。

　　方稼軒就逮，梅邨曾作《東皋草堂歌》，是為前歌。

「君家東皋枕山麓」節

　　【陸批】結處少發揮。

　　【書批】此言崇禎初，烏程、宜興共傾錢謙益，並及起田同下詔獄之事。崇禎死年，擢給事中，數疏論時事，頌楊漣、魏大中、周順昌為清中之清，忠中之忠，三人遂予諡。所建白多當帝意，然大臣多畏其口。適會推閣臣，式耜言於當事，擯周延儒弗推，而列錢謙益第二，溫體仁遂發難，延儒助之，謙益奪官閒住，式耜貶廢。久之，張漢儒之獄，下法司逮治。比獄解，謙益坐削籍，式耜贖徙。

「有詔憐君放君去」節

　　【書批】此言事解後還山。

　　溫體仁，萬曆二十六年進士。崇禎元年以會推事訐錢謙益。三年六月，入閣。體仁藉周延儒力得輔政，已而傾延儒，去之，遂為首輔。務攻東林，沮文

震孟，又以陸文聲獄，逮錢、瞿。及漢儒事解，體仁引疾，竟放歸。時十年六月也。踰年卒，諡文忠。

體仁既死，其所薦薛國觀、張至發之徒皆效法體仁，蔽賢植黨，國事日壞，以至於亡。

又案：烏程相雖懷私誤國，然能廉儉，苞苴不至門。

「一朝龍去辭鄉國」節

【陸批】此處粵西開府嫌太略。

【書批】福王立，起式耜應天府丞，尋代方震孺巡撫廣西。

去天尺五，亦不可尺五山。

相傳公在粵，而大兵南下，江南已入版圖。公之子家居，人皆危之，賴公之故人督師洪承疇護持得免。賣宅當在是時。○子嵩錫，字伯升，崇禎壬午舉人。

留守之孫昌文泛海至桂林，授官尚主。見所著《粵行日記》。

「任移花藥鄰家植」節

唐王加式耜兵部右侍郎，以晏日曙來代，式耜不入朝，退居廣東。順治三年九月，大兵破汀州，式耜等迎永明王由榔於梧州，以十月監國於肇慶，進式耜史部右侍郎，兼東閣大學士。順治四年，從王遁桂林。二月，大兵將至，王出走，式耜留守，進文淵閣大學士，兼兵部尚書，賜劍。十二月，王還桂林。順治五年二月，王走南寧。尋李成棟、金聲桓皆叛。大清據地以歸，於是王駐肇慶。順治六年，何騰蛟、李成棟、金聲桓皆敗歿。七年，王走梧州。十一月，桂林為大兵所破，式耜與總督張同敞死之。

按：式耜蒙賜諡忠宣。

「我初扶杖過君家」節

【陸批】追敘舊遊。

「搖落深知宋玉愁」句【陸批】杜句改一字。

「極浦無言水自流」句【陸批】襲唐。

「我來草堂何處宿」節

【書批】不獨成草堂之頹廢。

【陸批】公詩長歌第一，每到結處有落場俚語。

【書批】稼軒殉難後，桂王益窮，封張獻忠之黨孫可望為秦王、李定國為西寧王。可望迎桂王居安隆。九年，李定國陷桂林，定南王孔有德死之。

十三年，李定國敗，孫可望之兵入安隆，奉桂王入滇。

十四年，可望兵敗來降，封義王。

十五年，大舉征滇。十六年，雲南平，桂王入緬。

十八年冬，緬人執桂王以獻。

「《明史》列擴廓」云云，【陸批】此論可採。

汲古閣歌

【書批】羨隱君藏書之富，亂後獨全，而嘉其不求仕也。

「嘉隆以後藏書家」節

浮簽：吳友陳子準揆云：聞諸故老，東皋有池，方廣數畝，自少參以來，放生三世矣。游鱗瀺灂，充牣其中。及忠宣撫粵西，奉桂藩以抗王師，雖蒙聖朝寬大之恩，室家無恙。然風波震撼，常虒脆不安。公子孝廉伯升嘅然曰：吾家累世放生，而不獲蒙祐，今貧甚，盍賣是魚乎？乃呼罟師環池下網，臧獲牙儈，軋沒之餘，尚得八百金。市肆魚直賤於菽乳，里中人無不饜是魚者。梅邨詩：「漁人網集習家池」，正謂此也。此事圓沙亦未拈出，志之以傳軼聞。

「本朝儒臣典制作」節

【書批】言明代儲藏之富，而惜亂後之零落。非謂零落，正言祕書之散失，監本之譌謬耳。

《野獲編》云：祖宗以來，藏書在文淵閣，大抵宋版居大半。其地既邃密，又制度卑隘，窗牖昏闇，雖白晝亦須列炬。故抽閱甚難，但掌管俱屬之典籍。此輩皆貲郎倖進，雖不知書，而盜取以市利者實繁有徒，歷朝所去已強半。至正德十年乙亥，亦有訟言當料理者，乃命中書胡熙、典籍劉禕、主事李繼先校理。繇是為繼先竊取其精者，所亡益多。向來傳聞，俱云楊升庵因乃父為相，潛入攘取，人皆信之。然乙亥則新都公方憂居在蜀，升菴安得闌入禁地？至於今日則十失其八，更數十年，文淵閣當化為結繩之世矣。

明初秘閣藏宋板本，一書至十餘部。永樂中，每書取一部入北。正統北狩，南京諸書毀於火。在北京者，多遭盜竊。楊文貞正統間文淵書目，徒存其名耳。

「釋典流傳自洛陽」節

【書批】大藏經廠在玉熙宮遺址之西，即司禮監經廠也。

《野獲編》：南北兩雍所藏書籍俱漫漶。近年北監奏請重刊二十一史，校對鹵莽，譌錯轉多，遼金諸史缺文，動至數葉，俱仍其脫簡接刻，文理多不相續，即云災木可也。

送志衍入蜀

　　【書批】此詩作於明季。

　　二首皆搜輯舊稿而存之者，故附卷末。

「我昔讀書君南樓」節

　　【書批】公幼即讀書志衍家之五桂樓。

　　【陸批】孥則妥。

題清風使節圖

　　【書批】此詩亦作於崇禎年間。

序

　　【書批】徐汧，字九一，長洲人。砥行有時名。天啟初，魏大中、周順昌被逮，汧與楊廷樞斂金賚其行，二人名聞天下，崇禎元年成進士，改庶吉士，授檢討，上疏誦黃道周、倪元璐之賢，尋乞假歸。還朝，遷右庶子，充日講官。十四年，奉使益王府，便道還家。時復社諸生氣甚盛，汧與廷樞等往復尤契。福王時，召汧為少詹事，移疾歸。南那亡，投虎丘新塘橋下死。子枋，字昭法。舉人。國變後隱居，以高行稱。

「豫章夾日吟高風」節

　　【書批】先從參政說入，映帶清風使節圖意。

　　言參政牧豫州，早年納節而歸，自稱東溪翁，藏墨竹甚多。

　　注因蜀有東溪，疑以嘗官蜀。非是。

　　參政先守雅州，固蜀地，而東溪則不指蜀也。

　　程箋謂仲珪為吳鎮，無吳氏舅家復姓吳之理。此仲珪當是仲昭之誤。仲昭，夏昶也。

「此圖念出同年生」節

　　【書批】方入中丞。

　　此圖無參政，題句以其時參政已出守，故不預祖筵，寫來委宛入妙。

「今皇命使臨江右」節

　　【書批】以勿齋出使回應圖意。

　　【陸批】末四句落宋人事。

　　【書批】道光下末四月二十三日。

第三冊

卷五上

【書批】卷五上當是順治九年、十年作。放橶鴛湖，九年事也。十年四月到金陵，乃有《蘆州》、《馬草》諸行。

東萊行

【陸批】收。

【書批】嘉二姜忠孝大節，而並美宋玫、左懋第之能死節也。四公皆山東萊陽人。

詩言輶軒。四方使亦指行人。

「漢皇策士天人畢」節

【書批】莊烈帝固無東巡碣石事，第考崇禎嘗十三年二月，祀日於東郊，終崇禎之世，祀日惟此一舉，即此詩所云竹宮萬騎、祀日歌風。是年坺成進士，故以家近蓬萊看日出引起。

「仲孺召入明光宮」【書批】垛。

「補過拾遺稱侍中」【書批】給事。

「叔子輶軒四方使」【書批】垓。行人。

「同時里人官侍從」節

「左徒宋玉君王重」【書批】左徒，借用。

「就中最數司空賢」【書批】宋玫。

「君家兄弟俱承恩」節

【陸批】姜垛論宜興廷杖。

【書批】垛上疏言二十四氣，讕語上聞，必大姦臣慫為之。上大怒，下鎮撫司掠問，馮元飆等婉言於上，乃移刑部獄，發午門杖之，百公昏絕，公弟行人坺口含溺吐，公飲之，剜敗肉斗許，乃甦。詩中「中旨傳呼赤棒來」指廷杖一事也，注未及。

二十四氣

殺氣吳甡。棍氣孫晉。

戾氣金光宸。陰氣章正宸。

妖氣吳昌時。淫氣倪元璐。

瘴氣王錫袞。時氣黃景昉。

羶氣馬嘉植。賊氣楊枝起。

悔氣王士鎔。霸氣倪仁楨。

毒氣姚思孝。疝氣周仲璉。

糞氣房之騏。痰氣沈維炳。

逆氣賀王盛。臭氣房可壯。

望氣吳偉業。雜氣馮元飇。

濁氣袁愷。油氣徐汧。

穢氣瞿式耜。屍氣錢元愨。

其中賢否不齊，然其造作蜚語，意圖傾陷，亦天啟中《天鑒錄》、《點將錄》之類也。

崇禎十七年二月始釋垺，戍宣州衛。

「愛弟棄官相追從」節

　　【書批】敘如須棄官隨兄。

　　「愛弟」【書批】姜垺。

「三年流落江湖夢」節

　　【書批】垺本以垺而重於世，技歸重如農。

「我來扶杖過山頭」節

　　【書批】垺避地寧波。

　　魏叔子《敬亭山房記》云：國變後轉徙浙東，久之僑寓吳門，是如農亦嘗至浙東也。

　　【陸批】宋。

「司空平昔耽佳句」節

　　【書批】結九青。

九青營求廷推，帝怒，下於理，除名，罷歸。崇禎十六年二月，大兵再圍萊陽，城陷，死之。

結左蘿石。

福王立，以左懋第為應天巡撫，尋拜兵部右侍郎，與陳宏範、馬紹愉充通問使。瀕行，言必能度河而戰，始能扼河而寧；必能扼河而守，始能畫江而安。至都已遣還，而宏範請赴江南，招諸將降，而留懋第等勿遣。於是自滄洲追還，以不降誅而紹愉獲免。○從弟懋泰歸。

本朝來謁，懋弟叱出之。

「當日竹宮從萬騎」節

【書批】竹宮日主回應東巡。

即指崇禎十三年二月祀日於東郊事，不過以此作照應，結搆非事實也。

竹垞《逢姜給事埰》詩：

黃門先生官左掖，力欲拔山氣辟易。虎豹天關閉九重，孤臣血肉徒狼藉。東萊蜃市易沉淪，南國相逢淚滿巾。青鞋布襪江湖外，誰念當時折檻人。

姜埰以忤周延儒拜杖謫戍，吳昌時以附宜興致斃，故《東萊行》後次以《鴛湖曲》。

鴛湖曲

【陸批】收。

「鴛鴦湖畔草黏天」節

【書批】傷吳昌時之及斃也。昌時非正人，故不深惜之。

周延儒，宜興人。萬曆四十一年會狀。崇禎元年，官侍郎，奏封稱旨。會推事起，與溫體仁共排錢謙益。三年，入閣，引體仁並相。已而，體仁遂欲傾延儒。六年六月，延儒羅歸。初，延儒頗從東林遊。及陷錢謙益，遂仇東林，至是歸失勢，心內慚。十四年，薛國觀敗，詔起延儒復為首輔，召還言事諸臣，復黃道周官。然庸懦而貪，信用文選郎吳昌時。昌時以年例出言路十人於外，言路大譁。十六年四月，大清兵略山東，還至近畿。延儒自請視師，帝大喜，獎以召虎、裴度。延儒駐通州，不敢戰，日騰章奏捷，錦衣駱養性訐其蒙蔽，遂罷歸。已而御史蔣拱宸劾昌時受賕鉅萬，辭連延儒。帝親鞫昌時於中左門，削延儒職，逮至京。十二月，昌時棄市，賜延儒死，籍其家。

初，昌時擬改銓曹不得，憾薛國觀刺骨。人謂國觀之死由昌時，昌時失銓部而韓城死，昌時得銓部而宜興亦死。吁，可畏哉！

「主人愛客錦筵開」節

「主人」【書批】吳昌時。

「歡樂朝朝兼暮暮」節

【書批】宜興再相頗圖晚，蓋天下想望風采，誤之者吳昌時也。昌時以儀部調文選，非故事所有。冢宰鄭三俊以劉宗周、徐石麒之言，遂信昌時為君子。昌時遂肆行無忌，呼吸通天，婪贓鉅萬，身陷大僇。嗚呼！若宜興、昌時者，不足責矣，奈何以鄭、劉諸賢而輕信小人哉！

「聞笛休嗟石季倫，銜杯且效陶彭澤」兩句

　　【書批】比采之於石季倫，薄其人可知。

尾評

　　【龢批】吳昌時官吏部，大營甲第，侵越此隣曾生基地以築垣。曾生往爭之，昌時漫曰：垣在爾基，即爾垣矣，何必爭？竟不讓還。後吳罹法棄市，房亦尋遭回祿，而是垣果歸曾氏。○崇禎甲申，有吳江薛生號君亮，能李少翁追魂之術。曾將吏部吳昌時婦陶氏追至，身穿水紅衫，面色如生。

　　右王遹肱〔註4〕《蚓庵璅語》二條。

項黃中家觀萬歲通天法帖

　　【書批】錫鬯又云：德楨子聲國，崇禎甲戌進士。除知雅州。卒於京師。予祖姑歸焉。乙酉之亂，祖姑避地深邨，長物盡失，惟此卷納諸枕中，亂定依然完好。予恒得縱觀。久之，祖姑歿，項氏日貧，嗣子遂售於人，轉入勢家。過眼雲煙，不復再睹矣。

「前有琅琊今橇李」節

　　「墨林書畫聲名起」句【書批】子京。

　　【書批】元汴嘗得鐵琴，上有天籟字，下有孫登名，因以名其閣。

　　癸酉為崇禎六年，嘉禾被兵事，無考。豈乙酉之譌耶？

「鍾王妙跡流傳舊」節

　　【陸批】昭陵為溫韜所發，何不敘？

「只今海內無高門」節

　　【書批】即竹垞所謂「長物盡失，惟此卷尚究好」也。

送徐次桓歸胥江草堂

　　「白馬江聲繞舍邊」靳注【龢批】伍子胥死後為濤神，常乘白馬立水上。注所云非也。　注引《水經》不誤。

畫蘭曲

　　【陸批】收。

「玉指才停弄絃索」節

　　【陸批】俳。

尾評

　　【書批】此詩止道冶遊，毫無關係，何必求其人以實之！

〔註4〕按：《蚓庵璅語》係李王遹撰，王遹字肱枕。

曰掛檥洞庭,則必在太湖中之洞庭山。

送杜公弢武歸浦口

　　【陸批】收。

　　【書批】杜桐自偏裨積功至大帥,時稱其勇。子文煥,字弢武。由蔭敘,有戰功,官提督。其子宏域至右都督。國變後,文煥父子歸崑山。

　　文煥子宏遇,崇禎中提督京口營。

「將軍威名著關隴」節

　　【書批】流賊之初起也,文煥與洪承疇破張獻忠於清澗。

「當時海內稱劉杜」節

　　【書批】劉綎於諸將中最驍勇,平緬,平羅雄,平朝鮮倭,平播酋,平猓威,名震海內。用百二十斤刀,天下欲劉大刀。綎死,邊事日難為矣。

　　綎死於萬曆四十七年。

　　杜松以三萬餘眾屯薩爾滸山,自引兵二萬圍界潘,皆為大清兵所破。松歿於陣。我兵冒松旗幟,衣甲以誘劉綎,綎戰死。事聞,廷議多咎松輕進。

　　「白帝傳烽移劍外」句【書批】天啟初入蜀封奢崇明。

　　「黃巾聞警出榆中」句【書批】崇禎初討流賊。

「自言少年好詩酒」節

　　「非是雋君辭霍氏,終然丁掾感曹公」兩句【書批】蓋梅邨喪偶時,杜桐欲以女妻之而不果,故以雋不疑、丁儀自比。隸事細切,非博極群書者不能。

「此後相逢輒悲歡」節

　　【書批】切弢武。

蘆洲行

　　【穌批】此三首備詩史,議論正而風力健。

「我家海畔老田荒」節

　　【陸批】靜軒先生有詩為證。

　　穌按:此詩專用俗語以著事實,不得以不文律之。

題志衍所畫山水

　　【陸批】收。

　　嫋嫋餘音。

題蘇門高士圖贈孫徵君鍾元

　　【書批】重徵君之高節也。

孫奇逢，字啟泰，號鍾元，直隸容城人。萬曆庚子舉於鄉。國初，徙居河南輝縣，講學蘇門山，學者稱蘇門先生。前後屢徵不起。卒年九十二。

「蘇門山水天下殊」節

【書批】為容城徵君寫照。

「少年蹀躞千金駒」節

【書批】少與鹿善繼為友，天啟中，逆奄竊柄，大興鉤黨之獄，左光斗、魏大中被逮，時善繼適贊孫承宗軍事，其父鹿太公與奇逢營救左、魏甚力。奇逢以書求救於承宗，承宗得書，遂疏請入覲。忠賢遶御林而泣，詔止承宗於途。奇逢為諸正人奔走橐饘，人皆危之，而卒免於禍。海內有范陽三烈士之稱，奇逢與鹿太公正、張果中也。累薦，皆不起。入國朝，僑居於輝，慕蘇門百泉之勝，躬耕自給，從遊者日眾，而睢州湯斌卒為一代名臣。

容城徵君以理學稱，而營救左、魏甚力，足知真君子必有氣節。

「十人五人居要樞」節

【書批】《左光斗傳》云：容城孫奇逢者，節俠士也，與定興鹿正倡議釀金，謀代輸，緩其獄。

「一朝鐵騎城南呼」節

【書批】崇禎九年，容城被兵，奇逢與有司紳士分守城，賴以完甲申之亂，率子弟門人入易州之五公山，練鄉兵為守禦計。

【龢批】此疑似指當時圈地。

「先生閉門出無驢」節

【書批】奇逢以書求救於承宗，略云：左、魏諸君子清風大節，必不染指以庇罪人。此何待言？獨以善類之宗、直臣之首，橫被奇冤，自非有胸無心，誰不扼腕！惟桑與梓，固浮丘舊履地也；遺愛在人，不止門牆之士興歌黃鳥。昔盧次楩一莽男子耳，謝茂秦以眇布衣行哭燕市，調元美等曰：諸君子不生為盧生地，乃從千載下哀湘而弔賈乎？李獻吉在獄，何仲默致書楊邃庵，求為引手；康德涵義激同類，至不自愛其名。浮丘廓園之品固當直踞，獻吉何次楩敢望！某無能哭訴，尚負慚於茂秦。執事功德，前無邃庵憐才扶世之感，稍一引手，且有出德涵上者。況諸君子以道義臭味之雅，受知於閣下最深且久，豈無意乎？

「先生閉門出無驢」兩句【書批】順治二年，薛所蘊疏薦，不出。

「檀楠榛栗松杉儲」【龢批】儲疑作檽。

「幅巾短髮不用梳」節

【書批】奇逢講學，不立門戶，能通朱陸畛域。天性孝友，力持風化，其學以慎獨為歸。遊其門者，高明沉潛，成德達材，如群飲於河，各充其量。以百泉為宋邵堯夫、元姚樞、許衡講學地，故有此數句，非泛引也。

容城徵君著述

《四書近指》

《讀易大旨》

《尚書近指》

《理學傳心》

《歲寒居答問》

《孝友堂家規》

「誰傳此圖來江湖」節

【書批】道光八年，以御史張志廉請諭內閣：孫奇逢學術中正醇篤，力行孝悌，其講學著書，以慎獨存誠，寔足扶持名教，不愧先儒。孫奇逢著從祀文廟，列於明臣呂坤之次。

張志廉疏云：湯斌嘗稱其講道山中，公卿大臣四方學士聞風而起，有功於斯世者大。又稱其語默動靜，元氣混淪，全體大用，光明洞徹。蓋斌親受業於其門，故其知之為最真而服之為獨至。

結有深意。

尾評

【書批】論柏梁體極是，而於此詩無當。

卷五下　七言古詩二之下

【書批】以下為順治十一年抵京後作。

壽總憲龔公芝麓

孝升謚端毅，有《定山堂集》。卒於康熙十年。

芝麓在明官拾遺。闖賊入京，曾污偽命。入本朝，致身三獨，坐擁橫波夫人，著《白門柳》傳奇。其生平無足取，獨其憐才好士，有可稱耳。

「當初海內苦風塵」節

【書批】芝麓，崇禎甲戌進士。初任蘄水知縣。

芝麓有守城功，載《湖廣通志》。○《綏寇紀略》云：崇禎十年，江夏賊呂瘦子作亂，鼎孳設守有方略。

　　鼎孳在明以蘄水知縣擢兵垣。李自成陷京師，用為偽直指使，巡視北城。睿視王入關，鼎孳迎降，授給事中，遷太常寺少卿。丁父憂。言官孫柏齡言鼎孳，明朝罪人，流賊御史。前在江南，以千金買名妓顧眉生，淫縱之狀，傳笑京師。及聞父訃，歌飲如故，愧行滅倫。疏下，議降二級調用。尋遇恩詔免。順治十年，擢刑部右侍郎，轉戶，左遷左都御史。初，言官劾馮銓，睿親王集科道各官質問鼎孳，斥銓為閹黨。銓亦訐鼎孳從賊事。鼎孳曰：魏徵亦嘗歸順唐太宗。王笑曰：鼎孳自比魏徵，以李賊比唐太宗，可謂無恥。似此等人，惟宜縮頸靜坐，何暇責人？十二年，地震陝西，鼎孳疏劾銓，有詔詰責。又作薦舉不實，降補上林苑署丞。十七年，以眾論不孚免官。康熙元年，以侍郎起用。明年，再補左都御史。三年，遷刑部尚書。五年，轉兵部。八年，轉禮部。兩典禮闈。以疾致仕。尋卒，謚端毅。

　　《明史》本紀：崇禎九年五月，高迎祥、李自成分部入陝西，餘賊自廣化走湖廣。

「我同宋玉適來遊」節

　　「我同宋玉適來遊」句【陸批】丙子，公同宋九青主楚使，時龔分考。

　　【書批】崇禎十年，賊老回回等沿江東下，安慶告警。見《左良玉傳》。

　　《袁繼咸傳》：崇禎十年，繼咸除湖廣參議，分守武昌，以兵搗江賊巢，禽呂瘦子，降其黨，詔兼僉事，分巡武昌、黃州，擊退賊老回回、革襄眼等七大部。黃陂、黃安築黃岡城六千餘，又皆十二年以前事。

「荏苒分飛十八年」節

　　「荏苒分飛十八年」句【陸批】非古詩中語。

　　【書批】十八年中有不堪回首者，不必詳述，非僅為龔諱也。

　　合肥愛才，以詩文見者，必使名布於時，歸往者徧宇內。阮生青眼句指此也。

「卻思少小經離亂」節

　　【書批】非詆嘲芝麓也，乃正論耳，故未寓招陽意。

　　後二年，芝麓以上林監使嶺南，洊升尚書。竹垞詩：西掖存封事，南天返使車。任仍三獨坐，職半六尚書。

王郎曲

　　【陸批】收。

「王郎十五吳趨坊」節

　　【書批】自感也。兼諷龔孝升也。

「同伴李生柘枝鼓」節

　　【書批】此敘徐勿齋二株園中初見王郎時，以同伴李生作陪。

　　疑雜劇中演善財童子問法於觀音也。

「王郎三十長安城」節

　　【書批】物換時移，不獨為王郎興感。

　　【陸批】徐勿齋太史二株園。王子介，其家兒也。

　　杜詩：不是尚書期不顧，山陰夜雪興難乘。

「往昔京師推小宋」節

　　【書批】小宋想即《觚賸》所稱粟兒。據此詩，則田弘遇家歌兒也。

　　又以小宋作陪，與上李生對照。

　　固以王紫稼自況，恐亦有諷芝麓之意。

原跋

　　【書批】吾故曰：駿公先生此詩諷合肥尚書也。

楚兩生行

　　【陸批】收。

　　【書批】此詩及《茸城行》皆南還後作。屢雜於此卷中。

序

　　【書批】馬逢知坐罪見法事在順治十七年。詳《茸城行》。

　　左良玉，字崑山，臨清人。崇禎中，積功至總兵官。擊賊，屢有功。已而養寇以自重。尋破張獻忠於瑪瑙山，幾獲獻忠，縱之去。十五年，援開封，為李自成所敗，由襄樊走武昌，縱兵大掠，揚言將至南京就糧，撫之乃定。於是立軍府於武昌。福王立，封寧南候。每肆兵武昌，一山幟一色，山谷為滿。用兩人夾馬馳，曰過對，馬足動地，殷如雷。○左良玉無姬侍，嘗夜宴召妓，少焉，左顧而欷，以次引出。

「黃鵠磯頭楚兩生」節

　　【書批】慨左良玉之跋扈不振也。

　　「黃鵠磯頭楚兩生」句【書批】出題。

　　「征南上客擅縱橫」句【書批】左良玉。

「一生拄頰高談妙」節

【書批】《板橋雜記》云：與予相遇於宜睡軒中，猶說秦叔寶見姑娘也。

先敘柳敬亭依馬逢知，其時敬亭年八十餘矣。

「一生拄頰高談妙」句【書批】柳敬亭。

「途窮重走伏波軍」句【書批】馬逢知。

「一生嚼徵與含商」節

【書批】入蘇生。

「一生嚼徵與含商」句【書批】蘇崑生。

末二句即引起左寧南。大隑曲只是泛用，非必指馬、阮築板磯城事也。

楊嗣昌九檄徵兵，良玉一旅不發，其時跋扈已如此，況南渡後耶！監軍御史黃澍觸馬、阮懲忠，良玉舉兵清君側，召三十六營與之盟，傳檄討士英，列舟二百餘里。至九江，邀總督袁繼咸，繼咸拒之。部將入城，縱火。良玉望火光，曰：予負袁公。是夜死，時順治二年四月也。子夢庚以眾降。

「憶昔將軍正全盛」節

【陸批】此下專入蘇。

【書批】追敘在左軍中事，以迄左敗後入吳。留都時論每左袒寧南，以其為馬、阮所憚也。梅邨於寧南亦無貶詞，而寫其暮年偃蹇，言外有縱賊苟安、不受朝命之意。

良玉以驍勇之材頻殲劇寇，後乃養寇貽憂，擁兵自恣，朝命不行，遂至稱兵犯闕，而時賢猶諱其做賊，俱矣。

「一朝身死豎降幡」句【書批】左夢庚來降。

「我念邗江頭白叟」節

【陸批】此處挽上柳。

【書批】敘云以之寓柳生，故作此收束，恰好結兩生。

【陸批】末路掃興。

【書批】柳侍馬飲馬，飯中得鼠矢，怒甚，取置案上，將窮治膳夫。敬亭乘間取鼠矢囓而咽之，曰：是黑米也。遂已。其宅心仁厚，為人排難解紛，大率如此。

「我念邗江頭白叟」句【書批】柳生。

「老去年來消息稀」節

【書批】柳生、蘇生皆寧南狎客，比於俳優之流，故以隱語戲之，所謂言各有當也。

尾評

　　【書批】山陰張岱《陶庵夢憶》云：柳麻子，黧黑，滿面疤瘤，而善說書。一日說書一回，定價一兩。余曾聽其說《武松打虎》，與本文大異。聽者必屏息靜坐，彼方掉舌。

　　吳橋范司馬、桐城何相國皆以柳為上客，則又何也？

茸城行

　　【陸批】收。

　　【書批】譏馬逢知之貪暴也。

「朝出胥門塘」節

　　【書批】逢知即進寶。

　　「學士揮毫清秘樓」【陸批】董元宰。

　　「徵君隱几逍遙谷」【陸批】陳眉公。

　　「給事才名矯若龍」【陸批】陳臥子。

　　「山公人地清如鵠」【陸批】夏彝仲吏部。

「不知何處一將軍」節

　　【書批】馬逢知原名進寶，山西隰州人。明安慶副將、都督同知。順治二年，王師南下，遣使至九江，詣英觀王軍迎降，加總兵銜，賜一品眼並莊田鞍馬，隸漢軍。三年，鎮守金華。六車，以都督僉事實授金華總兵，尋予騎都尉世職，加都督同知，進右都督，隨征閩寇。十三年，遷蘇常鎮提督，詔改名逢知。十六年，海寇鄭成功犯江寧，連陷州縣，水師提督梁化鳳擊卻之。逢知坐縱寇，免官，言者交章劾其通賊，並言蘇松之民受其魚肉，傾家者指不勝屈，請逮治嚴究。按之有跡，逢知伏誅。

　　【龢批】此詆逢知以進奉安結得美官也。

　　【書批】國初巡撫江南者，土國寶、朱國治；提鎮松江者，吳兆勝、李成棟、馬進寶，皆以屠伯武夫桀驕民上，旋踵誅夷。惟國治死滇難，得蒙贈卹。

「一朝遽落老兵手」節

　　【書批】嬉笑甚於怒罵。

　　【陸批】因其姓馬，而以伏波況之。伏波何罪？

贈吳錦雯兼示同社諸子

「自言里中有三陸」節

　　【書批】陸培、陸圻、陸堦。

「自言里中有三陸」句【陸批】陸鯤庭兄弟。以下皆述錦雯之言。

「丁儀吳質追隨歡」句

　　【書批】丁澎名口。有湘靈先生一注。

尾評

　　【書批】特用吳質應季重。

　　【龢批】圻字驤武。

蕭史青門曲

　　【書批】以簫史青門命名者，若曰此簫史也，而今則青門矣。

「蕭史青門望明月」節

　　【陸批】好時無池臺。

　　【書批】詩為光宗女寧德公主作，而帶敘諸公主。

　　寧德，光宗次女。

　　樂安，光宗四女。早卒。駙馬都尉鞏永固殉甲午之難。

　　榮昌，神宗長女，光宗姊也。

　　長平，莊烈帝長女。都城陷，帝以劍斫之，斷左臂。

　　「好時池臺白草荒」句，「池臺」【書批】田園。

「鞏公才地如王濟」句

　　【陸批】湊韻。

「外家肺腑數尊親」節

　　【書批】孝純，莊烈帝生母劉太后也。

　　榮昌公主選尚楊春元，為故太僕卿維璁孫。

「萬事榮華有消歇」節

　　【龢批】龢見孫北海《畿輔人物略‧鞏永固傳》云：崇禎癸未，公主薨，例有遺念之進，上諭遺念不必進，其冠頂、服冊及有龍鳳袍器著恭進。因進公主金冊一道、九翟珠冠一頂、禮服一襲、龍鳳裙襖十四件、龍鳳尺頭二十疋、龍鳳屏椅九件、鳳床六張，鳳衣鏡一架。因言：「今日之事起於遂平長公主，乃近例，非舊制也。向臣恭謁壽陽、瑞安、延慶太長主墳園，及觀其祠宇，其金冊、衣冠宛然在列。其子若孫凜遵世守，設其裳衣，不啻圭璧，蓋先朝之制，亦未詳進繳之例也。上得疏惻然，因還其冠服、金冊，止收龍鳳器物，至著為例。云云。與此稍異。

甲申城陷，公主柩尚在堂，呱呱二女，公主所生也。乃以黃繩繫於柩前，縱火焚之。永固自書八大字：世受國恩，身不可辱。自刎死。

「金冊珠衣進太妃」句【書批】選侍。

【書批】魏禧云：鞏永固尚光宗皇八女樂安公主。

據此則即移宮時所稱皇八妹。

「此時同產更無人」節

【陸批】可以彈唱付瞎子老嫗矣。

【書批】鞏公死雄時，樂安已前沒。詩言鞏公死，而寧德夫歸不能死，草間偷活，有愧鞏公。敘次處極費匠心。

「苦憶先皇涕淚漣」節

【書批】以長平作結，又是一波。

董山兒

【陸批】收。

卷六上

【書批】卷六上下多在都時作。

送沈繹堂之官大梁

【書批】順治十二年，章皇帝特簡翰林官十人，試以吏事。荃與焉。明年授河南按察副使，分巡大梁道。荃坐事降寧波府同知。召見，特授侍講，直南書房，官至詹事，加禮部侍郎銜。諡文恪。

「雲間學士推二沈」句

【書批】沈慶、沈棨。

「君也讀書致上第」節

【書批】康熙初，荃果以善書受聖祖知，簡備顧問，屢拜豐貂、文綺、書籍、石刻之賜。

通玄老人龍腹竹歌

「通玄老人來何方」節

【書批】蓋西域之通疇人家言者。

「我欲裁之作龍笛」節

【書批】恐別有寄託。

「若有人兮在空谷」節

【書批】亦有寓意。

「吁嗟乎昆崙以外流沙西」節

　　【龢批】龢按：通玄老人蓋艾儒略、南懷人之流，當時士大夫頗與往還。不特海上徐公盛推其說，即吾鄉瞿公亦以西儒之學為然。此詩所謂「京師公卿誰舊識，與君異國同周行」是也。九鼎雖遷，而南冠不改，故藉以抒其滄桑之感。

送舊總憲龔孝升以上林苑監出使廣東

　　【書批】孝升先官總憲，時梅邨有壽龔詩，乃順治十一年事。

　　此送龔詩在十三年。

　　龔左遷苑丞在十二年。

「與君對酒庾樓月」節

　　【陸批】潦倒，《晉書》：蘊籍也。今承老杜「潦倒新停濁酒杯」，俱誤用。然老杜之潦倒出嵇康《絕交書》「濁酒一杯，潦倒粗疏」。杜詩無一字無來歷，此注杜所未及也。

「亦知窮老應自疏」節

　　【書批】孝升以金鐘玉衡之才振清廟明堂之響，其奉使嶺南也，有《過嶺集》，燈炧酒闌，墨酣墨飽，乾端坤倪，顯豁呈露，穹龜長魚，躍距後先，南海之百靈秘怪，湧現於篇什之中。

「山川有靈交有命」節

　　【書批】秋岳於順治十二年遷副憲，故云共事。○是年，秋岳遷侍郎，旋出為廣東布政。

　　陸賈金切使粵，周昌印切御史大夫，隸事極工。

　　「如君共事曹侍郎」句【書批】溶。

　　「後先蹤跡誰能信」句【書批】言曹、龔左遷，皆出意外。

「烏桕霜紅少婦樓」句

　　【龢批】少婦樓指橫波。

尾評

　　【書批】芝麓使還，挈橫波夫人重遊金陵，寓市隱園中，張燈開宴，為夫人壽。見《板橋雜記》。

雁門尚書行

序「《雁門尚書行》，為大司馬白谷孫公作也」節

　　【書批】崇禎九年，傳庭擊拴賊首高迎祥於盩厔，檻送京師，此戰功之最著者。

－1313－

時公為陝西巡撫。

【陸批】哥舒翰之敗於潼關也，亦以楊國忠促戰，故正與此同。然尚書卒死於戰，而哥舒降賊，為千古羞。若以敗兵責公，所謂小人好議論，不樂成人之美耳。吳師此詩足為尚書吐氣鳴不平。

「余門人馮君訥生」節

【陸批】兵部尚書馮元颺頗能料事。孫傳庭治兵關中，元颺謂不可輕戰。廷臣多言不戰則賊益張，兵久易懦。元颺謂將士習懦，未經行陣，宜致賊而不宜致於賊，乃於帝前爭之，曰：請下臣獄，俟一戰而勝，斬臣謝之。又貽書傳庭，戒毋輕鬥，白、高兩將不可任。傳庭果敗。

「雁門尚書受專征」節

衰孫傳庭之闖門遇害也。

傳庭，萬曆四十七年進士。累官陝西巡撫。禦賊有功，代盧象升督援軍，尋繫獄。

崇禎十四年冬，李自成陷南陽，殺唐王，乃釋傳庭於獄，以為兵部侍郎，往援開封。

十五年二月，陝西總督汪喬年兵潰死之，賊陷陳州，復圍開封，總兵官陳永福射中自成目，賊攻益急，左良玉不赴援。帝以傳庭為陝督，守潼關。傳庭數賀人龍失律之罪而斬之。九月，李自成決河灌開封，城陷。是月，傳庭帥師赴河南。十月，兵敗，走入關。

十六年正月，自成陷承天，襲殺羅汝才並其眾，改襄陽曰襄京。五月，張獻忠陷武昌，前大學士賀逢聖死之。十月，自成破潼關，傳庭戰死，遂陷西安。

十七年正月，自成僭號於西安，尋陷太原、寧武，殺周遇吉。

「椎牛誓眾出潼關」節

【書批】《莊烈帝紀》：十六年九月，傳庭復寶豐，次郟縣，李自成迎戰，擊敗之。傳庭兵乏食，引退，為賊退及，大敗。傳庭以餘眾退保潼關。十月，潼關陷，傳庭死之。

「尚書戰敗追兵急」節

【書批】流賊蔓延之時，惟秦兵為可用，傳庭才足辦賊，乃屢為楊嗣昌所沮，卒以僨事，殆有天焉。然傳庭用法嚴，又失關中士大夫心，其敗亦有由也。

「雨洗金瘡恨未消」句

　　【陸批】金瘡二字見宋人劉後邨用之。

　　《灌夫傳》：身中大創十餘，得萬金良藥。

尾評

　　【書批】嗣昌父子不附奄，其後乃與東林忤。其擯黃道周、盧象昇、孫傳庭而倚熊文燦，主招撫，故為清議所不予。然其勤張獻忠，頗有方略，故獻忠極恨之，徒以左良玉等不用命，致有襄陽之變。莊烈帝不深罪嗣昌，有以也夫。

　　盧建斗與孫百雅皆為楊嗣昌所抑。嗣昌之皐大矣，然其沮百雅，乃百雅撫陝時事。迨崇禎十四年，百雅出獄，建節，賜劍督師，嗣昌已於是年三月聞襄、福二藩遇害，驚悸以死。

贈馮訥生進士教授雲中

「男兒作健羞裙屐」節

　　【陸批】《唐書》：裙屐少年。

「故人消息待何如」句

　　【陸批】曲調。

雕橋莊歌並序

　　【陸批】收。

　　【書批】哀趙忠毅公南星之遷謫也。

序「高邑趙忠毅公為雕橋莊記曰」節

　　梁夢龍隆慶中巡撫山東、河南，神宗初，座主江陵當國，特愛之，召為侍郎。尋總督薊遼，有戰功，官至吏部尚書，為御史江東之劾罷。

　　魏廣微入內閣，三至南星門，拒不見。嘗曰：見泉無子。見泉者，廣微之父允貞別號也。廣微恨刺骨，與忠賢比而齮南星。

　　趙夢白為東林領袖，搜舉遺佚，布之庶位，中外忻忻望治，而小人側目。

　　《明史》贊曰：趙南星諸人持名檢，勵風節，嚴氣正性，侃侃立朝，天下望之如泰山喬嶽。《詩》有之：「邦之司直」，其斯人之謂歟？權枉盈廷，譴謫相繼。「人之云亡，邦國殄瘁。」悲夫！

「公後拜吏部尚書」節

　　【書批】感慨高邑，意在言外。

　　清標，崇禎十六年進士，官庶吉士。曾降附流賊李自成。本朝康熙中，官至大學士。著有《蕉林文集》。

「常山古槐千尺起」節

　　【書批】從古槐說入，妙。

　　「水部山莊繞碧渠」句【書批】梁維樞。　　【陸批】先從水部說起，追上。

「自言年少西韓生」節

　　【陸批】以下全述水部語。

「當時海內推高邑」節

　　【書批】引出趙夢白。

　　又送高邑口中引出梁太宰。

　　「歸田太宰昔同遊」句【書批】梁夢龍。

「每思此語輒泫然」節

　　【書批】此言高邑投荒，不如太宰晚節。

「我有山莊幸如故」節

　　【陸批】此是翰林衙門，用示軍中用。

　　【書批】此言雕橋莊亂後獨全，而家門蟬冕意只是帶敘。

海戶曲

　　【陸批】收。

「大紅門前逢海戶」節

　　【書批】經故苑而有黍離之感也。

　　【陸批】才情爛漫，學問湊泊，此先生必傳之作也。他作俚而有乞氣，必得我痛芟之，存其可傳者如此。

「平疇如掌催東作」節

　　【陸批】苑惟沈約叶韻有之，可見公等作古詩皆用沈原韻，非今世所傳韻。　紆預切。

「雄圖開國馬蹄勞」節

　　【書批】陳尚古《簪雲樓雜說》：順治乙未，高麗國獻白鷹。乙未，十二年也。

「人生陵谷不須哀」節

　　【陸批】字字典雅，絕無俚句，第一作也。

退谷歌贈同年孫公北海

　　【書批】羨孫承澤之安閒也。

　　承澤，字耳伯，自稱退翁。年甫六十，藉重聽乞身，營退谷以見志。

「我家乃在莫釐之下」節

　　【陸批】寄託。

　　【書批】承澤，崇禎四年進士，官刑科都給事中。受流賊李自成偽職。本朝順治元年五月，授吏科都給事中，遷太常寺少卿、左通政、太常大理卿。五年，擢兵部右侍郎。八年，調吏部。九年，轉左。十年，疏請以大學士陳名夏理吏部事，詔責其越職。尋引疾乞休。康熙十五年卒。著有《五經翼》、《春明夢餘錄》、《庚子銷夏記》。

「仰天四顧指而笑」四句

　　【陸批】不文。

「君不見抱石沉焚山死」節

　　【陸批】要用此等散語，必須有筆力，字字入古。

　　「劫火到處相追尋」句【陸批】不成語。

贈文園公

　　【陸批】輪菴和尚同揆也。

　　【書批】此是南中作。

　　念輪庵之世德也。

　　以其為文震孟之從孫而重之，觀起句可見。

　　【龢批】龢按：從孫當作猶子。

　　【書批】震孟，天啟二年殿武第一。時魏忠賢漸用事，震孟上疏請勤政，忠賢摘疏中傀儡登場語，杖枚震孟八十，尋斥為民。崇禎初，以侍讀召，時稱真講官。洊擢禮部左侍郎，入閣預政，與溫體仁不合，三月而斥，天下惜之。

　　「待詔聲名累葉同」句【陸批】衡山。

　　「致主絲綸三月罷」句【書批】紀實。

「汝父翩翩相公弟」句

　　【陸批】啟美。

「先帝齋居好鼓琴」節

　　【書批】啟美於丁丑、戊寅間以琴學受知。戊寅三月，賀逢聖罷相。

　　左徒指逢聖也。

　　戊寅，崇禎十一年也。十四年，復入閣。十五年六月罷。十六年五月，張獻忠陷武昌，逢聖自沉於墩子湖。〇詩以左徒比之，真一字不苟。

又按：崇禎十一年，黃道周下獄，究黨與，詞連中書舍人文震亨等，並繫獄。見《道周傳》。

據此則啟友於十年以琴供奉思陵，次年即以石齋事牽連罷官。

「可惜吾家有逐臣」句【書批】此仍指文肅。

「歸來臥疾五湖雲」節

【書批】文乘，吳縣諸生。與吳易通問，為土國寶所殺，故云「報韓子弟幾湛族」也。

《震孟傳》云：乘遭國變，死於亂。　乘，文肅子也。

「報韓子弟幾湛族」句【陸批】文肅之子文乘。

「汝念先人供奉恩」句【陸批】此說到文園。

卷六下　七言古詩十二首

畫中九友歌

【陸批】收。

【書批】畫中九友：

董元宰尚書其昌

王煙容太常時敏

元照太守鑑

李長蘅孝廉流芳

楊龍友僉憲文驄

張爾唯郡守學曾

程松園山人嘉燧

卞花龕居士文瑜

邵瓜疇山人彌

「華亭尚書天人流」句【書批】董。

「太常妙跡兼銀鉤」句【書批】王。

「樂郊擁卷高堂秋」句【龢批】太常所居有樂郊堂。

「檀園著述誇前脩」句【書批】李。

「阿龍北固持雙矛」句【書批】楊。

「姑蘇太守今僧繇」句【書批】張。

「松圓詩老通清謳」句【書批】程。

「花龕巨幅千峰稠」句【書批】卞。

【龢批】卞文瑜亦號幼美，見吾家鐵庵尚書公題冊字。

「風流已矣吾瓜疇」句【書批】邵。

尾評

【龢批】當是薄仲醇之附權貴，故不數。

銀泉山

【陸批】收。

「銀泉山下行人稀」節

【陸批】存此八句。

【書批】感宮闈之兆禍也。

鄭妃雖非褒、姐之惡，而未必不覬覦立儲。使非外廷力爭，安知國本之不搖乎？自鄭妃擅寵，於是李選侍為唐之張良娣，客氏遂為漢之聖矣。《詩》曰：亂非降自天，生自婦人。長國家者可不戒哉！

尾評

【書批】《明史·李選侍傳》云：久之始卒。則西李自卒於明，與梅邨自注合。《池北偶談》失考。

田家鐵獅歌

「田家鐵獅屹相向」節

【書批】借銕獅以慨戚畹之失勢，並寓滄桑之感。

「田家鐵獅屹相向」句【書批】田弘遇家。

「省中忽唱田蚡死」節

【陸批】學昌谷。

「吾聞滄洲鐵獅高數丈」節

【陸批】滄洲獅子·景州塔。

盧溝橋七十二獅子。

【龢批】龢嘗數盧溝橋柱，凡二百七十，每一柱刻一師子，或兩師子，豈止七十二師子耶？

題崔青蚓洗象圖

【陸批】收。

【龢批】孫北海《畿輔奇異略》稱崔子忠形容清古，言辭簡質，望之不似今人。文翰之暇，留心丹青，規摹顧、陸、閻、吳，唐人以下不復措手。一妻

二女,皆從點染。生平好讀奇書,而於六經則尤深於《戴禮》。古文詩歌,博奧不減李長吉。

龢嘗見青蚓三酸圖,筆力古媚,摹取入篋,今索厚矣。

「嗚呼顧陸不可作」節

【書批】重青蚓之節義也。

【陸批】化物興起。

【書批】《明史》:流賊陷京之日,象房群像皆哀吼,可作此題絕妙波瀾。或梅邨未及知耳。

「燕山崔生何好奇」節

【書批】北海又云:崔少時師事萊人宋繼登,與其諸子同學而玫及應亨尤契合。迨應亨官銓司,屬一選人以千金為崔君壽,子忠責而卻之。玫居諫垣,求畫,不得,乃閉置邸舍。不得已,乃畫之成。坐鄰舍使僮還取,曰:有樹石,須增染也。卒裂之而去。史可法過之,見其晨炊不繼,留馬以贈。崔售白金四十,呼友轟飲,一日而盡,曰:此酒自史道鄰來,非盜泉也。

「平生得意圖洗象」句【陸批】入題。

「當時駕幸承天門」節

【書批】秀水沈德符《野獲編》云:象初至京,先於射所演習,故謂之演象所。而錦衣衛自有馴象所,專管象奴及象,特命錦衣指揮一人提督之。凡大朝會役象甚多,駕輦馱寶皆用之,若常朝則止用六隻耳。

【陸批】象。

「十丈黃塵向天闕」節

【書批】《野獲編》:象性最警,入朝遲誤,則以上命賜杖,必伏而受箠如數,起又謝恩。平日祿秩,俱視武弁有等差,有罪貶降,不復敢居故班。出入綴行,與人無異。

「京師風俗看洗象」節

【陸批】洗。

【書批】《野獲編》:六月六日,洗象於郊外水濱,因相交感。憎人見之,遇者必觸死乃已。間有黠者升樹密窺,始得其情狀。

【龢批】六月六日,於宣武門外城河洗象,予屢見之。咸豐初,五輦陳午門前,六象立馳道左右。有一象牙正中折,雲此前明所遺也。靡後,安南貢馴象五,由滇至京,貢頓不貰。同治中,王師助剿安南寇,事平,進象,詔卻之。

而象房監奴芻粟不以時，象遂次第畢命，後至者有軼出，毀人墻壁，斃人於市。迨光緒十六年，而象房遂空矣。

「十餘年來人事變」節

【書批】李定國用象排桂林城門，陷之，殺孔有德。

孫可望破辰州，亦列象陣。皆順治九年事。

「嗟嗟崔生餓死長安陌」節

【書批】金陵徐霖，字子仁。詩才筆陣，丹青樂府，獨擅一時。文衡山贈詩有「樂府新傳桃葉渡，綵毫徧寫薛濤箋」之句。武廟南巡，曾三幸其第，曾釣於快園，失足落水，故園有浴龍池之名。召入禁直，辭官不拜，拂衣遂初，又閱二十餘年，竟以隱終。

尾評

【龢批】髯仙善篆，余曾收得一卷。

松山哀

「拔劍倚柱悲無端」節

【書批】悲戰士也。

崇德六年，崇禎十四年。我大清兵圍錦州，明遣洪承疇援錦州，次松山。太宗親督戰，明將吳三桂等夜遁。曹變蛟走入松山，與承疇堅守。

崇德七年，崇禎十五年。大清兵克松山，禽洪承疇、祖大壽等。邱民仰、曹變蛟戰死，錦州亦降。族克塔山、杏山。明大震，謀王樸，鐫吳三推三秩。是歲，明左良玉兵潰於朱仙鎮。九月，李自成陷開封。十一月，大清兵入薊州，連下畿南、山東州縣。徵天下兵勤王，以大學士周延儒督師。明年三月，我兵北還。

「豈無遭際異」節

【書批】此段言洪承疇來降事，亦不深責之。

洪承疇，福建南安人。萬曆四十四年進士。累官陝西參政。崇禎初，授延綏巡撫。敗張獻忠於清澗，擢三邊總督。五年，連破流賊。七年，督河南山陝湖軍務，加太子太保、兵部尚書，破高啟祥、李自成，賊東竄，陷靈寶、氾水、滎陽。八年，出潼關，督師討賊，無功，乃以盧象昇督關外兵，而以承疇專督關內兵。十一年，兵部尚書楊嗣昌劾其縱賊，削宮保、尚書。十二年，授薊遼總督。十三年，錦州告急，承疇出山海關，駐寧遠，調宣大兵。十四年，合八大將，兵十三萬，馬四萬，朝議以兵多餉艱，令職方郎中張若麒趣戰，乃進次

松山。我太宗文皇帝張黃蓋親督陣，明兵大敗，王樸、吳三桂等皆遁，曹變蛟走還松山，先後喪士卒五萬餘。十五年，松山城破，斬曹變蛟、王廷臣、邱民仰，而俘承疇送盛京。承疇降。祖大壽聞之，亦以錦州降。承疇既降，隸漢軍。順治元年，從睿親王入關，奉旨仍以太子太保、兵部尚書兼右副都御史原銜佐理機務，遂為秘書院大學士。二年，定江南，命承疇駐江寧，鑄給招撫南方總督大學士印，敗金聲於績溪，敗黃道周於婺源，聲、道周被禽，皆以不屈誅。其餘假明宗室遺臣起兵者，為承疇捕斬殆盡。給事中陳子龍兵敗投水死。四年，丁父憂，解任。五年，至京，典禮闈，加少傅，管都察院左都御史事。九年，丁母憂，入直如故，尋疏諫迎達賴喇嘛，上是之。十年，調宏文院大學士，又調國史院。時桂王由榔在安隆，命承疇為五省經略，駐長沙。十四年冬，進軍貴州。明年，貴州平。十六年，平雲南。十月，以目疾乞辭解任，得旨還京。十八年，仁皇帝登極，承疇乞休，允致仕。康熙四年卒，諡文襄。

　　松山敗問至，莊烈帝以為承疇死事，賜祭十六壇，命與邱民仰俱建祠都城外，將親臨祭焉。及聞承疇降，乃止。見《邱民仰傳》。

尾評

　　【書批】程迓亭說誤。

　　此條辨駁甚是。

　　祖大壽亦良將也。大凌河之降，子姪皆在我朝。然縱歸錦州，猶為明死守，亦有可嘉。逮太宗仍貰其死，而大壽乃甘為本朝盡力矣。祖大壽，遼東人。崇禎初為總兵，駐錦州，隨督師袁崇煥引軍入衛。崇煥下獄，大壽在旁股栗，出城即引兵掠山海而東。孫承宗及崇煥以書招之，乃斂兵聽令。崇禎四年十月，築大凌河城。我大清兵圍之，大壽固守。十月，援絕，乃降，縱之還錦州，自言突圍出，仍為明守錦州。賜之書，不報。崇禎十四年，錦州圍急。洪承疇赴援，敗績。明年，松山陷，於是大壽以錦州降，上仍厚遇之，予原官。章皇帝定鼎，凡大壽子姪皆授顯爵。順治十三年，大壽卒。

　　吳三桂，大壽甥也。

臨淮老妓行

　　【陸批】收。

　　【書批】罪劉澤清之擁兵荒讌也。

「臨淮將軍擅開府」節

　　【書批】斧鉞之筆，可作爰書。

《明史・史可法傳》：東平伯劉澤清轄淮海，駐淮北。《高傑傳》云：澤清駐廬州。故稱臨淮將軍。

「武安當日誇聲伎」

【書批】田弘遇。

「後來轉入臨淮第」

【陸批】劉澤清。

「臨淮遊俠起山東」節

【書批】澤清以將才，授守備。崇禎中，積功至左都督援汴。京師陷，走南。南都為四鎮之一，封東平伯。頗涉文藝，好吟詠。常召客飲酒唱和。

崇禎中，言官韓如愈劾澤清，後奉使過東昌，澤清使人刺殺之。福王時，疏請嚴捕故總督侯恂及其子方域。又上疏力詆呂大器、劉宗周。

「錦帶輕衫嬌結束」節

【陸批】此武安指周國戚。

【書批】罪戚畹之負恩。

京城破，太子投嘉定伯周奎家，不得入。二王投田氏，亦不肯見留。遂皆為賊擁去。

「可憐西風怒」節

【書批】順治二年，王師下江南，以兵二千迎降，封三等子。五年，以謀反伏誅。王師敗澤清兵於宿遷，進次清河，澤清拒寧，擊敗之，追至淮安，澤清與總漕田仰遁入海，已而迎降。

鈕玉樵《吳觚》載姜楚蘭一事與冬兒可並傳，因附記之。

劉東平澤清建闉淮陰，興屯置榷，兼課魚鹽，不貲之富，幾亞郿塢。淮浦名倡姜楚蘭者，色藝冠時，尤善琵琶，素與某生交歡，每金盡，則出纏頭錦，為生取酒。一日，聞劉巡視浦上，蘭特凝妝登臨街小樓，鼓數曲，繁音徹外。劉從肩輿中諦聽良久，意茲麗曲必成纖手，亟遣從騎索之，得蘭，大喜，即攜至幕府，寵之專房。居逾月，蘭啟劉曰：「君侯牙樹名邦，紋膺高爵，帷幄之謀，金鼓之役，皆非賤妾所敢預聞。至於披校琴書，品置服玩，竊有微長。妾固不惜纖軀，晨夕於君侯之側也。」劉掀髯大笑曰：「解語花亦欲窺我清秘耶？」因命以笣鑰之任，金玉綿繡，悉以委焉。未幾，天旅南下。劉惶懼，出閱黃河。蘭折折簡致生曰：「資虹髯之帑，濟鵝裘之困，未為過也。願假崑奴，速完邛

遇！」生遂泛畫舫於城下，綑載宵行。劉歸，視蘭室，麼弦在壁，繡帳閒如，撫膺太息而已。

殿上行

【書批】紀黃石齋之直諫也。

指崇禎十一年七月五日召對平臺事。

是日，帝詰責再三，道周極言楊嗣昌奪情之非，抗辯不少遜。又言臣今日不盡言，臣負陛下；陛下今日殺臣，陛下負臣。帝曰「爾一生學問，止成佞耳。道周復力辯，尋貶江西按察司照磨。久之，巡撫解學龍疏薦，立削二人籍，逮治杖八十，論戍廣西。踰年，以周延儒等言復道周官。道周見帝而泣。

「殿上雲旗天半出」節

崇禎五年，道周官右中允，兩疏刺烏程、宜興，斥為民。九年，用薦召復故官。

福王立，用為吏部左侍郎。南都亡，從唐王聿鍵，王以道周為武英殿大學士。與大兵戰於婺源，兵敗，死之。臨行，過東華門，坐不起，曰：此與高皇帝陵寢近，可死矣。監刑者從之。

道周於乾隆四十一年賜諡忠端。道光五年，允閩浙總督趙慎畛之請，從祀文廟。

「吾丘發策詘平津」句【書批】梅邨自謂疏攻淄川不能如石齋之伉直。

「退直且上庵西書」句【書批】謂前此三疏。

「秦涼盜賊雜風雨」節

【書批】抽騎句求諸史冊不得，注亦未審。

劾石齋者，刑部主事、膠州人張若麒也，詔附楊嗣昌，疏詆石齋，激上怒，石齋遂貶官去，若麒夤緣，改職方郎。松山之役，洪亨九主持重時，若麒在軍，趣戰，遂敗績遁還。先以冒功躐光祿，至是劾罷繫獄，尋受李自成偽職。本朝入關，迎降，官至通政使。若麒貽誤封疆，為明之罪臣，而其致身也，以搏擊正人，結歡權要，卒之名麗順案，傳列貳臣，於忠端何損哉！

「秦涼盜賊雜風雨」【書批】李自成自洮州出番地。

「降人數部花門留」【書批】張獻忠。

「老臣自詣都詔獄」【書批】鄭三俊。

「逐客新辭鵁鶄樓」【書批】劉同升、趙士春。

「口讀彈文叱安石」【書批】嗣昌。

「吾聞孝宗宰執何其賢」節

【書批】孝宗恭儉而知人，其時劉健、謝遷居政府西，劉大夏、戴珊及王恕、何喬新、彭韶等為七卿長，朝多君子，比於唐之開元、宋之慶曆焉。明以六部都察院為七卿。

按：大夏官兵部尚書，珊官都御史，皆非宰執，以其受殊遇，故直以宰執目之。

尾評

【書批】道周劾嗣昌疏曰：天下無無父之子，亦無不臣之子。衛開方不省其親，管仲至比之豭狗；李定不喪繼母，宋世共目為人梟。今遂有不持兩服，坐司馬堂如嗣昌者。宣大督臣盧象昇以父殯在途，搥心飲血，請就近推補，忽有並推在籍守制之旨。夫守制者可推，則聞喪者可不去。即使人才甚乏，奈何使不忠不孝連苞引蘗，種其不祥以穢天下乎？嗣昌在事二年，張網溢地之談，款市樂天之說，才智亦可見矣，更起一不祥之人，與之表裏。陛下孝治天下，家庭勃溪，猶以法治之，而冒喪斁倫，獨謂無禁，臣竊以為不可也。

知人論世，諒哉斯言！

過錦樹林玉京道人墓

【陸批】收。

卞賽，字玉京。

【書批】此首是晚年作。

「與鹿樵生一見」【陸批】公自謂。

「主於海虞一故人」【陸批】陸廷保。

「尚書某公者」【陸批】牧齋公。

「踰數月」節【書批】詳《琵琶行》。

「歸於東中一諸侯」句【陸批】鄭建德，名應辠，號慈衛。

「踰兩年」節【陸批】柔柔一子託三山，已而其子歸慈衛，而所寄箱篋衣裝悉為三山諸郎胠之一空矣。此慈衛之聟聖猶為余言之甚詳。聖猶，余丁酉副榜同年。今成進士。

「烏桕霜來映夕曛」節

【書批】切清閟閣故址。

「相逢盡說東風柳」節

【書批】似指柳如是。

「良常高館隔雲山」節

　　　　【書批】良常山在金壇縣。袁大受，金壇人也。

　　　　【陸批】柔柔入官為婢。

悲滕城

　　　　【書批】此詩及《打冰詞》皆明季所作。

打冰詞

　　　　【陸批】收。

　　　「溜過湖寬放插平」句【陸批】菊亭按：應是牐字之誤。

「篙滑難施櫓枝折」節

　　　　【書批】官舫打冰。

再觀打冰詞

　　　　【陸批】收。

　　　　【書批】商船打冰。

雪中遇獵

　　　　【陸批】收。

　　　　【書批】此篇又在都時作。

「將軍射獵城南隅」節

　　　　【書批】《明史·食貨志》言神宗時順天府尹以大珠鴉青購買不如旨，鐫級。

　　　　【書批】丁未四月二十五日。雨窗。

第四冊

卷七上　　七言古詩四之上

　　　　【書批】先生以丁酉順治十四年二月南還。此以作蓋南還以後作也。

曇陽觀訪文學博介石兼讀蒼雪師舊跡有感

　　　　【書批】《野獲編》云：弇州與相公退居曇陽觀中，其弟麟洲、和石兩學憲亦在其家業薰修焚鍊。已而麟洲視閩學，相公麻命下。和石不起。弇州亦以南副樞密出山觀中，遂無四王之跡。曇陽高足僧道印以傳燈第一人守觀。諸人相繼下世。惟相公身正首揆，子登鼎甲，但於學道本來面目遠矣。

　　　　按：此事荒誕甚矣。士大夫之惑也。

　　　　蒼雪亦滇人，乃呈貢趙氏子，即讀徹也。居蘇州㟜伽之中峰，貫穿釋典，尤以詩名。有《南來堂稿》。

「嗚呼銅鼓鳴」一節

【書批】此言孫可望、李定國擾楚事。順治十年。

十二年，可望自設內閣六部，偪辱桂王於安隆。

秀水沈德符《野獲編》一則：

曇陽子先已豫示化期，至日其弟子數百人並集於其亡夫徐氏墓次，送者傾東南。或疑為蛇所祟，蓋初遇仙真，即有蜿蜒相隨，直至遺蛻入龕，亦相依同掩云。則此說亦理所有。給事牛維炳疏稱太倉以父師女，以女師人，妖誕不經，並弇州兄弟皆當置重典。大宗伯徐學謨，太倉同里人也，力主毀廬焚骨以絕異端。賴慈聖太后諭止。江陵驚懼，始寢其事。已而太倉入相，漸有議曇陽尚在人間者。忽有鄞人婁姓妻，自稱曇陽宗老有識之者，實相公弟鼎爵妾。夫沒後，竊貲以逃也。事泄，竟逸去。而曇陽沖舉後亦無眹釁。

「吾州城南祠仙子」一節

【書批】此言洪承疇由長沙進軍雲貴。

「忽得山中書」一節

【陸批】華山道場後為吾師蘗菴卓錫，下有蒼公卵墖。

贈陸生

【陸批】收。

陸慶曾子玄為余北榜同年。

【書批】歎才人之不遇也。

順治十四年丁酉，先生南旅，即慶曾中舉人之歲，是時先生已在里中矣。此後足跡未踏都門。況辛亥即先生卒之歲，焉得重過乎？隨園逞筆虛造，往往如此。

【龢批】龢按：長歌梅村贈詩為一句，即此詩也。惜兄誤以長歌斷句，故以為梅村於辛亥歲無重至都門之理，而斥隨園為逞筆臆說。

「黃金白璧誰家子」一節

【陸批】必為陸慶曾丁酉戍邊而作。

吾谷行

【陸批】收。

吾谷樹被公看得清，寫得出。今報國寺松已盡，惟有《帝京景物略》所載諸詩在。此亦吾谷之報國寺松詩也。

【書批】感赤崖之流徙也。

【陸批】只有千章，無萬章。

【書批】暗指扶桑。

「一株偃蹇踞陰崖」節

【書批】暗指赤崖。

「前山路轉相公墳」節

【書批】說到嚴文靖公墓。

為嚴貽吉而發，實為赤厓作退一步想也。

【穌批】文靖之父為邑從事。文靖告歸時，其父母皆無恙。

「昨宵有客大都來」節

【書批】似指扶桑。

「定有春風到吾谷」節

【書批】言赤厓雖獲譴而扶桑正向榮也。

圓圓曲

【陸批】收。

【書批】以編年考之，此詩正作於順治十五年。

【穌批】周嘉定伯之後人未知尚在吾吳否？

【書批】王樵採吳詩以作傳，而考據未審。

【穌批】江陰李介《天香閣隨筆》云：平西鎮滇中，正妃質於都，圓圓獨從平西，龍之專房。為之移檄江南，訪其母兄於武進，榜於通衢。比傳送至滇，其母不樂居府中，乃厚貲遣歸。其後正妃至滇，與平西不相見，謂必殺圓也而後入。圓聞之，謂平西曰：妾久有修行志，願辭去，禮佛以畢世。平西不得已，從之。由是另居一室，牅通飲食。平西至，呼之亦不見。

【書批】此詩作於吳逆鎮漢中時。說詳後。

「鼎湖當日棄人間」節

【書批】刺吳逆也。其舉兵不為君父，而徒以其所暱，誅心之論也。

三桂，遼東人。父襄，明崇禎初官錦州總兵。三桂以武舉隨征，累敘秩。後襄坐失機，下獄，擢三桂總兵，以守寧遠。有功，欲倚以禦賊，封平西伯。並起襄提督京營。

「相見初經田竇家」節

【陸批】以下追敘。

【書批】圓圓由周邸入宮，後由掖庭入田弘遇家，非再入周邸也，故梅邨七律有「武安席上見雙鬟」之句。

「橫塘雙槳去如飛」節

【陸批】雖初唐人有此聲調，而不免於俳熟，於晉魏諸詩決無此失。此元輕白俗亦不可不避。而避之無法，只求之古詩及初唐、盛唐，而可要思廬江小吏等詩及杜敘事詩何以不俗處。

「相約恩深相見難」節

【書批】「若非」二句省卻無數筆墨。此用減筆之法。

睿親王既破賊入關，使三桂先驅。李自成屠襄家，載輜重遁。三桂與英親王追至望都，累戰皆捷。賊走山西，乃班師。世祖御皇極門，授平西王敕印，設宴，賜萬金。按：皇極門即太和門。

「蛾眉馬上傳呼進」節

既班師，尋以英親王為靖遠大將軍。三桂由邊外趨綏德，克延安、鄜州，勦自成於襄陽、武昌，東下九江，還鎮錦州。順治五年，命移鎮漢中。八年，入覲，賜金冊金印，敕征四川流寇。

按：詩中斜谷二語皆指漢中，正是指三桂移鎮漢中事，則此詩之作當在順治五年之後、十五年之前也。詩言「向秦川」，於時事正合。惟在漢中，故末云「漢水東南日夜流」。

金牛道在漢中。

「傳來消息滿江鄉」節

【書批】此段從舊時女伴眼中看出漢中富貴，即畫家背染法也。

「嘗聞傾國與傾城」節

【書批】詞嚴義正，正使三桂膽落。

「君不見館娃初起鴛鴦宿」節

【書批】順治九年，三桂平蜀。十四年，拜平西大將軍。十五年，由漢中自蜀入黔。十六年，定滇，詔三桂鎮雲南。三桂王雲南，又平水西土司安氏，功高權重。子尚公主。御史郝浴等先後劾其不法。康熙初，三桂益驕恣，踞桂王五華山舊宮為府。十二年，議徹尚藩。三桂陽請徹藩，詔允之從藩山海關外，三桂遂反，詔削其官爵，宣示中外。

【陸批】而今安在？千古如東流，付之一歎。

【書批】十三年，三桂陷長沙，四出誘煽。襄陽、四川、廣西、福建先後應賊。其冬，陝西提督王輔臣亦降於三桂。

十五年，平秦隴，王輔臣降。

十七年，三桂僭位於衡州。八月，三桂死，逆孫世璠嗣。

十八年，復湖南、廣西。

十九年，復四川、貴州。

二十年二月，大兵抵雲南，為長圍以困之。九月，薄城下。十月，克之，世璠自殺，雲南平。

梅邨卒於康熙十年。後二十年而有三藩之亂。

尾評

【書批】陸雲士《圓圓傳》惜不錄。

靳氏必欲從《觚賸》，袒沅正抑吳也。

送杜大於皇從婁東往武林兼簡曹司農秋岳范僉事正

【書批】順治十六年作。

「解囊示我金焦詩」節

【陸批】杜有《別京口》詩。

「海內悠悠識者誰」節

「侍郎」【陸批】曹秋岳。

【書批】時芝麓以總憲降上林苑署丞，倦圃曹侍郎以廣東布政使，再降山西陽和道。

悲歌贈吳季子

【陸批】吳兆騫以丁酉試事戍關外。

【書批】漢槎獻《盛京賦》，得釋還。漢槎之謫戍也，其友顧貞觀請於納蘭侍衛成德，有《金縷曲》二闋，詞意淒惋。侍衛言於其父太傅朋珠，漢槎遂得入關。侍衛字容若，徐健庵高弟，嘗刊《通志堂經解》。

甫草，計甫草也。

石砮出混同江中，相傳松脂入水，千年所化。色青紺。其理如木，堅逾鐵石。兆騫攜歸京師，王士禎載之《池北偶談》。

織婦詞

【書批】憂杼柚之空也。

贈穆大苑先

「兵火桐江遇故人。」

【書批】張王治。

「訪友新年到蔡州」節

汝寧即周隋之蔡州。苑先欲赴蔡州，避長淮之險而取道鳳陽。

洪武五年，以臨濠為中都，建中都城府，曰中立府。七年，改為鳳陽府。《野獲編》：仁祖陵在中都鳳陽府太平鄉之北。

「蔡州」【書批】汝寧。

「泊口斷磯傳禹跡，山根雷雨鎖獮猴」【書批】言盱眙水程之險。

「捨舟別取中都道」【書批】鳳陽。

盱眙浮山與泗州巉石山相對，臨淮水，一名臨淮山。《水經注》：淮水自鍾離縣又東經浮北山北，對巉石山。

疑雙崖指此。

《古岳瀆經》：禹三至桐柏山，驚風迅雷，石號木鳴。功不能興。禹怒，召集百靈，命搜九馗，乃獲淮渦水神，名無支祈，善應對言語，辨淮之淺深，原隰之遠近，形若猿猱，縮鼻高額，青軀白首，金目雪牙，頸伸百尺，力踰九象，掉擊騰踔，疾奔輕利。禹授之童律，童律不能制。授之烏木田，烏木田不能制。授之庚辰，庚辰遂頸鎖大鐵，鼻穿金鈴，徙淮之陰，龜山之足，淮水乃安，流注於海。按：龜山在盱眙，近軍山。

唐盱眙縣屬楚州。

禹鎖巫支祁處自在盱眙。

「丈夫落落誇徒步」節

【陸批】欠鍊。

【書批】確山，漢朗陵縣地。

遣悶　其一

【陸批】收。

此《同谷歌》之意。

追敘陳湖之事。

其二

【陸批】收。

其四

　　【陸批】收。

「一女血淚啼闌干」六句

　　【陸批】古詩。

其五

　　【陸批】收。

其六

　　【書批】白頭儒生，自謂也。

　　漆經謂中祕。石鼓在成均。

詠拙政園山茶花

　　【陸批】收。

「陳相國」【陸批】陳之遴也。

　　【書批】陳之遴，崇禎十年進士，官中允。國初授誠，累遷吏部右侍郎、右都御史、禮部尚書。順治九年，授宏文院大學士。十年，鄭親王濟爾哈朗等劾其緘默取容，之遴引罪，改戶部尚書。十二年，復授大學士。明年，左都御史魏裔介劾之遴植黨徇私，不可居密勿之地。言官王楨亦疏劾之。免官，謫遼陽居住。是冬，召還入旗。十五年，以賄結內侍，事擬大辟，詔宥死削籍，全家徙遼左，死於徙所。

　　【穌批】穌按：常熟趙某《唐亭雜記》云：「余姊適蘇州監生徐樹啟，所居臨頓里，有拙政園，居之五世矣。入本朝，為武弁占居，不得已，以二千金售之海寧陳之遴，值止五之一也。姊言其曾祖性泉，光祿寺典簿，造基豎樓時，夢二麟至，故題其樓為致麟樓。今始知為』之遴』二字，事之前定如此。」

　　曾見文待詔拙政園圖題詠甚富。粵賊亂後，此園未毀，改為八旗會館。張制軍之萬奉母居之，儼然軍府矣。

　　山茶何爛漫。

「拙政園內山茶花」節

　　【書批】憫陳相國之遴之被譴也。

「百年前是空王宅」節

　　【書批】敘王御史侵大宏寺基而其子以一擲失之，歸於徐氏。

「後人修築改池臺」節

　　「後人」【書批】徐氏。

【書批】言園歸徐氏最久，亂後為鎮將所據。

「近年此地歸相公」節

　　【書批】方入海昌相公。

　　無限低徊。

「灌花老人向前說」節

　　【書批】以關外與故園兩兩相形，詩心絕妙。

　　言相國屢躓，雖蒙保全，而摧折已甚矣。

　　【陸批】妙挽大宏寺基，冷畫買田問宅世上心腸。

尾評

　　【書批】如哉說可刪。

短歌

「入門別懷未及話」節

　　【書批】子彥少子為吳昌時壻。昌將家被籍，有次女嫁某官子，被物議，歸其獄於子彥之子，坐褫杖，且遷怒於子彥。子彥緣此失意。

「吁嗟乎十上長安不見收」節

　　【書批】有慨乎其言之。

西蟣顧侍御招同沈山人友聖虎丘夜集作圖紀勝因賦長句

「七里山塘五月天」節

　　【陸批】切虎丘。

卷七下　七言古詩四之下

　　【書批】以下皆康熙初年作。

九峰草堂歌

「九峰草堂神鼉峰」節

　　【書批】此言明初彭仙翁修真於此，徵書下而蛻去，丹井尚存，金蛇著異。

「九峰主人青溪曲」節

　　【書批】入諸乾一。

　　陸琩養魚池，今名琩湖，即琩故居。

　　有陵蘭垓、張漢度同隱。

「名高仕宦從教懶」四句

　　【書批】張靜軒句法。

「憶昔溪山正全盛」節

　　【書批】《野獲編》云：古來用物，至今猶繫其人者，如韓熙載作輕紗帽，號韓君輕格；羅隱減樣方平帽，今皆不傳。其流傳後世者，無如蘇子瞻、秦會之二人為著。如胡床之有靠背者名東坡椅，肉之大胾不割者名東坡肉，幘之四面墊角者名東坡巾，椅之梧桊聯前者名太師椅，窗之中密而上下疏者名太師槅，皆至今用之。近日友人陳眉公作花布花纈綾被，及餅餌、胡床、溲器等物，亦以其字冠之。

「九峰主人三歎息」節

　　【書批】話人間古來人物。

「我聽君談意悽哽」節

　　【書批】帶敘座上客。

觀王石谷山水圖歌

　　【書批】烏目山人以善畫名京師，公卿倒屣，贈詩盈篋，至有畫聖之目。而駿公此詩雖許其筆法，亦謂遭際之盛也。蓋九友皆當時耆舊，石谷特後起之秀耳。

「廣陵花月扁舟送」節

　　【書批】言吳中收藏家僅存之卷軸皆為都中有力者捆載以去。

　　引起下文石谷為朝貴鑒別。

京江送遠圖歌

　　【書批】康熙九年作。

　　《序》「世媾」【書批】必曰世媾恐泥。

「京江流水清如玉」節

　　【書批】述祖德，感世變也。

「嗚呼孝宗之世真成康」節

　　【書批】追想當年太平景象。

「吾吳儒雅傾當代」節

　　【書批】言屬亂未平。

秋日錫山謁家伯成明府臨別酬贈

「吾家司馬山陰公」節

　　【書批】吳兌於萬曆九年總督薊遼，尋進太子少保，召拜兵部尚書。孫孟明，襲錦衣衛千戶。以附東林，頗得時譽。

「吾家司馬山陰公」【書批】吳兌。

「雕戈帶礪周京改」【書批】易代。

「碣石關河禹穴通」【書批】旗籍。

「一編我尚慚長慶」句

　　【書批】公得力於長慶，自負亦不淺矣。

「剡山東望故人遙」節

　　【書批】吳國輔，字期生，吳兌之曾孫。官至左都督。竹垞集中稱為吳金吾，即此所云金吾。

尾評

　　【書批】此等真暮年潦倒之作。

題劉伴阮凌煙閣圖　尾評

　　【書批】昔人得學士登瀛圖十八人，偶闕其一，有好事者題云：丹青略寓春秋筆，不畫當年許敬宗。售之，獲厚直。

白燕吟　「白燕庵頭晚照紅」一節

　　【書批】幸單狷庵恂之獲免也。

「縞素還家念主人」一節

　　【書批】言狷庵去官遭國變。

卷八上　五言律詩一之上

　　【陸批】五言詩最難，要五字內有轉折。公乃直頭布袋耳。　公詩七古七律為最。

題心函上人方菴

　　【書批】即規園方竹杖事。

題徼上人代笠

　　【書批】代笠殆徼上人所居室也，與上方庵同。

簡武康姜明府　其二

　　【書批】湖州風俗，至蠶月不相往來，以蠶忌生客故也。即催科胥吏，亦不敢至門。

送黃子羽之任四首

　　【書批】此詩作於明季。

　　【龢批】同龢曾見王煙客家書，言黃子羽以虞山守公之故，為群小所側目，流言謗帖，種種都有。子羽此時急宜引遯，乃戀戀不忍捨。我又不好勸之南歸，

將來禍必及我。云云。書中復云：吾城口人之疏，通政已收。然則子羽亦東林名士，值陸文聲訐告，復社為之傾捄者也。

讀史雜感　其一

【書批】此詠史憲之出鎮。

可法與張慎言、呂大器、姜曰廣等謀立潞王，言福王有七不可：貪，淫，酗酒，不孝，虐下，不讀書，干預有司也。及可法入閣，命下，馬士英失望，乃以可法七不可書奏之。王擁兵入覲，拜表即行，於是可法請督師，出鎮淮揚，士英即日入直。

可法鎮揚州，除夕取鹽豉下酒，憑几臥。比明，將士集轅門外，門不啟。知府任明育曰：「相公此夕臥，不易得也。」命鼓人仍擊四鼓。可法寤，聞鼓聲，大怒，將士仍民育意，乃免。

憲之出鎮揚州，提兵江滸，而權臣掣肘，捍將交爭，城破身殲，可悲矣。

其二

【書批】此言定策之後，諸臣惟以擁戴要上賞，權奸當國，方鎮恃恩，將驕飽絀，文恬武嬉，頓成暮氣也。

時四鎮各占分地，賦入不以上供而動言餉缺。

是時武臣風尚多干預朝政，然如高傑之疏薦吳甡、鄭三俊、金光辰、姜垛、能開元、金聲、沈正宗等，頗採公論，較諸劉澤清之劾呂大器，攻劉宗周，其邪正不同矣。然以將帥與聞國是，均之非體也。

其三

【書批】此言詔獄之冤、名器之濫，深責馬、阮而悲左蘿石也。

注以僧大悲獄解北寺句，以職方如狗之謠鮮西園句，以左蘿石解蘇武句，皆確。

張縉彥以本兵失機誤國，逆賊入宮，青衣候點竄歸河南，自言集義勇收復列城。馬、阮胤法錄用，即予原官。刑賞倒亂，即此可知。

縉彥入本朝，授諴給事中，魏裔介疏糾之，謂有盧杞、賈似道之奸，而庸劣過之，比諸魑魅魍魎。縉彥尋蒙錄用，為監司，再為裔介劾罷，下獄論死，徙寧古塔。

其四

【書批】此言禁軍之橫也。

即《士英傳》所云「白丁隸役輸重賂，立躋大帥」。

左良玉疏中有「士英募死士，伏皇城，詭名禁軍」語。

故都督掌錦衣衛，劉雁嘗遣戍，受張獻忠偽命，賄馬士英，得復官。

其五

【書批】此言漁色無藝，廣選良家，不知國事已去。

其六

【書批】此言勳臣奄豎導王以狗馬俳優傳侵之樂。

貴戚指劉孔昭、朱國弼、柳祚昌。奄人指司禮太監韓贊、周福邰、舊閹田成之屬。

史可法疏言今恩外加恩未已，武臣腰玉，名器濫蕩觴，自後宜慎重，務以爵祿待有功。兵行最苦，無糧，搜括既不可行，勸輸亦難為繼。請將不急之工程、可已之繁費、朝夕之燕衍、左右之進獻一切報罷。

其七

【書批】此言南渡君臣惟知燕衍而不設武備也。

史閣部疏有云：偏安者，恢復之退步。未有志在偏安而能自立者也。又云：夏少康不忘出竇之辱，漢光武不忘蕪薪之時。臣願陛下為少康、光武，不願左右在位僅以晉元、宋高之說進也。弘光不思復仇，關陝惟知徵歌選舞，蹈陳叔寶之覆轍，並江左一隅不能自保，蓋有明末造氣運使然也。

江州、潯陽皆明指九江，安得謂藉以代江南？張如哉引湘東事，亦不合。按：是時袁繼咸駐九江，頗右左良玉，都人籍籍，謂袁且與左同反。此二句蓋言江州舟師不嘗為朝廷用耳。

繼咸駐九江，廷議汰其軍餉六萬，軍中咸怨。

其八

【書批】此言由崧奔蕪湖，黃得功戰死之事。

韋字誤作仄用。

韋粲指閣部。王琳指黃得功。

其九

【書批】此敘江南士民頑梗負固之事。

其十

【書批】此言張國維等浙東之師。

南都既覆，潞王出降於杭，時東陽張國維以故兵部尚書家居，朝魯王於台州，請王監國，移駐絡興。以國維為大學士，督師江上，令方國安、錢肅樂諸營列兵浙東，沿江戍守。

順治三年五月，諸軍乏餉，遂潰。王走台州杭海，國維赴水死。

卷八下　五言律詩三十八首

座主李太虛師從燕都間道北歸尋以南昌兵變避亂廣陵賦呈八首　其一

【書批】太虛未幾即出山，一隊夷、齊下首陽，真可謂師生沆瀣一氣矣。

其七

【陸批】無廣陵瓜。誤東陵為廣陵者，誤召平為一人也。

歲暮送穆大苑先往桐廬　其二

【陸批】此處作水路為便。

閱圍詩「不謂平原鹿走」一節

【書批】金聲桓，左良玉部將也。已降於我朝，復乘間為亂，據南昌，大兵攻之，聲桓死。《揭重熙傳》。

松化石

【書批】結意佳。

卷九上　五言律詩二之上

【書批】以下被徵發途次及都中作。

過姜給事如農：「骨肉悲歌裏，君臣信史中。」

【書批】十子括如農生平。

過東平故壘

【書批】正准典切。

卷九下　五言律詩四十六首

送周子俶張青琱往河南學使者幕　其五

【書批】此言福王遇禍，福世子跳免，自立於南都。

文官果

【陸批】余曾見其花。

【龢批】十剎海，某寺有御製文官果詩，與沈德潛倡和石刻。其樹則京師往往有之。

送純祜兄之官確山

【書批】道光丁未四月二十七日。

第五冊

卷十上　五言律詩三之上

　　【書批】此下丁酉南旋後作。

秋夜不寐

　　浮籤：《秋夜不寐》下集中尚有《七夕感事》一首，云：

　　南飛烏鵲夜，北顧鸛鵝軍。圍壁鉦傳火，巢車劍拄雲。江從嚴鼓斷，風向祭牙分。眼見孫曹事，他年著異聞。

受明得子柬賀

　　【書批】此閱歷過來人語，非第湯餅筵前頌禱也。

三峰秋曉

　　【龢批】此三峰當是吳邑之三峰禪院。

卷十下　五言律詩六十三首

天馬山過鐵崖墓有感

　　【書批】梅邨究非鐵崖比。

陳徵君西佘山祠

　　【書批】以通隱目眉公，何說之辭？

題郁靜巖齋前疊石

　　【陸批】庚申三月十一日夜，同易農飲爾京海棠花下，歸，酒後閱。圓沙。

卷十一上　七言律詩一之上

　　【陸批】只是多直頭布袋語，惜其盛名早就，無人商量，未暇錘鍊。

　　王煙客招往西田同黃二攝六王大子彥及家舅氏朱昭芑李爾公賓侯兄弟賞菊　其一「花似賜緋兼賜紫，人曾衣白對衣黃」

　　【陸批】俳。

「欲借餐英問首陽」

　　【陸批】菊與首陽何益？

　　【書批】王子彥即席籤衣黃句，以為衣字去聲，梅邨謂無可易，不忍棄也。

和王太常西田雜興韻　其四

　　【陸批】收。

其五

　　【陸批】收。

其七

　　　【陸批】收。

其八

　　　程箋云：春曉臺在王煙客樂郊園中。

壽王子彥五十　其一

　　　【陸批】收。

姜如須從越中寄詩次韻

　　　【陸批】收。

周五子俶讀書愛客白擲劇飲又善音律好方伎為此詩以嗝之

　　　【陸批】收。

同許九日顧伊人洞庭山館聽雨

　　　【陸批】收。

與友人譚遺事

　　　【陸批】收。

　　　本色高華。

追悼

　　　【陸批】收。

謁范少伯祠：「浪擲紅顏終是恨，拜辭烏喙待何如。」

　　　【陸批】是曲子。

題登封兩烈婦并梧遺恨詩

　　　【陸批】收。

　　　【書批】作傾寫解者，不止《周禮‧稻人》一證。如《禮記》云：「器之溉者不寫，其經皆寫」，亦是。

　　　杜詩：數回細寫仍愁破。

　　　以良金寫范蠡之狀，亦摹寫之義。

鴛湖感舊

　　　【陸批】收。

　　　【書批】如是來之者雖名在復社，殊無足取。

武林謁同門張石平

　　　【陸批】收。

登數峰閣禮浙中死事六君子

　　【陸批】收。

　　【書批】元璐為國子祭酒，溫體仁力謀去之，家居七年，特起兵部右侍郎，上甚注意。陳繩慮其大用，薦以為戶部尚書。京師陷，北拜天子，南向別母，命酒酹闋壯繆象，遂自經死。南都立，諡文正。

陳青雷以半圖索題走筆戲贈

　　【書批】用癡點各半，入妙。

卷十一下　七言律詩三十二首

題西泠閨詠

　　【書批】《金陵閨秀》：卜夢珏寓居明聖湖上。

其二

　　【陸批】收。

　　魏明帝曹叡立女尚書六人。

其三

　　【陸批】收。

　　香豔，亦長技。

其四

　　【陸批】收。

海市

　　【陸批】收。

　　【書批】海鹽放生庵所見。

其二

　　【陸批】收。

其三

　　【陸批】收。

其四

　　【陸批】收。

贈馮子淵總戎

　　【陸批】收。

丁亥之秋王煙客招予西田賞菊踰月蒼雪師亦至今年予既臥病同遊者多以事阻追敘舊約為之慨然因賦此詩

【陸批】直頭布袋。

友人齋說餅

　　【書批】說餅近事，不可不知。

壽陸孟鳬七十

　　【陸批】收。

其二

　　【陸批】收。

壽申少司農青門六十

　　【陸批】收。

其二

　　【書批】《明史・許譽卿傳》：溫體仁諷吏部尚書謝陞劾譽卿與福建布政使申紹芳營求美官，體仁擬斥譽卿為民，紹芳提問遣戍。　按：黨人指此。末用烏程酒，亦有感於故相乎？

琴河感舊　其一「玉杯春暖尚湖花。」

　　【陸批】湖中無花。

其二：「故向閒人偷玉箸。」

　　【陸批】若謂是淚之謎，亦少一落字。

　　【龢批】李白詩：「絕啼流玉箸」「玉箸夜垂流」「玉箸並墮菱花前」。此偷字卻未穩。

其三：「青山憔悴卿憐我，紅粉飄零我憶卿。」

　　【陸批】俳。

辛卯元旦試筆

　　【陸批】收。

　　粗粗似一首唐詩了。

　　【書批】純是追思舊事。

雜感　其二

　　【陸批】收。

其三

　　【陸批】收。

　　【書批】張家口外為八旗牧廠。

其四

【陸批】收。

【書批】獻忠屠境內民，沉全銀江中，又嘗移錦江，涸而闕之，深數丈，埋金寶億萬計。然後決隄放流，名水藏，曰無為後人有也。

以綿州句考之，是詩蓋作於順治八年以後。

又按三桂傳，就食綿州乃九年事，《一統志》言八年，誤也。

其五

【陸批】收。

【書批】刺吳逆，與《圓圓曲》參看。

即「一代紅妝照汗青」之意。

邵陽魏源謂哥舒翰無取兵遼海事，當為桑維翰之誤。按：維翰死節名臣，豈吳逆之比？若哥舒守潼關，終為叛將，正可比擬耳。梅邨熟於史事，且常就歸元恭質問，其隸事未嘗有誤也。

以哥舒比吳逆，以嘗入宮之謝阿蠻比陳沅，皆工切。

陳沅先由嘉定伯進掖庭，後出掖庭，入田弘遇家，弘遇以贈三桂。

其六

【陸批】收。

此為翟桂林留守公作。公園名東皋，堂名畔石。

【書批】詠瞿閣部事。

稼軒以順治七年十一月死於桂林。雜感六首

題王端士北歸草

【陸批】收。

贈糧儲道步公

【陸批】收。

卷十二上　七言律詩二之上

卷十二上前十餘首作於順治九年壬辰。

題鴛湖閨詠

是歲先生館嘉興之萬壽宮，輯《綏寇紀略》，見竹垞跋，故有《鴛湖》《鶴州》諸詩。

其二

【書批】皆令儒門才媛縶縞自安，未出有天壤王郎之感。

其三

【書批】皆令曾至絳雲樓。

先生與東澗並負東南物望，此詩頗多青備之詞，蓋公論在人，不能以故舊寬之也。先生未幾亦出山，然卻非東澗比。

過朱買臣墓

【書批】長史之長應讀上聲，此誤作平聲，洪穉存譏之。

題朱子葵鶴洲草堂

【陸批】收。

【書批】以《楚雲》詩序證之，是順治九年作。

送林衡者歸閩

【陸批】收。

【書批】衡者藥黃石齋弟子，質樸修志行，著有《東山集》二卷。

送文學博以蒼公招同住中峰寺

【陸批】收。

癸巳春日禊飲社集虎丘即事四首

【書批】以下作於順治十年癸巳。

投贈督府馬公　其一

【陸批】收。

其二

【書批】順治九年，國柱以先生薦於朝。明年夏，先生至金陵，《遇南廂園叟》許所云「四月到金陵，十日行大航」也。

登上方橋有感

【陸批】收。

【書批】通濟橋在通濟門外，又來南曰
中和橋，又東南曰上方橋。

鍾山

【陸批】收。

【書批】鍾山一名蔣山，吳大帝祖諱鍾，因改曰蔣。以漢末蔣子文死葬於此，因名。

明太祖將建陵，遷梁釋寶志冢，啟坎，得金棺函骨，移瘞，建塔立碑。

末言南渡之無成。

石子岡在府南十五里，葬者依焉。孫峻殺諸葛恪，投屍於此。隋將韓擒虎自橫江至新林，任忠迎降於石子岡，引擒虎入朱雀門。

臺城

【陸批】收。

【書批】以靖難兵襯南渡事。

國學

【陸批】收。

【書批】梅邨賞官南京國子司業。

觀象臺

【陸批】收。

【書批】明初置渾天儀於雞鳴山之巔，賜名欽天山。

雞鳴寺

【陸批】收。

功臣廟

【陸批】收。

【書批】所謂雞鳴山十廟是也。

傷明末無良將。

玄武湖

【陸批】收。

【書批】晉時名北湖，肄舟師於此。自覆舟山西築隄至宣武城，凡六里。宋元嘉中，復築北隄，以肄舟師。二十三年，黑龍見，乃立三神山於湖上，改名玄武。大閱水軍，號昆明池，通水入華林園，貫串宮掖。○五六用此。

南唐邇事云：金陵北有湖，周數十里，名山大川掩映如畫，六朝舊跡多出其間，有菱藕網罟之利。

秣陵口號

【陸批】收。

卷十二下　七言律詩二之下

【書批】卷十二下皆作於順治十年癸巳。

周櫟園有墨癖嘗蓄墨萬種歲除以酒澆之作祭墨詩友人王紫崖話其事漫賦二律

其一

【書批】周亮工，祥符人。明崇禎十三年進士，官御史。京師陷，亮工從間道南奔，從福王由崧。順治二年，豫親王多鐸下江南，亮工詣軍門降，奏授兩淮鹽運使。累遷福建布政使，入為左副都御史，疏請斬鄭芝龍，遷戶部右侍郎。尋以閩集任內事被劾，解官赴質。會海賊犯福州，以亮工守西門。事平，未敘功，被劾，各款亮工堅不承，逮送刑部。獄上，擬斬，減等，戍寧古塔。未行，遇赦。仁皇帝登極，詔論其在閩守城功，起補山東青海防道，調江安糧道總督。顏保劾其縱役侵帑，復落職逮問，再遇赦得釋。康熙十一年卒。

【陸批】學石田、錢詠諸詩，但墨盡高品、用任欹斜等字句不雅。

其二

【陸批】收。

贈陽羨陳定生

【書批】宜興陳貞慧，左都御史於廷子。崇禎中，與吳應箕、周鑣共為檄數阮大鋮罪，大鋮恨刻骨。福王立，大鋮欲盡殺東林黨人，貞慧與鑣皆被逮。鑣竟死，貞慧免禍，家居十二年卒。

南皮句謂其年弟兄。

其年、絳雲皆能文，而其年尤知名。

汪琬《陳處士墓表》曰：君書生，又貴公子也。苟不得志，則當鍵戶濡首，習為科舉學耳。其或少暇，則當褒衣博帶，出而嬰邀里閭間。夫亦足以豪矣。今顧獨捨去與聞國家之事，侃侃鑿鑿，瀕死而不悔，何與？昔東漢、兩宋之季，太學諸生率皆危言覈論，用以臧否人物，甚則伏闕上章，詆譏當國者，卒之皆賈大禍，而漢、宋亦遂以亡焉。若前明門戶之患，頗與相類。此固國家之不幸也。

江樓別幼弟孚令

【陸批】收。

揚州　其一

【陸批】收。

其二

【陸批】收。

其三

【陸批】收。

詠福王時諸將。

【書批】處仲指左良玉。

左良玉兵至九江，會總督袁繼咸於舟中，良玉兵入城焚掠，繼咸欲自盡。監軍御史黃澍入署拜泣曰：寧南無異圖公，以死激成之，大事去矣。繼咸乃止。會良玉死，諸將多降，繼咸被執，不屈死。

深源指高傑。

深源雖名實不副，然非高傑之比也。或自有所指。

又按：傑提兵北上，直超歸德，銳意恢復，為許定國所殺，時議惜之，則以深源目之亦是。

其四

【陸批】收。

過維揚弔衛少司馬紫岫

【書批】《可法傳》云：士英忌可法威名，加允文兵部右侍郎，總督興平軍。是紫岫先以兵垣監興平軍，後以少司馬督興平軍也。

過淮陰有感

【陸批】收。

贈淮撫沈公清遠

【陸批】收。

白鹿湖陸墩詩

【陸批】收。

新河夜泊

【陸批】收。

將至京師寄當事諸老

【陸批】收。

其二

【陸批】收。

其三

【陸批】收。

其四

【陸批】收。

讀友人舊題走馬詩於郵壁漫次其韻

【書批】龍友善書畫，有文藻，喜推獎名士，以舉人為江寧知縣。御史詹兆恒劾其貪污，奪官。福王時，用馬士英薦，授主事，升巡撫，督軍京口。兵敗，走蘇州。後事唐為侍郎，死節。

文聰子鼎卿與唐王聿鍵為布衣交，故唐王厚待之，獎以漢大小耿。然以士英故，多為人詆諆。

其二

【書批】十載鹽車言其蹭蹬。一朝句言其驟用。末二句則聞警敗走之事也。

過鄚州

【書批】沈德符《野獲編》云：鄚州在雄縣之南，任丘之北，即公孫瓚所築易京。今州已廢，土基猶完好。竊謂此也。為畿輔要害，而去州縣稍遠，響馬大黟多盤據其中，宜仍立一縣為得之。城外有藥王廟，專祀扁鵲，不如始自何年，香火最盛。每年自四月初，河淮以北，秦晉以東，宣大薊遼諸邊各方商賈輦運珍異，並布帛菽粟之屬入城為市，京師自勳戚金吾中貴大俠以及名倡麗豎，車載馬馳，云賀藥王生日，幕席遍野，林樂震天。每日蓋搭蓬廠，尺寸地非數千線不能得。貿易遊覽，閱雨旬方漸散。頃年出內帑重修，自是藥王之會彌加輻湊。宜更移一裨將統勁兵駐其地，以法意外之竊發矣。扁鵲故鄚人，邢子才亦產其地。

按：《野獲編》云：「今鄚州立藥王廟，喜祀扁鵲。神廟建像，慈聖祈禱有效，遂鼎新之香火繁盛，為畿南冠。」據此，則扁鵲雖誤，而梅邨詩不誤也。

嘉靖間空三皇廟祀典，以勾芒、祝融、風后、力牧為四配，以岐伯、桐君、雷公等十人擬十哲，復增伊尹、神應王、扁鵲、倉公、淳于意、張機、華佗、王叔和、皇甫謐、抱朴子葛洪、巢元方真人、孫思邈藥王、韋慈藏、啟元子、王冰、錢乙、朱肱、劉完素、張元素、李果、朱彥修十八人從祀兩廡。

【書批】丁未四月二十八日燈下。

第六冊

卷十三上

【書批】卷十三上下皆入都後作。

恭紀聖駕幸南海子遇雪大獵

【陸批】收。

落句雖工，亦是絕句法。

上蹕駐南苑閱武行蒐禮召廷臣恭視賜宴行宮賦五七言律詩五七言絕句每體一首應制

　　【陸批】收。

送無錫堵伊令之官曆城

　　【陸批】湊。

元夕

　　【陸批】收。

送永城吳令之任

　　【陸批】收。

送安慶朱司李之任

　　【陸批】收。

江上

　　【陸批】收。

　　【書批】此言江海息警，注所引都不切。

　　又案詩意，謂海防漸弛，恐有後患耳。

　　此詩以前後編次考之，當作於順治十一年，其時鄭成功擾閩，陷同安等縣，而江左尚宴然，江防海防漸弛，故梅邨慮之。莊蹻指孫可望也。孫恩指成功也。言當時但以可望等為虞，而不信成功之將內犯江。過濡須，誰築壘，是無江防矣。潮通滬瀆總安流，是無海防矣。末二句言可憂者正在異日也。至十六年，遂有大舉入寇之事，松江提督馬逢知陰通於賊，所謂滬瀆安流也。張煌言斷金焦鐵索，正應末句。既而破鎮江，薄金陵，正應到蔡州句。而煌言別領所部，由蕪湖寇徽寧，於是無為等州縣皆納款於賊，是又江防廢弛之證也。蓋其時江南重兵移征雲貴，故守備空虛，一如梅邨所逆料。

送顧茜來典試東粵

　　【陸批】收。

送李書雲蔡閬培典試西川

　　【陸批】收。

送隴右道吳贊皇之任

　　【陸批】收。

恭遇聖節次安丘劉相國韻

　　【陸批】收。

【書批】正宗，崇禎元年進士，由推官行取授編修。國初薦起故官。順治十年，命為弘文院大學士。十五年，改授文華殿大學士。十七年，為左都御史魏裔介、御史季振宜論劾，革職，籍沒家產之半。

頌揚切開國氣象。

朝日壇次韻

【陸批】燒牛耶？

得蒲州道嚴方公信卻寄

【陸批】收。

懷王奉常煙客

【陸批】收。

送友人從軍閩中　其一

【陸批】收。

其二

【陸批】收。

【平批】鄭芝豹、鄭彩、鄭聯皆就撫，惟鄭成功、張名振、張煌言始終拒命。

紀事

【陸批】收。

送汪均萬南歸

【陸批】收。

壽座師李太虛先生　其三

【陸批】收。

【書批】寇之將薄都也，左都御史李邦華請令太子監國南都，並分封二王，此至計也。明睿時官中尤，疏請南幸，亦不為無識。乃為給事光時亨所糾，遂至君後同死社稷、太子、二王俘辱賊廷。嗚呼！誰之咎歟？

卷十三下　七言律詩三十九首

寄房師周芮公先生　其一

【陸批】收。

其二

【陸批】收。

即事　其三

　　【書批】金之俊，吳江萬曆四十七年進士，官兵部右侍郎。京師陷，不能死，被拷索。大兵定京師，以原官用。明年，調吏部右侍郎。五年，推工部尚書，乞假歸葬，旋加太子太保。七年，還朝。八年，遷兵都尚書，晉少保。十年，調左都御文，遷史部尚書。十一月，授國史院大學士，乞休，不允，命畫工圖其容。至康熙元年，始致仕去。九年卒，諡文通。

其四

　　【陸批】收。

　　【書批】陳之遴於順治十三年罷相，以原官發遼陽居住，此其初謫也。

其六

　　【陸批】收。

其八

　　【陸批】收。

　　【書批】貝勒之誘鄭芝龍降也，曰：今我鑄閩浙總督印無所授，以待將軍。

　　鄭芝龍，福建南安人。明季為海盜，受撫官總兵。唐王封為南安伯，晉平國公，封其倭婦所生子成功為忠孝伯。順治三年，唐王敗，芝龍來降，成功遁入海，納款於桂王由榔，擾海上，屢寇閩粵。芝龍至京，授三等子爵。八年，巡撫張學聖偵成功出，掠其廈門之資，成功怒，連陷同安等縣，圍漳州。詔芝龍以書招成功降。十年，封成功同安侯，成功不受，掠如故。十二年，陷漳州，分所部為七十二鎮，偽設六官。十三年，左都御史談襄鼎孳疏劾芝龍，會獲芝龍與成功私書，下之獄。十四年，流寧古塔。成功益橫。十六年，陷鎮江，犯江寧，尋敗走。十八年，竄據臺灣。是冬，芝龍伏誅。

　　康熙元年，成功死，子錦嗣。十九年，錦死，子克塽嗣。二十二年，始滅。

其九

　　【陸批】收。

　　【書批】順治十年，桂王由榔居安隆，流賊遣黨一隻虎部搖旂，孫可望、李定國等俱假封號，據滇默，掠楚粵，於是洪承疇以大學士督師，鑄給經略湖廣江西雲南貴州內院大學士印。

其十

　　【陸批】收。

【書批】吳逆於順治八年奉敕征四川流賊。九年，復成都、嘉定、敘州、重慶，就食綿州，移兵解保寧圍。十四年，進征貴州。

此詩作於十三年，吳逆尚在蜀。

長安雜詠　其一

【書批】玄都，殿名。殿之東北曰象一宮，範金為像尺許，乃世廟玄修玉容也。出《蕪史》。

其二

【陸批】詠順治九年達賴喇嘛入京事。

萬歲山麓以石為門，或指此。

【書批】《玉堂薈記》：慈壽寺有閣，塑九蓮菩薩像，跨一鳳而九首，寺僧相傳為孝定前身。

《野獲編》：慈壽寺去阜成門八里，聖母慈聖皇太后所建。入山門即有窣堵波，高入雲表。

《金鰲退食筆記》云：「明西苑中崇智殿，本朝順治年間易名萬善殿，供三世佛，選老成內監為僧，焚修香火。木陳、玉林兩老衲奉召至京師，曾居萬善殿。每歲中元建孟蘭道場，自十三日至十五日，放河燈，駕龍舟，奏梵樂，作禪誦，自瀛臺南過金鰲玉蝀橋，繞萬歲，至五龍亭，而四河漢微涼，秋蟾正潔，苑中勝事也。」

又按：木陳以乙亥入都，為順治十六年。詩作於順治十三年，本陳尚未入都。注非。

其時木陳忞公未至都，則所詠者當為達賴喇嘛，故以鳩摩況之。達賴住烏思藏，明武宗時始以活佛開於中國。傳至第五世，於太宗崇德七年建使至盛京。順治九年，迎達賴至京，建大黃寺居之，封西天大善自在佛，賜金冊金印。

哭蒼雪法師　其一

【陸批】收。

其二

【書批】時先生在京，故云。

送友人出塞

【陸批】收。

【書批】汪文茗祭季開生文云：雖涉風聞，亦關興替。與此正合。

即事

　　【書批】曹邨相國以順治十年授國史院大學士，十五年改內三院為殿閣銜，乃以之俊為中和殿大學士，非至是始入相也。注非。

送同官出牧

　　【書批】順治十二年，章皇帝簡詞臣沈荃等十人為監司。

　　言關中多盜，報最為難，其人蓋官陝。

　　又按：湯文正以是年邀特簡，由檢討出為陝西潼關兵備道。

　　題云送同官出牧，詩云諸公，蓋所送者非一人。

懷古兼弔侯朝宗

　　【陸批】收。

　　【書批】朝宗貽書，力阻其行。

　　侯朝宗致吳駿公書：近者，見江南重臣推轂學士，首以姓名登諸啟事，此自童蒙求我，必非本願。竊以為學士之不可出者有三，而當世之不必學士出者有二，試言之，而學士垂聽之。學士弱冠未娶，蒙昔日天子殊遇，舉科名第一人。其不可者一也。仕至宮詹學士，身列大臣。其不可者二也。清修重德，為海內領袖。奈何以轉眼浮雲喪我故吾？其不可者三也。昔狄梁公仕周，耶律楚材仕元，堅忍委蛇，亦良苦矣。今不識當路之待學士，果遂如兩人否？其不必者一也。即使果如兩人矣，而一時附風雲，輔日月，何患無人。其不必者二也。凡此三不可、二不必，亦甚平常，了然易見。然時一念之，逢萌、梅福不過如此。不然，則怨猿鶴而負松桂，北山呎尺耳。學士天下之哲人也，豈不爭此一間耶？十年以還，海內典型，淪落殆盡；萬代瞻仰，僅有學士。而昔時交遊能稍稍開口者，亦惟域尚在，不敢不言。萬一有持達節之說，陳於左右者，願堅塞兩耳。幸甚！

送曹秋岳以少司農遷廣東左轄　其二

　　【陸批】收。

　　【書批】楊僕指尚可喜、耿繼茂也。

其三

　　【陸批】收。

送王藉茅學士按察浙江　其一

　　【陸批】收。

　　【書批】藉茅乃王鐸之子，故有末二句。

王鐸，孟津人。天啟二年進士，由編修洊升少詹事，充經筵講官。崇禎末，乞假歸，擢禮部尚書，未上而京師陷。福王朝，為東閣大學士。王師南下，鐸迎降，仕至禮部尚書，贈太保，諡文安。長子無黨，明指揮同知。入本朝，為河東道，遷濟東道。次無咎，順治三年進士。官至太常少卿。

送王孝源備兵山西

　　【陸批】收。

送同年江右朱遂初憲副固原四首

　　【陸批】收。

　　穩。

其二

　　【陸批】收。

其四

　　【陸批】收。

　　酒可入奚囊否？

卷十四上

七夕感事

　　【陸批】收。

和楊鐵崖天寶遺事詩

　　【陸批】收。

其二

　　【陸批】收。

　　【書批】「眾仙同日詠霓裳」，謂此。

送少司空傅夢禎還嵩山

　　【陸批】收。

夜宿蒙陰

　　【書批】以下是南歸後作。

　　先生於順治十三年補祭酒，是年十月，嗣母張卒於里第，先生於順治十四年正月南還郯城。詩云「屈指歸期二月初」是也。

　　【陸批】主家陰洞云云，非主人之主。

　　【書批】銜恤地而曰倦遊，此先生之失辭。

郯城曉發

　　【書批】《匠門書屋文集》：郯城縣之蒼煙村當道衝。

聞台州警

　　【陸批】收。

　　【書批】順治十四年，張煌言導鄭成功內犯，陷溫、臺。

其二

　　【陸批】收。

　　【書批】妙語。

贈遼左故人

　　【陸批】收。

　　【書批】以下十五年作。

　　海寧相國以順治十五年再謫遼左。

　　即《松山哀》之意。

其二

　　【陸批】收。

　　翻案。

其三

　　【陸批】收。

其四

　　【書批】奉天府溫泉有四。

　　注引昌平遵化，遠隔山海，非是。

　　即《拙政園看山茶》篇之意。

其五

　　【陸批】收。

　　【書批】之遴父祖苞，天啟六年以僉憲守山海關。寧遠被圍，烽火獨天，將吏破同峰大場爭遣其孥，祖苞與妻吳氏慷慨誓殉。

其六

　　【陸批】收。

　　海寧子，梅邨壻也。

題畫　其二　石榴

　　【陸批】收。

其四　茉莉

　　【陸批】收。

其五　芙蓉

　　【陸批】收。

繭虎

　　【陸批】收。

鰲鶴

　　【陸批】收。

蘆筆

　　【陸批】收。

桃核船

　　【陸批】收。

蓮蓬人

　　【陸批】收。

卷十四下

海虞孫孝維三十贈言　其四

　　【書批】破山寺在山谷間，不應用輕舟。

贈荊州守袁大韞玉

　　【陸批】收。

其二

　　【陸批】收。

其三

　　【陸批】收。

其四

　　【陸批】收。

送楊懷湄擢臨安令

　　【書批】楊懷湄自賊中來降，其人可知，何必與之酬唱？

　　結纖。

贈崑令王莘雲尊人杏翁

　　【書批】順治十六年作。

客譚雲間帥坐中事

　　【陸批】收。

　　【書批】與《葺城行》參看。

庚子八月訪同年吳永調於錫山有感賦贈

　　【書批】順治十七年作。

其三

　　【陸批】收。

送張玉甲憲長之官邛雅

　　【陸批】收。

　　【書批】順治十六年作。

其二

　　【陸批】收。

　　【書批】言蜀亂初平，詎通文教，深惜張之去也。

其三

　　【陸批】收。

其四

　　【陸批】收。

贈學易友人吳燕餘　其一

　　【陸批】但非詩耳。若入康節輩，語自妙。

惠山二泉亭為無錫吳邑侯賦

　　【書批】以下皆康熙年間作。

卷十五上

過三楓蘗公話舊

　　【書批】以下皆康熙年間作。

　　卷中《滇池鐃吹》諸詩定是康熙三年吳三桂平水西事。

　　蘗庵者，遺老熊開元，以行人建言，觸輔臣，與姜垛同受廷杖。後從唐王於閩。汀州破，棄家為僧。

　　【龢批】熊開元自左降後，謁首輔周延儒，延儒不納。後以求言召對，輔臣在側，開元欲論延儒而囁嚅不能出。帝令補牘，又止述奏辭，不及延儒他事。帝益怒，逮付錦衣衛，開元乃盡發延儒之隱，遂廷杖，繫獄。十六年，延儒罷，

－1357－

言官多救開元者，不報。戍杭州。唐王立，起工科左給事中、太常寺卿、左僉都御史、東閣大學士。汀州破，棄家為僧，隱蘇之靈巖。

永平田君宗周吳故學博也袁重其識之尤展成司李其地相見詢袁年百有二矣索詩紀異並簡展成

【陸批】重其豈可引引袁盎，所謂不於其倫。

顧西崿侍御同沈友聖虎丘即事其一尾評

【書批】漢高《大風歌》豈可泛用，此必侍御實有賦才耳。

贈松江郡侯張升衢

【陸批】收。

贈彭郡丞益甫

【陸批】收。

十月下澣偕九日過雲間公讌閬石蒼水齋中同文饒諸子　其一尾評

【書批】不必泥。

其二

【陸批】一郡荊榛寒雨聲，唐人句妙，忽帖入笛，則上四字不屬矣。

滇池鐃吹

【陸批】收。

【書批】《滇池鐃吹》詩，骨採並勝，極似陳臥子。

案：舊注以是為順治初定滇時詩。予以為當是吳三桂討平安坤後作，在康熙三年。

卷中諸詩皆康熙初年作，此《滇池鐃吹》自指平水西安坤事。〇桂王之死亦在康熙元年。

三桂以五華山桂王舊宮為藩府。起二句指此。

《觚賸》云：雲南五華山，永曆故宮在其上。順治乙亥十三年，洪承疇督師，由貴築大路取滇，李定國拒戰曲靖，吳三桂由四川旁搗其虛，至黃草壩入省城。永曆遁至阿瓦，三桂重購得之，縊於貴陽府。三桂遂據桂王舊宮，增修二十餘載，備極崇麗。

其二

【陸批】收。

【書批】順治十七年，部臣奏雲南俸餉歲九百餘萬。第三句指此。

緬甸文書進，上者用金葉書之，次用貝葉。〇此指緬人朝貢也。

其三

　　【陸批】收。

　　【書批】順治十七年正月，安遠靖寇大將軍、信郡王鐸尼班師還京。是年四月，又有普安州土目龍吉兆之變，總督趙廷臣、巡撫卞三元合疏請討之。十六年二月，吉兆伏誅。

　　又案：康熙二年，水西始反側。三年二月，安坤叛。是冬，伏誅。四年，郎岱土司隴安藩反。五年，安藩伏誅。

其四

　　【陸批】收。

　　【書批】順治十五年，王師出遵義，由水西取烏撒。時李定國遣賊將守七星關，至是棄關走。

　　又案：康熙三年三月，吳三桂討水西安坤，由畢節七星關進兵。○疑詩乃指此事，非順治十五年事也。

　　梅村詩略以編年為序。此詩編次在後，定是康熙初平水西安坤時所作。注未確。

儒將

　　【陸批】收。

　　【書批】《儒將》、《俠少》皆有所指，非泛作也，惜不知其詳。

俠少

　　【陸批】收。

山居即事示王惟夏郁計登諸子

　　【陸批】收。

九峰詩　其一鳳凰山

　　【陸批】收。

其四　佘山

　　【書批】以通隱目眉公，大有微詞。薛山

其七　天馬山

　　【書批】寄託深遠。

其八　小崑山

　　【陸批】收。

送贛州曾庭聞孝廉移家寧夏
　　　【陸批】收。
卷十五下　七言律詩二十九首
觀蜀鵑啼劇有感
　　　【陸批】並敘，收。
其一
　　　【陸批】收。
其二
　　　【陸批】收。
其三
　　　【陸批】收。
題華山蘗庵和尚畫像
　　　【陸批】收。
其二
　　　【陸批】收。
　　　【書批】魚山雖與姜如農同得皋，然其具疏也，實持兩端，其後不免怨憤。
不逮如農遠矣。
　　　　馮元颺與兄元飈稱二馮。元飈掌中樞，元颺撫天津，皆一籌莫展。又與涿
州通譜，其本末無足稱。
得友人札詢近況詩以答之
　　　【陸批】收。
八風詩
　　　【陸批】此用意出新之作。
　　　【書批】《八風詩》皆有所指。
其一　東風
　　　【書批】此指福藩就國。
　　　　趙后指鄭貴妃。
其二　南風
　　　【書批】言南渡之不振
其三　西風
　　　【陸批】收。

【書批】此言王室下江南。

其四 北風

【陸批】收。

【書批】少卿指時貴翊風云者。

愚公，自謂。

其五 東南風

【陸批】收。

【書批】指洪亨九及吳逆。

其六 西南風

【書批】指戡定西南夷事。

其七 東北風

【書批】此應指前明時事。

其八 西北風

【書批】言本朝創業之艱。

贈李膚公五十

【書批】應昇疏刻魏廣微，乞戒諭廣微，退讀父書，保其家聲，他日庶可見乃父地下。廣微，允貞子。

送許堯文之官莆陽

【陸批】收。

其二

【陸批】收。

感舊贈蕭明府

【書批】康熙十年作。

【陸批】並敘，收。

同孫浣心郁靜巖家純祜過福城觀華嚴會

【書批】福城在大倉州小西門外，與曇陽觀相去數十步，非常熟之福山城也。

卷十六上

梅花庵同林若撫話雨聯句

【書批】梅邨官宮庶。福王時召拜少詹事。

思陵長公主輓詩

　　【書批】崇禎帝親加刃於長公主，割慈以免辱國，義也。本朝求得故駙馬，得仍尚主，賜予有加，如天之仁也。梅邨詩未將我朝曠典暢發，猶未盡善。

「受策威儀定」一節

　　【書批】此言寇烽逼京，議停鑾降。

「天道真蒙昧」一節

　　【書批】太子二王出走，周后自裁，地坼天崩，海枯石爛，挽長平而包得許多事在內，真

　　詩史也。

「元主甘從殉」一節

　　【書批】蕙折蘭摧，傷心極矣。

「股肱羞魏相」一節

　　【書批】斥魏藻德、周奎森。（魏藻德、周奎森）〔註 5〕斧鉞。賊遁指自成西走也。兵來豈建康謂南都諸臣曾無一旅勤王也。以下言我朝定鼎，改葬思陵，而歎太子二王之不知所終也。

「自古遭兵擾」一節

　　【書批】引用精切而稱美有明宮闈之肅，家法之善，的是有關係文字。

末駙張宸《長平公主誄》

　　張宸此文哀感頑豔，長平之摧惻與本朝之仁厚並見，故儒臣略採其語入《明史》。

卷十六下　五言排律三首

贈家園次湖州守五十韻

　　【書批】此水嬉謂競渡舟。

賦得西隱寺古松

　　【書批】道光丁未四月晦日。

第七冊

卷十七上

《子夜詞》其一：「人採蓮子青。」

　　【陸批】蓮子初採必青。

〔註 5〕按：原為重複省略標記，不知是否重複此二人名。

《子夜歌》其四

　　【陸批】不知此等傲他何用。擬古之習，其惡如此。

《新翻子夜歌》其二

　　【陸批】詠淡巴菰也。

六言絕句

　　【書批】注謂此六言十二首作於福王監國之時，以語意考之，與時事良合。

汴梁二首

　　【書批】只此二首是詠河決開封之事，餘皆入本朝後作。

卷十七下　七言絕句六十九首

聽朱樂隆歌其三

　　【陸批】亦不切。朱樂隆，我里中老人也。

觀棋和韻其四

　　【龢批】直指桂林耳。南都云云，遂誤疑也。

其六

　　【陸批】低棋語。

贈寇白門其二

　　【陸批】有意。

下相極樂菴讀同年北使時詩卷

　　【書批】以下是順治十年入都時途次所作。

阻雪

　　【書批】若以趙宧光寒山片石當之，非特情事不合，亦關語妙。

送王元照還山其三

　　【書批】國初報國寺松根廟市最盛，書籍字畫多有自明大內散落人間者。

　　談往云：廟市起自刑部街之東弼教坊，下繞北延至都城隍廟。

卷十八上

讀史偶述其十二

　　【書批】南城在東華門外，詳黟縣俞正燮《癸巳類稿》。

　　南內即景泰錮英宗處。沈德符《野獲編》言之甚詳。

　　光宗崩，皇長子未踐阼，內侍導幸小南城，吏部主事呂維祺謁見慈慶宮，言梓雲在殯，不得輕動，乃止。

其十三

【書批】萬曆三十年，西洋利瑪竇率其徒龐迪莪、龍化民等由廣來至金陵，出千里鏡、自鳴鐘等物，留都，臺省尊為西儒，再出渾天儀、量天尺、勾股法，曰大統曆壞，會須終之。因諮送燕京，適首善書院被毀，改為修曆局，遂為我朝龍興之兆。

其十六

【書批】禮部則例：凡修建宮殿，有迎吻之儀。祭琉璃窯神，吻上插銀花二對。

口占贈蘇崑生其三

【書批】此言崑生遊湖上，經岳候墳下，當念左寧南之墓已宿草也。亂山何處，不勝高冢祁連之感，非謂左葬湖上。

偶得其三

【書批】燕支山辭言名王尚貴主，主妒殺王之龍姬，王怒，遂告絕出塞。主延番僧作佛事，皈禮空王，自分無重合理。主之妹勸主悔過，於是重諧鳳簫之曲焉。

非梅邨詩事。

卷十八下　七言絕句五十七首

讀陳其年邗江白下新詞其一

【書批】曲子相公不意受此嘲弄。

其四

【書批】梅邨之傾倒於迦陵者至矣，亦謂其工於言情耳。

倣唐人本事詩其二

【書批】風韻似王建。

其四

【書批】四貞善騎射，見《國史·逆臣孫延齡傳》。

題王石谷畫

【陸批】必以冬夏景注之，亦泥。

道光丁未五月初二日臨畢。

卷十九上下　詩餘

【龢批】詩餘兩卷，豔詞多靡，壽詞多諛，要是亡國之音，未足風騷之選。

望江南「蘭蕙伏盆芽」

【龢批】吳人謂花草置盆盎中，經年開花者，曰伏盆。

又，「黃爵紫雲螯」

【龢批】小吃即小食，亦吳語也。

又，「舊曲話江南」末評

【書批】此段議論好。

如夢令其一

【龢批】碧螺春，茶名，□時已有。

風入松

【龢批】鷹阿非戴大有，注誤。

滿江紅　又　感舊「滿目山川」

【書批】清歌漏舟之中，痛歡焚屋之內，寫盡亡國君臣之荒燕，竟若天塹之不能飛渡者。

又「詩酒溪山」

【書批】歎時流之尟實學。

又　贈南中余澹心

【書批】澹心浪跡秦淮，流連詩酒，金尊檀板，閱盡繁華。所著《板橋雜記》，以北里之箏琶，志南朝之金粉，尤展成所云平章花案者也。

又　壽金豈凡相國七十

【書批】宋王旦從東封回，過陝，魏野寄詩云：聖朝宰相年年出，君在中書十二秋。西祀東封俱已了，好來相伴赤松遊。旦袖此詩求退。注未引。

又　壽顧吏部松交五十

【書批】據此，則松交之致禍也有由來矣。

風流子　又　掖門感舊

【書批】明制：文華進講，有經延，有日講。日講用講讀官，內閣學士侍班，不月侍儀等官。此言百官陪從，似是經筵。而經筵又無講畢少憩再進無講之事，惟日講有之。

第八冊

補注

卷六《田家鐵獅歌》

【龢批】今鐵獅子胡同未知即此否？

卷十八《讀史偶述》

　　【鯀批】今無椒園之稱。

　　《吳詩談藪》

卷之上《鎮洋縣志》

　　【鯀批】觀尤西堂梅村詞序，則圓石所刻固詞人，非詩人也。

王如哉《吳母張太孺人墓誌銘》

　　【鯀批】此文筆力殊弱。

又，《祭吳祭酒文》

　　【鯀批】此又作詩人，何也？

魏良輔居邑之南城

　　【鯀批】崑腔始於過雲，未聞。

　　按：國家圖書館藏清康熙刻本《梅村集》二十卷（善本書號：19075），含詩十八卷、詞二卷，有佚名過錄陸元輔批語，與《吳詩集覽》所錄陸元輔批語互有出入，今錄於此，以備參考。

第一冊

梅村集卷第一

　　【批】丙戌七月臨錢湘靈先生閱本。

塗松晚發

　　【批】收。

　　語似李長蘅。

毛子晉齋中讀吳匏庵手抄宋謝翱西臺慟哭記

　　【批】收。

「扁舟訪奇書」句

　　【批】起句好。

「婦翁為神仙」句

　　【批】婦翁，梅福也。

「即今錢塘潮」節

　　【批】入宋末。

　　撫今思古。

松鼠

　　【批】收。

「屋角欹斜疾」句

　　【批】杜詩欹斜疾，說舟帆則可。

「兩木夾清漳」句

　　【批】漳，漳河也。此似作泛然水用。

「溪深獺趁魚」節

　　【批】出入吏部、工部之間。

吳門遇劉雪舫

　　【陸批】收。

　　此詩韻：十一庚、十二真、十三青、十四蒸、十七文、十九元、十五侵，
跨七韻，古通用。

「長戈指北闕」節

　　【批】已下逢亂死難。

　　【批】長戈以下須敘賊事詳。

「剪燭忘深更」

　　【批】述劉止此。

「君曰欲我談」

　　【批】又敘劉語。

臨江參軍

「變計輒之去」

　　【批】不成說話。

避亂　其一

　　【批】收。

其二

　　【批】起數語如律。

　　此齊梁半格詩。

其五

　　【批】收。

西田詩　其二

　　【批】收。

「徙倚良有悟，閒房道書讀」兩句

　　【批】竟以上二句結，佳。

　　未妥。

哭志衍

「射覆猜須著」句

　　【批】俗。

「六載養丘園」

　　【批】收。

　　吾欲刪落前半，單留「六載養丘園」以下為一首。

讀端清鄭世子傳

　　【陸批】收

　　夫惟大雅，詩亦足潤色其人。

梅村集卷第二

讀史雜詩　其一

「無鬚而配帝」句

　　【批】不文。

　　曹操奄宦，曹騰養子，本夏侯嵩子，冒姓曹氏。

「子孫為皁隸」句

　　【批】湊。

其二

　　【批】積威約之漸也。

又詠古　其四

　　【批】鄧禹。

遇南廂園叟感賦八十韻

　　【陸批】收。

下相懷古

「所以哭魯兄」句

　　【批】以魯公禮葬，不聞稱兄也。

夜宿阜昌

　　【批】魯連射書一事，吾最不喜。此似所見同。

贈家侍御雪航

　　【批】收。

送何省齋

「哲人尚休官」節

　　【批】公為芝岳相國辛未總裁會元門生，省齋之祖也。此長詩中宜及之。
國恩家恤，似未盡致。

「明年春水滿」節

　　【批】以下言何省父於官。

「三載客他鄉」節

　　【批】收到自己身上。

送宛陵施愚山提學山東　其三

　　【批】收。

　　此引恰好。

礬清湖

「吾宗老孫子」節

　　【批】以上敘湖之來歷。

「嗟予遇兵火」節

　　【批】此上敘得簡。

「漁灣一兩家」節

　　【批】已上湖邨景畢。

　　已下傳城邑消耗而以湖村之居為樂。

「世事有反覆」節

　　【批】此下陳墓之變。

　　白頭湖兵。

「蚱蜢飾於皇」句

　　【批】餘。

「天意不我從」節

　　【批】此下出仕宦。

　　省。

「秋雨君叩門」節

　　【批】此下青房過訪。

梅村集卷第三

清涼山讚佛詩　其一

「王母攜雙成」句

　　　　【批】董。

其二

　　　「孔雀蒲桃錦」節

　　　　【批】此殉節之記事。

其四

「漢皇好神仙」節

　　　　【批】落葉衣蟬，思李夫人。

縹緲峰

　　　　【批】收。

廿五日偕穆苑先孫浣心葉予聞允文遊石公山盤龍石樑寂光歸雲諸勝

「重陳累瓴甋」句

　　　　【批】累瓴甋見《〈詩·公劉〉疏》。

遊石公歸是夜驟雨明晨微霽同諸君天王寺看牡丹

　　　　【批】牡丹竟不及，何也？

梅村集卷第四

行路難　其二

　　　　【批】此為京師燈市而作。

其三

　　　　【批】此為靖節王紹武紛紛爭主而作。

其四

　　　　【批】收。

其五

　　　　【批】收。

　　　此為昌平十二陵而作。

其六

　　　　【批】收。

　　　捐篤，國名。

其七

　　【批】此為流寇決黃河灌汴城之事。

其十一

　　【批】收。

其十二

　　【批】收。

「帶甲持兵但長揖」句

　　【批】雖用細柳事，未妥。

「還君絳祫兩當衫，歸去射獵終南山」兩句

　　【批】不耐煩妙。

其十三

　　【批】收。

其十五

　　【批】收。

其十六

　　【批】收。

其十七

　　【陸批】全襲《行路難》句法。

　　　直而少味。

永和宮詞

　　【陸批】收。

「揚州明月杜陵花」節

　　【陸批】湊泊。

「綠綈小字書成印」節

　　【批】得情。

「當筵便殺彈箏伎」句

　　【批】曹操事。

「兩王最小牽衣戲」節

　　【批】喪子。

「君王欲制哀蟬賦」句

　　【批】李夫人。

琵琶行

　　　【批】收。

「忽焉摧藏若枯木」節

　　　【批】此處叢漫，而於先帝十七年來事不敍，於題敍無情。

宮扇

　　　【批】收。

「丹霞瀲起駕雲軿」節

　　　【批】扇上畫。

「聞道烽煙蔽錦城」節

　　　【批】涉川扇。

宣宗御用餧金蟋蟀盆歌

　　　【批】收。

「坦顙長身張兩翼」節

　　　【批】《史記‧漢功臣年表》：蟲達，一名非蟲達也。

「黃須鮮卑見股栗」句

　　　【批】影切。

「漆城蕩蕩空無人」節

　　　【批】此感明季語也。

聽女道士卞玉京彈琴歌

　　　【批】收。

　　　【批】起四語學廬江小吏妻詩。

「玉京與我南中遇」節

　　　【批】玉京，見中山女。

「萬事倉皇在南渡」節

　　　【批】入選女。

「聞道君王走玉驄」節

　　　【批】簽解北庭。

「我向花間拂素琴」節

　　　【批】玉京正感中山女之北行也。

「此地繇來盛歌舞」節

　　　【批】自南入吳。

「坐客聞言起歎嗟」節

　　【陸批】一篇大意在此二句。

後東皋草堂歌

「君家東皋枕山麓」節

　　【批】結處少發揮。

「一朝龍去辭鄉國」節

　　【批】此處粵西開府嫌太略。

「我初扶杖過君家」節

　　【批】追數舊遊。

「搖落深知宋玉愁」句

　　【批】杜句改一字。

「極浦無言水自流」句

　　【批】襲唐。

「我來草堂何處宿」節

　　【批】公詩長歌第一，每到結處有落場俚語。

送志衍入蜀

「賨戶巴人負弓矢」句

　　【批】孥則妥。

題清風使節圖

「今皇命使臨江右」節

　　【批】末四句落宋人事。

第二冊

梅村集卷第五

東萊行

　　【批】收

「君家兄弟俱承恩」節

　　【批】姜埰論宜義廷杖。

「把酒論文遇子由」句

　　【批】宋。

鴛湖曲

　　　　【批】收。

項黃中家觀萬歲通天法帖

「鍾王妙跡流傳舊」節

　　　　【批】昭陵為溫韜所發，何不敘？

「吾友雅州公」句

　　　　【批】項聲園仲展。

　　　　【浮籤】項聲園，園，《曝書亭集》作「國」。

「留取縹緗傲絕倫」句

　　　　【批】湊腳。

畫蘭曲

　　　　【批】收。

「殷勤彈到別離聲」句

　　　　【批】俳。

送杜公弢武歸浦口

　　　　【批】收。

「非是雋君辭霍氏」句

　　　　【批】金日磾子賞辭霍氏婚。雋君不知何人也。俟查師古注。

蘆洲行

「州縣逢迎多妄報」句

　　　　【批】不文。

「排年賠累是重糧」句

　　　　【批】靜軒先生有詩為證。

題志衍所畫山水

　　　　【陸批】收。

　　　嫋嫋餘音。

壽總憲龔公芝麓

「我同宋玉適來遊」句

　　　　【批】用古不化便破綻。

　　　丙子，公同宋九青主楚使，時龔分考。

「荏苒分飛十八年」句

　　【批】非古詩中語。

王郎曲

　　【批】收。

「王郎三十長安城」節

　　【批】徐勿齋太史二株園。王子介，其家兒也。

楚兩生行

　　【批】收。

「憶昔將軍正全盛」節

　　【批】此下專入蘇。

「我念邗江頭白叟」節

　　【批】此念挽上柳。

　　末路掃興。

茸城行

　　【批】收。

　　「學士揮毫清秘樓」句

　　【批】董元宰。

　　「給事才名矯若龍」句

　　【批】陳臥子。

　　「山公人地清如鵠」句

　　【批】夏彝仲吏部。

「不知何處一將軍」句

　　【批】馬進寶。

「枉破城南十萬家」兩句

　　【批】此處略。

「一朝遽落老兵手」節

　　【陸批】因其姓馬，而以伏波況之。伏波何罪？

贈吳錦雯兼示同社諸子

「自言里中有三陸」句

　　【陸批】陸錕庭兄弟。

「丁儀吳質追隨歡」句

　　【批】丁澎。

蕭史青門曲

「蕭史青門望明月」節

　　【批】好畤無池臺。

「鞏公才地如王濟」句

　　【批】湊韻。

「先是朝廷啟未央」句

　　【批】入文不入詩。

「自家兄妹話艱辛」句

　　【批】可以彈唱，付瞎子老嫗矣。

董山兒

　　【批】收。

梅村集卷第六

送沈繹堂之官大梁

　　「黃紙初除左馮翊」句

　　【批】此處切大梁，為工。

「匹夫徒步拜侍從」句

　　【批】此意只管說。

通玄老人龍腹竹歌

「此龍僵臥難扶策」兩句

　　【批】未詳。

「手中竹杖插成林」兩句

　　【批】老子此事未詳。

送舊總憲龔孝升以上林苑監出使廣東

　　【批】收。

「與君對酒庾樓月」節

　　【批】潦倒，《晉書》：蘊藉也。今承老杜「潦倒新停濁酒杯」，俱誤用。
然老杜之潦倒出嵇康《絕交書》「濁酒一杯，潦倒粗疏」。杜詩無一字無來歷，
此注杜所未及也。

雁門尚書行

　　【批】收。

《序》「將憑巖關為持久」

　　【批】潼關。

序「《雁門尚書行》，為大司馬白谷孫公作也」節

　　【批】哥舒翰之敗於潼關也，亦以楊國忠促戰，故正與此同。然尚書卒死於戰，而哥舒降賊，為千古羞。若以敗兵責公，所謂小人好議論，不樂成人之美耳。吳師此詩足為尚書吐氣鳴不平。

「量沙力盡為傳飱」句

　　【批】餐。

　　此非鞍字叶。

　　【批】金瘡二字見宋人劉後邨用之。

　　《灌夫傳》：身中大創十餘，得萬金良藥。

贈馮訥生進士教授云中

　　「男兒作健羞裙屐」節

　　【批】《唐書》：裙屐少年。

「故人消息待何如」句

　　【批】曲調。

雕橋莊歌並序

　　【批】收。

「水部山莊繞碧渠」句

　　【批】先從水部說起，追上。

「自言年少西韓生」節

　　【批】此下全述水部語。

「我有山莊幸如故」節

　　【批】此是翰林衙門，用亦軍中用。

海戶曲

　　【批】收。

「大紅門前逢海戶」節

　　【批】才情爛漫，學問湊泊，此先生必傳之作。俚而有乞氣，必得我痛芟之，存其可傳者，如此作。

「春深慣鎖黃山苑」句

　　　【批】紆預切。

　　　苑維沈約叶韻有之，可見公等作古詩皆用沈原韻，非今世所傳韻。

「人生陵谷不須哀」節

　　　【批】字字典雅，絕無俚句，第一作也。

退谷歌贈同年孫公北海

　　　【批】寄託。

「仰天四顧指而笑」四句

　　　【批】不文。

「君不見抱石沉焚山死」節

　　　【批】要用此等散語，必須有筆力，字字入古。

「劫火到處相追尋」句

　　　【批】不成語。

贈文園公

　　　【批】輪菴和尚用揆也。

「君家丞相人中龍」句

　　　【批】文肅。

「待詔聲名累葉同」句

　　　【批】衡山。

「汝父翩翩相公弟」句

　　　【批】啟美。

「可惜吾家有逐臣」句

　　　【批】此仍指文肅。

「報韓子弟幾湛族」句

　　　【批】文肅之子文乘。

「汝念先人供奉恩」句

　　　【批】此說到文園。

畫中九友歌

　　　【批】收。

銀泉山

　　　【批】收。

「銀泉山下行人稀」節

　　　　【批】存此八句。

「至尊錯把旁人怒」句

　　　　【批】詞不入古調。

「宮人斜畔伯勞啼」句

　　　　【批】用事雜。

田家鐵獅歌

「省中忽唱田蚡死」節

　　　　【批】學昌谷。

「吾聞滄洲鐵獅高數丈」節

　　　　【批】滄洲獅子景州塔。

　　　　盧溝橋七十二獅子。

題崔青蚓洗象圖

　　　　【批】收。

「嗚呼顧陸不可作」節

　　　　【批】化物興起。

「平生得意圖洗象」句

　　　　【批】入題。

「當時駕幸承天門」節

　　　　【批】象。

「京師風俗看洗象」節

　　　　【批】洗。

臨淮老妓行

　　　　【批】收。

「後來轉入臨淮第」句

　　　　【批】劉澤清。

「退駐淮陰正拔營」句

　　　　【批】劉入海。

「重來海口豎降幡」句

　　　　【批】劉降。

過錦樹林玉京道人墓

　　【批】收。

　　　卞賽，字玉京。

「與鹿樵生一見」

　　【批】公自謂。

「主於海虞一故人」

　　【批】陸廷保。

「尚書某公者」

　　【批】牧齋公。

「歸於東中一諸侯」

　　【批】鄭建德，名應皋，號慈衛。

「踰兩年」節

　　【批】柔柔一子托三山，已而其子歸慈衛，而取寄箱篋衣裝悉為三山諸郎肱之一空矣。此慈衛之聟聖猶為余言之甚詳。聖猶，余丁酉副榜同年。今成進士。

「良常高館隔雲山」節

　　【批】柔柔入官為婢。

打冰詞

　　【批】收。

「溜過湖寬放插平」句

　　【批】菊亭按：應是插字之誤。

再觀打冰詞

　　【批】收。

雪中遇獵

　　【批】收。

梅村集卷第七　七言古詩四

　　【批】太倉學宮亂，不得歸滇南。

曇陽觀訪文學博介石兼讀蒼雪師舊跡有感

「南來道者為蒼公」句

　　【批】同鄉人。

「人言堯幽囚」節

　　【批】雜用李白詩。

「吾州城南祠仙子」句

　　【批】曇陽觀。

「忽得山中書」一節

　　【批】華山道場後為吾師藥菴卓錫，下有蒼公卵塴。

贈陸生

　　【批】收。

　　陸慶曾子玄為余北榜同年。

「黃金白璧誰家子」一節

　　【批】必為陸慶曾丁酉戍邊而作。

吾谷行

　　【批】收。

　　吾谷樹被公看得清，寫得出。今報國寺松已盡，惟有《帝京景物略》所載諸詩在。此亦吾谷之報國寺松詩也。

　　只有千章，無萬章。

圓圓曲

　　【批】收。

「紅顏流落非吾戀」句

　　【批】也罷了。　救。

「相見初經田竇家」節

　　【批】已下追敘。

「家本姑蘇浣花里」句

　　【批】常州犇牛里人也。

「橫塘雙槳去如飛」節

　　【批】雖初唐人有此聲調，而不免於俳熟，於晉魏諸詩決無此失。此元輕白俗亦不可不避。而避之無法，只求之古詩及初唐、盛唐，而可要思盧江小吏等詩及杜敘事詩何以不俗處。

「坐客飛觴紅日暮」句

　　【批】已上敘圓圓。

「白晰通侯最少年」句

　　【批】吳三桂。　已下敘圓圓之歸吳三桂。

「全家白骨成灰土」句

　　【批】嘲。　吳之父全家死於賊。

「君不見館娃初起鴛鴦宿」節

　　【批】而今安在？千古如東流，付之一歎。

送杜大於皇從婁東往武林兼簡曹司農秋岳范僉事正

　　【書批】順治十六年作。

「解囊示我金焦詩」節

　　杜有別京口詩。

「副相猶然臥茂陵」句

　　【批】龔芝麓。

「侍郎已是歸嶺表」句

　　【批】曹秋岳。

「況逢少伯共登臨」句

　　【批】范。

悲歌贈吳季子

　　【批】吳兆騫以丁酉試事戍關外。

贈穆大苑先

「芒鞋踏遍天涯路」

　　【批】欠鍊。

遣悶　其一

　　【批】收。

　　此《同谷歌》之意。

　　追敘陳湖事。

其二

　　【批】收。

其三「故人往日燔妻子」四句

　　【批】湊。

其四

　　【陸批】收。

「一女血淚啼闌干」六句

　　【陸批】古詩。

　　女嫁陳海寧之子，海寧戌關外。

其五

　　【批】收。

詠拙政園山茶花

　　【批】收。

「而海昌陳相國得之」

　　【批】陳之遴也。

「灌花老人向前說」節

　　【批】妙挽大宏寺基，冷盡買田問宅世上心腸。

西巘顧侍御招同沈山人友聖虎丘夜集作圖紀勝因賦長句

「江村茶熟橋成市」兩句

　　【批】切虎丘。

魯謙庵使君以雲間山人陸天乙所畫虞山圖索歌得二十七韻

「招真沼畔飛黃鵠」句

　　【批】紅鵠。

九峰草堂歌

「是處亭臺添布置」兩句

　　【批】張靜軒句法。

京江送遠圖歌

「話到相知因笑肯」句

　　【批】不文。

「首簡能書枝指生」

　　【批】祝京兆。

秋日錫山謁家伯成明府臨別酬贈

「八斗君堪跨建安」句

　　【批】伯成飲量為上戶。

白燕吟

「吾友單狷庵隱居其傍」句

　　【批】恂，庚辰進士。

第三冊

梅村集卷第八

　　【批】五言詩最難，要五字內有轉折。公乃直頭布袋耳。　公詩七古七律為最。

簡武康姜明府　其一

「放衙山色裏」句

　　【批】現成。

座主李太虛師從燕都間道北歸尋以南昌兵變避亂廣陵賦呈八首　其七

　　【批】無廣陵瓜。誤東陵為廣陵者，誤召平為一人也。

歲暮送穆大苑先往桐廬　其二

　　【陸批】此處作水路為便。

闕園詩

《序》「弟子昇陶令之輿」

　　【批】此事未詳。

松化石

　　【書批】結意佳。

梅村集卷第九

得廬山願雲師書

　　【批】願云，太倉王瀚名。諸生也。

過東平故壘

　　【批】劉澤清。　在海上。

送何蓉庵出守贛州　其一

　　【批】桐城相國芝鶴諱如寵之子何太史省齋，余同年次德之父也。

其三

　　【批】芝岳，辛未座主，梅村會元。

文官果

　　【批】余曾見其花。

　　【龢批】十刹海，某寺有御製文官果詩，與沈德潛倡和石刻。其樹則京師往往有之。

送純祜兄之官確山

　　【書批】道光丁未四月二十七日。

梅村集卷第十

過中峰禮蒼公塔　其三

「昔人存馬癖」句

　　　　【批】支道林。

宿沈文長山館　其二

　　　「遇山思便住，此地信堪留」

　　　　【批】留與往復。

塵鏡

「陳宮淚怎揮」之「怎」

　　　　【批】曲字。

題鬱靜巖齋前壘石

　　　　【批】庚申三月十一日夜，同易農飲爾京海棠花下，歸，酒後閱。圓沙。

白燕吟

「猶作徘徊怪鳥看」句

　　　　【批】菊亭按：是鳥字。

第四冊

梅村集卷第十一

　　　　【批】只是多直頭布袋語，惜其盛名早就，無人商量，未暇錘鍊。

梅村

「閒窗聽雨攤詩卷」句

　　　　【批】直。

王煙客招往西田同黃二攝六王大子彥及家舅氏朱昭芑李爾公賓侯兄弟賞菊
其一

「花似賜緋兼賜紫，人曾衣白對衣黃」

　　　　【批】俳。

「欲借餐英問首陽」

　　　　【批】菊與首陽何益？

其二

　　　　【批】俗。

「苦向鄰家怨移植，寄人籬下受人憐」

　　　　【批】俗。

和王太常西田雜興韻　其二
「病酒客攜茶荈到」
　　　【批】荈，茶晚取者。
「罷棋人簇畫圖圍」
　　　【批】意復。
其四
　　　【批】收。
「閣含山雨斷虹圍」兩句
　　　【批】非同俗豔。
其五
　　　【批】收。
其七
　　　【批】收。
其八「題就詩篇才滿壁」
　　　【批】直而少味。
壽王子彥五十　其一「軟塵京雒紫驊騮」之「塵」
　　　【批】紅。
姜如須從越中寄詩次韻
　　　【批】收。
周五子儆讀書愛客白擲劇飲又善音律好方伎為此詩以嗣之
　　　【批】收。
同許九日顧伊人洞庭山館聽雨
　　　【批】收。
與友人譚遺事
　　　【批】收。
　　　本色高華。
追悼
　　　【批】收。
謁范少伯祠：「浪擲紅顏終是恨，拜辭烏喙待何如。」
　　　【批】是曲子。

題登封兩烈婦井梧遺恨詩

　　【批】收。

鴛湖感舊

　　【批】收。

武林謁同門張石平

　　【批】收。

登數峰閣禮浙中死事六君子

　　【批】收。

題西泠閨詠

其二

　　【批】收。

　　魏明帝曹叡立女尚書六人。

其三

　　【批】收。

　　香豔，亦長技。

其四

　　【批】收。

海市

　　【批】收。

其二

　　【批】收。

其三

　　【批】收。

其四

　　【批】收。

贈馮子淵總戎

　　【批】收。

丁亥之秋王煙客招予西田賞菊踰月蒼雪師亦至今年予既臥病同遊者多以事阻
追敘舊約為之慨然因賦此詩

「黃雞紫蟹堪攜酒，紅樹青山好放船」

　　【批】直頭布袋。

穆大苑先臥病桐廬初歸喜贈
「千里故園惟舊友，十年同學半衰翁」
　　　【批】直。
壽陸孟鳧七十
　　　【批】收。
其二
　　　【批】收。
壽申少司農青門六十
　　　【批】收。
琴河感舊　其一「玉杯春暖尚湖花。」
　　　【批】湖中無花。
其二：「故向閒人偷玉箸。」
　　　【批】若謂是淚之謎，亦少一落字。
　　　【龢批】李白詩：「絕啼流玉筯」「玉筯夜垂流」「玉筯並墮菱花前」。此偷
字卻未穩。
其三：「青山憔悴卿憐我，紅粉飄零我憶卿。」
　　　【批】俳。
辛卯元旦試筆
　　　【批】收。
　　　粗粗似一首唐詩了。
雜感　其二
　　　【批】收。
其三
　　　【批】收。
其四
　　　【批】收。
其五
　　　【批】收。
　　　陳圓圓之事。
其六
　　　【批】收。

此為翟桂林留守公作。公園名東皋，堂名畊石。

題王端士北歸草

　　【批】收。

贈糧儲道步公

　　【批】收。

梅村集卷第十二

題鴛湖閨詠　其一

　　【批】此為黃女士皆令作。

其二「夫婿長楊須執戟」

　　【批】其夫曰楊世功。

其三

　　【批】收。

「絳雲樓閣敞空虛，女伴相依共索居」

　　【批】與柳河東善。

其四

　　【批】此兼及卞玄文、吳山子。

「婿求韓重遇應難」句

　　【批】嫁揚州劉峻度。

過朱買臣墓

　　　「富貴徒誇一婦人」句

　　【批】徘。

題朱子葵鶴洲草堂

　　【批】收。

送林衡者歸閩

　　【陸批】收。

送文學博以蒼公招同住中峰寺

　　【批】收。

癸巳春日禊飲社集虎丘即事四首　其四

　　【批】入宋事。

投贈督府馬公　其一

　　【批】收。

登上方橋有感
　　【批】收。
鍾山
　　【批】收。
臺城
　　【批】收。
「徐鄧功勳誰甲第，方黃骸骨總荒丘」兩句
　　【批】亦襲舊。
國學
　　【批】收。
觀象臺
　　【批】收。
雞鳴寺
　　【批】收。
功臣廟
　　【批】收。
玄武湖
　　【批】收。
秣陵口號
　　【批】收。
周櫟園有墨癖嘗蓄墨萬種歲除以酒澆之作祭墨詩友人王紫崖話其事漫賦二律
其一
　　「藏雖黯澹終能守」
　　【批】學石田、錢詠諸詩，但墨盡高品、用任欹斜等字句不雅。
其二
　　【批】收。
江樓別幼弟孚令
　　【批】收。
揚州　其一
　　【批】收。

其二

　　【批】收。

「當時只有黃公覆」句

　　【批】黃得功。

其三

　　【批】收。

其四

　　【批】收。

過淮陰有感

　　【批】收。

贈淮撫沈公清遠

　　【批】收。

白鹿湖陸墩詩

　　【批】收。

新河夜泊

　　【批】收。

將至京師寄當事諸老

　　【批】收。

其二

　　【批】收。

其三

　　【批】收。

其四

　　【批】收。　莫謗先師好。

讀友人舊題走馬詩於郵壁漫次其韻　其二

　　【批】此為楊龍友作。龍友畫絕佳。

過鄚州

　　【批】是扁鵲故里。

梅村集卷第十三

恭紀聖駕幸南海子遇雪大獵

　　【批】收。

落句雖工，亦是絕句法。

上蹕駐南苑閱武行蒐禮召廷臣恭視賜宴行宮賦五七言律詩五七言絕句每體一首應制

【批】收。

送無錫堵伊令之官曆城

【批】湊。

元夕

【批】收。

送永城吳令之任

【批】收。

送安慶朱司李之任

【批】收。

朱建寅，字夏朔。死於丁酉闈事。

江上

【批】收。

己亥海警。

送顧茜來典試東粵

【批】收。

顧贇。

送李書雲蔡閬培典試西川

【批】收。　宗孔。　瓊枝。

送隴右道吳贊皇之任

【批】收。

恭遇聖節次安丘劉相國韻

【批】收。

朝日壇次韻

【批】燒牛耶？

得蒲州道嚴方公信卻寄

【批】收。

懷王奉常煙客

【批】收。

送友人從軍閩中　其一
　　　　【批】收。
其二
　　　　【批】收。
紀事
　　　　【批】收。
送汪均萬南歸
　　　　【批】收。
壽座師李太虛先生　其三
　　　　【批】收。
寄房師周芮公先生　其一
　　　　【批】收。
其二
　　　　【批】收。
即事　其四
　　　　【批】收。
其六
　　　　【批】收。
其八
　　　　【批】收。
其九
　　　　【批】收。
其十
　　　　【批】收。
長安雜詠　其三
　　　　【批】收。
哭蒼雪法師　其一
　　　　【批】收。
其三
　　　　【批】收。
　　　　此為李大年作。

懷古兼弔侯朝宗

　　　【批】收。

　　　侯有貽吳書。

其二

　　　【批】收。

其三

　　　【批】收。

送王藉茅學士按察浙江　其一

　　　【批】收。

送王孝源備兵山西

　　　【批】收。

送同年江右朱遂初憲副固原四首

　　　【批】收。

　　　穩。

其二

　　　【批】收。

其四

　　　【批】收。

　　　酒可入奚囊否？

梅村集卷第十四

七夕感事

　　　【批】收。

和楊鐵崖天寶遺事詩

　　　【批】收。

其二

　　　【批】收。

送少司空傅夢禎還嵩山

　　　【批】收。

夜宿蒙陰

　　　【批】此蒙陰非出茶之蒙山。以下是南歸後作。

　　　主家陰洞云云，非主人之主。

聞台州警

    【批】收。

其二

    【批】收。

贈遼左故人

    【批】收。

其二

    【批】收。

其三

    【批】收。

其五

    【批】收。

    其母隨行。

其六

    【批】收。

    海寧子，梅邨壻也。

    壻為半子，諺則有之，未詳何出。

    唐德宗以咸安公主嫁回紇可汗，上書有「昔為兄弟。今壻，半子也。陛下若患西戎，子請以兵除之。」劉禹錫文：「乃命長嗣，為君半子。」

題畫　其二　石榴

    【批】收。

其四　茉莉

    【批】收。

其五　芙蓉

    【批】收。

繭虎

    【批】收。

鰲鶴

    【批】收。

蘆筆

    【批】收。

桃核船

　　　【批】收。

蓮蓬人

　　　【批】收。

卷十四下

海虞孫孝維三十贈言　其四

「輕舟掠過破山寺」兩句

　　　【批】似放翁。

贈荊州守袁大韞玉

　　　【批】收。

其二

　　　【批】收。

其三

　　　【批】收。

其四

　　　【批】收。

客譚雲間帥坐中事

　　　【批】收。

庚子八月訪同年吳永調於錫山有感賦贈　其三

　　　【批】收。

送張玉甲憲長之官邛雅

　　　【批】收。

其二

　　　【批】收。

其三

　　　【批】收。

其四

　　　【批】收。

贈學易友人吳燕餘　其一

　　　【批】但非詩耳。若入康節輩，語自妙。

惠山二泉亭為無錫吳邑侯賦

「此泉應足勝中泠」句

　　　　【批】與上文無涉，湊而已。

梅村集卷第十五

永平田君宗周吳故學博也袁重其識之尤展成司李其地相見詢袁年百有二矣索
詩紀異並簡展成

　　　　【批】重其豈可引引袁盎，所謂不於其倫。

贈松江郡侯張升衢

　　　　【批】收。

贈彭郡丞益甫

　　　　【批】收。

十月下澣偕九日過雲間公讌閶石蒼水齋中同文饒諸子　其二

　　　　【批】一郡荊榛寒雨聲，唐人句妙，忽帖入笛，則上四字不屬矣。

滇池鐃吹

　　　　【批】收。

其二

　　　　【批】收。

其三

　　　　【批】收。

其四

　　　　【批】收。

儒將

　　　　【批】收。

俠少

　　　　【批】收。

山居即事示王惟夏郁計登諸子

　　　　【批】收。

九峰詩　其一鳳凰山

　　　　【批】收。

其八　小崑山

　　　　【批】收。

送贛州曾庭聞孝廉移家寧夏
　　　【批】收。
贈何匡山
　　　【批】收。
觀蜀鵑啼劇有感　序
　　　【批】並敘，收。
其一
　　　【批】收。
其二
　　　【批】收。
其三
　　　【批】收。
題華山蘗庵和尚畫像
　　　【批】收。
其二
　　　【批】收。
得友人札詢近況詩以答之
　　　【批】收。
八風詩
其三　西風
　　　【批】收。
其四　北風
　　　【批】收。
其五　東南風
　　　【批】收。
送許堯文之官莆陽
　　　【批】收。
其二
　　　【批】收。
感舊贈蕭明府
　　　【批】並敘，收。

第五冊

梅村集卷第十七

　　《子夜詞》其一：「人採蓮子青。」

　　【批】蓮子初採必青。

《子夜歌》其四

　　【批】不知此等傚他何用。擬古之習，其惡如此。

贈寇白門　其二

　　【批】有意。

梅村集卷第十八

古意　其四

　　【批】神似唐人。